O6³
48

TABLEAU
DE L'ÉGYPTE,
DE LA NUBIE
ET DES LIEUX CIRCONVOISINS.

Ouvrages nouveaux publiés par la même Librairie.

MACHINES A VAPEUR; aperçu de leur état actuel, sous les points de vue de la mécanique et de l'industrie, pour conduire à la solution accomplie du problème que présentent ces machines; avec un supplément donnant la théorie mathématique rigoureuse des machines à vapeur; par Wronski. In-4.. 5 fr.

HISTOIRE DU CONGRÈS DE VIENNE, depuis son ouverture jusqu'aux Traités du 20 novembre 1815 inclusivement; par l'auteur de l'*Histoire de la Diplomatie française*. 3 vol. in-8............ 21 fr.

— Le même ouvrage, sur papier vélin satiné.................. 42 fr.

DE LA LITTÉRATURE DU MIDI DE L'EUROPE, par M. Simonde de Sismondi (auteur de l'*Histoire des Républiques italiennes*, de l'*Histoire des Français*, etc.). Nouvelle édition, revue et corrigée. 4 vol. in-8.. 28 fr.

OEUVRES DIVERSES DE M. LE BARON AUGUSTE DE STAEL, précédées d'une Notice sur sa Vie. 3 vol. in-8. *Paris*, 1829... 18 fr.

LETTRES SUR L'ANGLETERRE, par M. Auguste de Staël; nouvelle édition, augmentée de quelques Lettres inédites. 1 vol. in-8....6 fr.

ARCHIVES DES DÉCOUVERTES ET DES INVENTIONS NOUVELLES faites dans les sciences, les arts et les manufactures, tant en France que dans les pays étrangers, pendant l'année 1828. 1 fort vol. in-8. de 604 pages. (Il en paraît tous les ans 1 vol.)........ 7 fr.

— La collection des 19 vol. in-8., années 1809 à 1827....... 133 fr.

ARBANÈRE. — Tableau des Pyrénées françaises, contenant une Description complète de cette chaîne de montagnes et de ses principales vallées, depuis la Méditerranée jusqu'à l'Océan, avec des Observations sur les mœurs des peuples des Pyrénées, sur les propriétés particulières des sources minérales, etc., etc. 2 vol. in-8., papier fin... 14 fr.

HISTOIRE DES FRANÇAIS, par M. Simonde de Sismondi (auteur de l'*Histoire des Républiques italiennes*, de la *Littérature du midi de l'Europe*, de *Julia Severa*, etc.). Tomes 10, 11, 12. 3 forts vol. in-8. .... 24 fr.

— Du même ouvrage, les 9 vol. précédens................. 69 fr.

HISTOIRE DE LA GUERRE DE LA PÉNINSULE ET DANS LE MIDI DE LA FRANCE, depuis l'année 1807 jusqu'à l'année 1814, écrite d'après les documens les plus authentiques, par le colonel Napier; traduction revue, corrigée et accompagnée de notes par M. le lieutenant-général comte Mathieu Dumas (auteur du *Précis des Événemens militaires*). In-8.; tomes 1 et 2..................... 14 fr.

RELATIONS DES QUATRE VOYAGES ENTREPRIS PAR CHRISTOPHE COLOMB, POUR LA DÉCOUVERTE DU NOUVEAU-MONDE, de 1492 à 1504; publiées par don M. F. de Navarette, et accompagnées de notes par les traducteurs, MM. Chalumeau de Verneuil et de La Roquette, et par MM. Abel Rémusat, Adrien Balbi, baron Cuvier, Jomard, Labouderie, Letronne, de Rossel, Saint-Martin, Walckenaer, etc. 3 vol. in-8., avec deux portraits de Ch. Colomb, ses armoiries, le *fac-simile* d'une de ses lettres autographes, et 2 cartes... 21 fr.

De l'Imprimerie de Crapelet, rue de Vaugirard, n° 9.

TABLEAU
DE L'ÉGYPTE,

DE LA NUBIE

ET DES LIEUX CIRCONVOISINS;

ou

ITINÉRAIRE

A L'USAGE DES VOYAGEURS QUI VISITENT
CES CONTRÉES;

Par M. J.-J. RIFAUD, de Marseille,

Membre de l'Académie royale de Marseille et de la Société Statistique de la même ville, de la Société de Géographie de Paris, de la Société Asiatique, Membre correspondant de la Société royale des Antiquaires de France; et Membre correspondant de l'Académie de Nantes.

DÉDIÉ

A S. A. R. MADAME,

DUCHESSE DE BERRI.

A PARIS,

Chez TREUTTEL et WÜRTZ, Libraires,
RUE DE BOURBON, N° 17;
A Strasbourg et à Londres, même Maison de Commerce;
A Bruxelles, à la Librairie Parisienne, rue de la Madeleine, 438.

1830.

AVIS.

Les voyageurs qui voudront faire quelques acquisitions d'*antiquités*, et particulièrement de *momies*, devront y faire attention et y regarder à deux fois; car jamais il n'y a eu de plus grandes fraudes sur ce genre d'antiquités que depuis quelques années, où ces objets ont été très recherchés pour divers musées et de riches particuliers.

J'ai dit dans mon ouvrage que les Arabes eux-mêmes se permettent d'exercer des profanations sur ces *momies*, dans l'espoir d'y trouver des *papyrus* et des bijoux en or et autres objets. Souvent, par ce moyen, ils dégradent la plus belle momie, ou la remplacent par une autre qu'ils retirent d'une caisse moins belle, sans s'inquiéter si leur fraude ne sera pas nuisible aux études des archéologues; car très souvent ils mettent la momie d'une femme dans un cercueil d'homme, et celle d'un homme dans celui d'une femme; ce qui a quelquefois induit en erreur les savans qui s'occupent d'antiquités égyptiennes. Depuis quelques années, les fellahs de la Haute-

AVIS.

Égypte, les Juifs du Caire, se sont mêlés de ces falsifications, et ont déjà trompé un grand nombre d'amateurs.

A

S. A. R. MADAME,

DUCHESSE DE BERRY.

M<small>ADAME</small>,

En daignant accepter la dédicace de ce faible ouvrage, VOTRE ALTESSE ROYALE *m'a déjà dédommagé en partie de vingt-cinq ans de travaux et de voyages pénibles. L'honneur d'un si haut patronage est d'un heureux augure pour moi, dans un pays où les arts et les lettres ont en vous une protectrice éclairée. Je mets aux pieds de* VOTRE ALTESSE ROYALE, *avec ces premiers souvenirs de l'Égypte et de la Nubie, l'hommage de la respectueuse reconnaissance avec laquelle j'ai l'honneur d'être,*

MADAME,

De VOTRE ALTESSE ROYALE,

Le très humble et très obéissant Serviteur,

RIFAUD.

PRÉFACE.

Il n'est presque aucun pays en Europe où l'on ne trouve un guide ou itinéraire qui offre au voyageur toutes les instructions dont il a besoin.

Ce genre d'ouvrage n'est pas sans utilité; les détails qu'on y rencontre préviennent souvent de fâcheuses méprises, et offrent des renseignemens qu'on n'obtiendrait ailleurs qu'avec peine.

Jusqu'à ce jour, aucun livre pareil n'a été écrit pour l'Égypte. Cependant, en quel pays serait-il plus nécessaire?

En Europe, avec notre police, nos grandes routes, nos auberges, on ne craint guère de s'égarer ou de manquer de vivres. Qui jamais, en se mettant en route, s'inquiéta, pour le soir, de sa nourriture ou de son logement? Mais dans ce pays encore demi-sauvage, où l'apparition d'un étranger est un accident qui étonne, que l'on ne peut parcourir qu'en caravanes et avec des conducteurs, où, le plus souvent, il faut camper et se passer de vivres, si on ne s'en est pas pourvu d'avance, de quel prix ne serait pas un ouvrage qui renfermerait des renseignemens exacts sur la meilleure route à suivre, les précautions à prendre, les besoins journaliers de voyage, et les moyens d'y satisfaire?

C'est cet ouvrage que j'essaie de publier aujourd'hui. Plusieurs voyageurs m'ont longtemps sollicité de l'entreprendre; les circonstances particulières dans lesquelles je me suis trouvé placé me permettent peut-être de m'en occuper avec quelque succès.

Absent de la France depuis plus de vingt-cinq années, je suis resté en Égypte jusqu'à la fin de 1826, occupé à étudier la langue, les usages et les mœurs. J'ai parcouru en tous sens cette terre classique des arts, recherchant ses monumens enfouis sous le sable, observant ses productions, traçant les plans de ses villes détruites, relevant la carte de ses provinces ignorées. Aujourd'hui, je reviens offrir à ma patrie le fruit des travaux d'une vie dévouée tout entière à l'étude d'un pays si riche en grands souvenirs.

Long-temps négligés, ces souvenirs commencent enfin à se réveiller parmi nous; l'Égypte a fixé l'attention de l'Europe; les relations commerciales s'étendent avec rapidité; les Académies y envoient leurs savans; des voyageurs de tous pays y abordent en foule; leur concours deviendra chaque jour plus nombreux. Le désir de les faire profiter d'une expérience de vingt-cinq années m'a inspiré tout d'abord la pensée de m'occuper de cet essai.

Ce n'est ni un écrit littéraire ni un ouvrage de sciences que je publie, mais un simple itinéraire.

Je me bornerai à fournir avec exactitude et précision toutes les instructions utiles au voyageur. Je dirai les formalités qu'il doit remplir à son arrivée, les lieux qu'il doit visiter, les précautions qu'il doit prendre, la manière de se procurer des conducteurs, des provisions, des moyens de transport, la conduite qu'il doit tenir envers les habitans; enfin je donnerai, chose indispensable et non encore publiée, un Vocabulaire des mots les plus usités dans la langue vulgaire, si différente de l'arabe pur, qu'on ne parle que dans deux ou trois villes principales.

Cet ouvrage ajoutera peu de chose aux notions que l'on possède déjà sur l'Égypte ; il ne sera pas cependant inutile à la science, puisqu'il facilitera ses recherches.

Mais ce n'est pas le seul but que je me suis proposé en l'écrivant. Jusqu'à ce jour, l'Égypte n'a été guère étudiée que par les antiquaires ; on ne connaît d'elle que ses ruines, ses pyramides, ses hiéroglyphes ; c'est de l'Égypte telle qu'elle était il y a quatre mille ans qu'on s'est exclusivement occupé. Cependant l'Égypte moderne n'est pas indigne d'attention ; l'inépuisable fécondité d'une partie de son sol, son heureuse position, sa proximité, l'appellent bientôt à exercer un commerce étendu, et c'est à la France que ce commerce appartient de préférence. Il lui convient de se rendre maîtresse de ces relations importantes, et il est digne d'elle de seconder l'essor d'une civilisation qui semble renaître dans ce pays, berceau de l'antique civilisation.

C'est une pensée de haute politique d'avoir appelé parmi nous quelques habitans de ce pays pour les façonner à nos usages. Cette pensée demeurera stérile si l'on n'invite aussi les Français à aller visiter l'Égypte pour l'exploiter à notre avantage; le gouvernement leur doit des encouragemens, et la science les instructions dont ils ont besoin.

C'est ainsi que la science remplira pour l'Égypte sa véritable destinée, qui est de frayer les voies au commerce et à l'industrie. Il est un moment où la science, suspendant le cours de ses investigations, doit se rapetisser, pour ainsi dire, pour devenir pratique et usuelle; alors les hautes théories se convertissent en applications utiles, et les ouvrages profonds se reproduisent en manuels et en résumés. C'est ce que j'ai tenté de faire pour l'Égypte : j'ai réuni tout ce que les savans avaient recueilli de notions positives sur ce pays; j'y ai joint les fruits d'une expérience de treize années, et j'ai essayé de composer tout un ouvrage clair et méthodique, qui, suivant le voyageur dans toutes ses courses, pût lui fournir tous les renseignemens désirables.

Tout en m'appliquant à réunir un système complet de documens, dans le *Tableau de l'Égypte*, j'ai cherché aussi à donner à cet ouvrage une spécialité qui a influé sur le choix et la classification des matériaux dont il se compose. Il a fallu choisir, dis-je, parce que l'ensemble des observations que j'ai recueillies en Égypte et en Nubie n'est pas en proportion avec l'étendue d'un seul volume *in-octavo;* ensuite j'ai dû insister sur la partie topographique et les mœurs, à cause du dessein que j'avais en écrivant, et que je crois avoir accompli, de donner aux voyageurs qui visiteront les mêmes lieux que moi un guide expérimenté, et digne de toute leur confiance, quel que soit le but qui les y conduise. Ce même dessein explique la classification que j'ai adoptée, et justifie l'ordre selon lequel j'ai procédé.

C'est au port le plus fréquenté de l'Égypte, à Alexandrie, qu'aborde l'étranger auquel je sers de guide. Il parcourt cette ville célèbre, ainsi que ses environs, et je le mène bientôt au Caire par le chemin de terre, à travers le désert libyque. Le Caire étant le siége du gouvernement, la ville la plus peuplée, et le principal marché du pays, je l'ai choisi pour foyer central de presque toutes les lignes d'exploration; c'est ici que je fais connaître la population égyptienne, son gouvernement, son agriculture, son industrie; en même temps j'entre dans les détails nécessaires aux étrangers relativement à la manière de vivre qu'ils devront adopter, à la conduite à tenir dans toutes les circonstances, aux dispositions pour voyager dans les autres parties du pays, etc., etc.

La première excursion tracée en partant du Caire est dans le Delta; celle qui suit a lieu dans le Charqièh, c'est-à-dire dans la partie de la Basse-Égypte située à l'est du Delta. Rentré dans l'Égypte centrale, je parcours les provinces voisines du Caire; après m'être arrêté dans le Fayoum, à la moyenne région du désert libyque, je rentre dans la vallée du Nil, vers Bénisouef. Alors, de Bénisouef jusqu'au-dessus de la seconde cataracte, et passant par Girgèh, Denderah, la Thébaïde, Syenne, Ibsamboul, j'explore tous les détours, toutes les localités de la vallée du Nil.

Quatre itinéraires, tant dans le désert oriental que dans le désert libyque, frayent la route au voyageur qui voudra achever de reconnaître le territoire de l'Égypte. Le premier le conduit d'Edfou aux bords de la mer Rouge, dans les parages où était jadis la ville de Bérénice; le second, qui suit la vallée de Cosséir, se prolonge jusqu'à Suez; l'oasis d'El-Cossar est le but du troisième; enfin le quatrième, dont le point de départ est le Caire, embrasse la côte nord-est de la mer Rouge et toutes les sommités du mont Sinaï.

Les itinéraires de la seconde moitié du présent ouvrage ne sont pas une fiction. J'ai parcouru toutes les distances que j'indique; mes yeux se sont arrêtés sur les divers aspects que je signale. Je ne puis, dans ce seul volume, décrire tout ce qui se trouve en chaque endroit; mais je crois n'avoir omis aucun lieu intéressant. Ma nomenclature topographique est pour les parties les moins fréquentées de l'Égypte, beaucoup plus étendue que celle des voyageurs qui m'ont précédé, et elle fournira à nos géographes l'occasion de remplir dans leurs nouvelles cartes les vastes lacunes des anciennes. Beaucoup de faits relatifs à la statistique et aux mœurs n'ont pas été compris sous le titre principal qui semble les réclamer, parce qu'ils m'ont paru devoir mieux ressortir ailleurs; et de la sorte, l'exploration qui semble promettre le moins, offrira des points de repos moins monotones et moins arides que les espaces qui les précèdent. Je n'ose me flatter de plaire à toutes les classes de lecteurs, mais j'attends avec confiance l'épreuve que les voyageurs me feront subir.

Dans plusieurs parties de cette nouvelle publication, je renvoie le lecteur à mon grand ouvrage sur l'Égypte, où l'on trouvera en effet tous les détails qui manquent à celui-ci. Ce grand ouvrage va enfin recevoir son exécution sous le patronage de S. M. Charles X. Mais je n'attendrai pas cette publication plus importante pour offrir à quelques unes des personnes qui ont bien voulu m'encourager l'expression sommaire de ma vive reconnaissance. A Marseille, je citerai M. Jauffret, le chevalier de Dumène, M. Bazin, M. Négrel-Férau, M. Lami, M. le chevalier Lautard, M. Hubaud, M. Bailly, membres de la commission nommée par l'Académie pour examiner mon ouvrage. La Société de Statistique ne fut pas moins bienveillante. M. le vicomte de Villeneuve-Bargemont, préfet, MM. Paul Autran, Quienchez, Toulousan et A. Clapier, se montrèrent à mon égard de vrais amis, par leurs conseils comme par leurs services. Leur amitié m'a même accompagné dans la capitale, en m'y procurant des protecteurs et d'autres amis par leurs recommandations. La dédicace de ce faible ouvrage dit assez de quelle indulgence j'ai été honoré par une auguste princesse. Qu'il me soit permis de citer aussi les noms de MM. le duc de Blacas, le vicomte de La Rochefoucauld, le vicomte de Châteaubriand; de MM. le vicomte de La Boulaye, le baron Cuvier, le comte Alexandre de Laborde, le vicomte Siméon, le chevalier Raynouard, le chevalier Lafitte, le baron Delessert, le baron Férussac, etc.

Les rapports des diverses Académies et

Sociétés savantes, que je joins à mon ouvrage, sont signés par des savans qui ont daigné aussi prendre un intérêt tout particulier à mes travaux. Trop heureux si je ne suis pas tout-à-fait indigne de tant de protection et de tant d'obligeance!

RIFAUD.

VOCABULAIRE

DES

DIALECTES VULGAIRES

DE LA HAUTE-ÉGYPTE.

AVIS DE L'ÉDITEUR

SUR CE VOCABULAIRE.

Le *Tableau de l'Égypte et de la Nubie* étant surtout destiné à servir d'itinéraire aux voyageurs qui visitent ces contrées, l'auteur a pensé qu'un Vocabulaire des termes les plus usités dans les diverses provinces ne serait pas la partie la moins intéressante de cette publication.

VOCABULAIRE

DES

DIALECTES VULGAIRES DE LA HAUTE-ÉGYPTE.

On trouvera plusieurs mots arabes répétés avec la même signification, mais dont la prononciation diffère selon les lieux.

A

Abricot..................	Michemich.
Animal..................	Beheiiam.
Aveugle.................	Amiam, *ou* ahma.
Adroit..................	Chater.
Apporter................	Gibe, *ou* hatt.
Acheter.................	Esteri, *ou* echtiri.
Amer....................	Mourg.
Attendre................	Osbour, *ou* estaña.
Amandes.................	Loz.
Anneau..................	Halaca, *ou* alaga.
Avare...................	Bacrif.
Argent..................	Fata, *ou* fadda.
Aider...................	Mancourou, *ou* maaçon.
Almées..................	Ravasi, *ou* khrazié.
Attacher................	Laca, *ou* orbout.
Approcher de la ville...	Carab men el medine.
Attiser le feu..........	Tarattab en nar.
Arroser.................	Raïa, *ou* rache.
Appui...................	Nocerouna.
Aquéduc.................	Qana.
Aimer...................	Hebe, *ou* mey.
Allumettes..............	Quebrit.
Amadou..................	Soufann.
Anguille................	Tabans el bâhr.
Affamé..................	Komsam.
Attaquer................	Oghzoú, *ou* hache.
Assurément..............	Voualah.
Ambre...................	Caraman.

Armée	Heüah, *ou* gond.
Syène	Souan.
Armurier	Haddatte belad.
Architecte	Mindehs, *ou* méndés, *ou* méhendez.
A mon fils	Ya ébeni.
Allons, allons	Hiala hiala.
Mon associé	Cherique betaï.
Les amusemens	Fantesic.
Mon ami	Rafique betay, *ou* habibi.
L'arpent de terre	Fedann.
A force	Belkhrasb.
Agonisant	Ramout.
Les Arméniens	Armeni.
A la bonne aventure	Ala risque lallah.
Ami	Habibi.
Autrefois, ou jadis	Zaman.
Ailleurs	Matra rehre.
Après	Badén, *ou* beâd.
A peu près	Béné béné.
Assez	Beziade, *ou* iekafi.
Aucune fois	Mafiche nobe vouat.
A présent	Deloiti.
Avec bonne manière	Be él canoun.
Avant	Coudam.
Avant-hier	Voua len bari, *ou* aóual en bareh.
Automne	Craret.
Apportez-moi de la lumière.	Jib ly el daïe.
Appartement d'un prince	Diwan.
Assure-toi de cette nouvelle.	Estak barcan ahda el khrabar.
Asseyez-vous commodément.	Ogod ala khratrak.
A votre volonté	Ala khra thrak.
A votre santé	Bechreb be serrak.
Anneau, ou bague	El khratem.
Arc-en-ciel	Tactate enmaoui, *ou* el osse ouael adah.
Approche-toi de moi	Janab ny.
Anneaux en fer	Halaea hadid.
Avez-vous du papier?	Andak chei ouara, *ou* vouarak.
Allé	Rouh.

Aiguilles à coudre.........	Ebré.
A la volonté de Dieu.......	Hallah kerim.
Arabe....................	Aarab.
Aujourd'hui..............	El youm, ou nardi.
Année...................	Séné.
Auparavant..............	Men cable, ou gable.
Après-demain............	Bad deboucra.
Attacher une pierre.......	Lacak belhagar.
A l'arrivée de cette lettre...	End wo soul el mektoub.
A vous le salut, seigneur..	Cheik halikoun essalam.
Après l'inondation du Nil..	Bad de zeate, ou ziate, ou ziadet el Nil.
Anglais..................	Inglis.
Autrichien...............	Nemsou.
A ta volonté.............	Bekhathrak.
Aile.....................	Toun.
Attends là...............	Estena mén héné.
Arsenic..................	Sém el far.
Augmente le prix.........	Eftallah.
Village abandonné........	Belet carban.
Les actionnaires aux barques.	Mecheyré.
Archet du violon.........	El gousé agasi.
Albanais.................	Arnaout.
Affaire..................	Amelto.
Abricotier...............	Sagar michemich.

B

Buttes	Coum, ou talc.
Beurre..................	Semm.
Bœuf...................	Bogar.
Buffle..................	Gamous, ou jamous.
Blé.....................	Gam.
Blé de maïs..............	Doura bayout.
Bonnet à la turque	Tarbous, ou tarbouch.
Bonnet en coton..........	Tagié.
Barques.................	Marquebs.
Bouteille................	Ésasé, ou gesase.
Boisson agréable.........	Charbét.
Balle à fusil.............	Grouchas ta el boundouquie, ou rousass.
Barde...................	Bardaha.
Bride...................	Ligam.

Bientôt...................	Gawan.
Bien loin de cela, mon maître.	Estakhfarla ia sidy.
Bain....................	Hamam, *ou* hammam.
Bon cœur	Safi, *ou* galbi tuyep.
Bois d'aloès.............	Khrachap sandal.
Buvez le café............	Achirop el cahoué.
Bois de palmiers.........	Nakl.
Les babouches...........	Babouch.
Comme le baudet........	Zaïr el hamir.
Bon salut................	Becrate.
Billet...................	Ajahap.
Le grand bonnet des Turcs..	Caouck.
Celui des Arméniens......	Carpache.
Brebis..................	Khanam.
Bon Musulman...........	Musulmin mouminin.
Bombes.................	Bounba.
Bien enrhumé............	Coh que tir.
Les Barbaresques.........	Mougarbi.
La bride d'un cheval......	Ligan ta lhoçan.
Ouvre la bouche..........	Efta farm, *ou* fam.
Bonsoir	Maca el kheir, *ou* sacoumbal crer.
Bourg...................	Kafr, *ou* mahalla.
Bataille perdue...........	Herabeh kesbet.
Bataille gagnée...........	Herabeh kesret.
Bonsoir à vous	Maca koun bir khebir.
Bien, grâce à Dieu........	Tayeb el hamd doulilah.
Broche..................	Choy ta el cabab.
Boucher.................	El gazar.
Biscuit..................	Gargous *et* gorgous, *ou* boocsoman.
Barques du lac Manzalè....	Caraphrere, *ou* behere.
Le barbier...............	El mouzain.
Bonne odeur.............	Ria taib.
Bougie de cire............	Chamac escanderani.
La bouillie de farine......	Láscid.
Bourse..................	Quis.
Bon.....................	Tayb.
Bois à brûler.............	Hatab.
Bois de construction......	Crochab.
Je n'ai plus d'argent au gousset.................	Mafiche filous jou jébé.
Bouffons.................	Saltari.

Un bey........................	Sengak.
Barre en bois pour pousser les barques...............	Medreh.
Banc............................	Mastabeh.
La bouillie de farine aigre..	Tascid.
Bayonnettes.................	Teharbeh.
Balance........................	Elmeyzan.
Bonjour........................	Sahalkaire.

C

Chargé d'affaires............	Colis.
Combien me donnes-tu le mois?........................	Ente dille canel chahr.
Colonne........................	Amoud.
Cou..............................	Ragahah.
Ciel..............................	Samaa.
Combat........................	Ghazah, *ou* herabeh, *ou* catel.
Comment.....................	Kakf ma, *ou* zey, *ou* keiff.
Casser cela...................	Cassardi.
Couverture du lit...........	Heiram ta el farci, *ou* faschi.
Cornes.........................	Gourouns.
Coude..........................	El quian.
Cœur............................	Calbi, *ou* galbi.
Cruche pour l'eau..........	Balase, *ou* zir.
Cuiller..........................	Malaqat.
Câble...........................	Libans.
Cordes.........................	Hable *et* hebal.
Courage.......................	Hafi, *ou* hafié.
Clou.............................	Mousmar.
Courageux...................	Geda, *ou* gedam.
Cafetier du bacha.........	Cafegi bachi.
Crocodile.....................	Temsah.
Cordonnier...................	Saramati.
Celui-là.......................	Dok, *ou* hada.
Couper........................	Moucadah.
Celui-ci.......................	De oue.
Chien..........................	Kelb.
Cheval........................	Hoçan.
Charbon.....................	Farmé.
Cultivateur..................	Phellah.
Chasser les oiseaux.....	Odroup zazour.

VOCABULAIRE

Chaud........................	Hami, *ou* har.
Charrue pour labourer la terre....................	Meherat.
Crible........................	Gourbal.
Charrue à fouler le blé....	Nourage, *ou* nouraq.
Ce n'est pas comme cela...	La mous quede.
Cinq.........................	Khamseh, *ou* cramce.
Conseil et assemblée........	Diwans.
Cheval rétif.................	Hausan harount.
Camps.......................	Okeles.
Conducteurs de chameaux..	Habir.
Caissier.....................	Khaznadar.
Comprendre.................	Esma, *ou* efham.
Charbon.....................	Ef fahm.
Châtré.......................	Mahamoule.
Clou.........................	Moussmar, *ou* mousmar.
Charrue à niveler la terre..	Gasabye.
Collier de femme...........	Celcele, *ou* lebé.
Consul.......................	El consoul.
Cinq coudées................	Cramcé odra, *ou* odro.
Comme cela..................	Kedé.
Concevoir...................	Arfe.
Chanter.....................	Rani, *ou* torhannou.
Chypre......................	Cobros.
Au côté.....................	Gambho.
Ma clef.....................	Meftahi hom.
Chute.......................	Masqet.
Chevreuil...................	Lhauzér sougaire.
Cataracte...................	Chalal, *ou* chellal.
Concombre..................	Crehyar.
Canal ordinaire.............	Torah, *ou* calig, *ou* kralyg.
Caravansérail...............	Kan.
Carrière, mine..............	Madan.
Château.....................	Kasr.
Citerne......................	Sahrig.
Colline......................	Tell.
Couvent.....................	Deir, *ou* deyr.
Campement turc............	Ordi osmahli, *ou* osmauli.
Campement arabe...........	Ordi aarab.
Chèvre......................	L'anser.
Chou........................	Courounbe.
Carotte......................	Gaza.
Couteau.....................	Sequin.

Chaise	Courci.
Chemise	Camis.
Chapeau	Bournet, *ou* bernet.
Cela va tout de travers	Di ra a la crouchin kam.
Colle-forte	Glé.
Chameau	Gamel dacar.
Chamelle	Nak, *ou* naga.
Chat	Cadis, *ou* got.
Chat sauvage	Tefe, *ou* got nemeri.
Coquilles du Nil	Maharara, *ou* marara.
Cafetière en cuivre	Bacré.
Cafetière en fer-blanc	Canaqué.
Café en grain	Boun.
Crainte	Craf, *ou* krouf.
Café	Kouah.
Cru	Neye.
Cochon	Hansir, *ou* kansir.
Court	Coussaire.
Clef en bois	Moufeta crachab.
Clef en fer	Moufeta hadil.
Cheveux	Char.
Cuivre	Nahas.
Charrue	Tart arabouan.
Champ de bataille	El medam.
Cuvier en terre	Madgiour.
Cravache	Courbache.
Couvercle de la pipe	Crata ta el chibouq.
Couvrez-vous	Rati nefsec.
Courrier	Mersal.
Champ	Ret.
Cuisses	Cafarat.
Cruche	Zir.
Citadelle	Elgalah.
Coq	Cotaqit, *ou* cataqout.
Caissier	Serraf.
Cuisinier	El tabar.
C'est assez	Ek fi.
Chef du village	Cheiek el beled.
C'est peu	Mous quetir, *ou* gleye.
Ciseau	Mougas.
C'est ouvert	Maftouf.
Chanvre	Quetann.

VOCABULAIRE

Les chrétiens................	Noustrani *et* ganauvi.
Cendres,....................	Ramat.
Chien d'eau.................	Quelbe Moye.
Combien....................	Cam.
Chagrin....................	Zangan.
Commandant................	Aga.
Cantinier...................	Camourji.
Une chose légère............	Rafit.
Une chose lourde............	Tagil.
Contributions...............	Miri.
Un cheval qui marche à l'amble...................	Ravouan, *ou* ravan.
Coussin.....................	Moucadem.
C'est bien par surprise.......	Machalla.
Christ......................	Salib.
Constantinople..............	Stanboul.
Cela ne fait rien.............	Mahleche.
Petite cruche des santons....	Briq tefaudi.
Cela va tant bien que mal....	Fi, *ou* ra alababala.
Comment est-ce à présent?..	Zeyhé de loirti.
C'est mon ami...............	Rafique betay.
Canon......................	Médéfa.
Comment t'appelles-tu?.....	Esmou que ente, *ou* es ma-qente.
Citron......................	Limoun, *ou* lemoun.
C'est salé...................	Malie.
Cela vous plaît ainsi.........	Ente quéfe quede.
Citrouille...................	Gara.
Ce n'est pas comme cela.....	La mous quédé.
Bien chaud..................	Ami quetir, *ou* gauvi.
Cela ne me regarde pas......	Hada ma baca choqhly, *ou* chourle di.
Chez vous...................	Ande kom.
Crépuscule du jour..........	Asoub.
Combien de mois lui donnes-tu?.....................	Ou kam ehhar tes bou aleihe, *ou* ente dille?
Comment le partagerez-vous?	Keif teccoth beinena?
C'est un homme de bonne foi.	Hada rajeul saleti, *ou* saleh.
Couper la tête..............	Qataa ras.
Combien avez-vous acheté cela?.....................	B'kam estereto dih?
C'est peu, mon maître.......	Ya sidi mous ktir.

Cela m'appartient.	Hada b'taay.
Cela est honteux pour vous.	Hada ayb alakeb, *ou* aléq.
Corbeau.	Taghorab.
Comme le cheval.	Zey lausan.
Chercher.	Davour.
Coufe, ou coufin.	Magatif.
Changer.	Glebe.
Les chiens.	El qulabs.
Catacombe.	Temhare.
Cotons.	Coutoun *et* gourtoun.
Cela va bien.	Di thaïbin.
Cahuttes.	Qona.
Chemin.	Sekkef.
Canard.	Ouiz barh.
Que vos souhaits s'accomplissent.	Baraq hellah.
Chandelle.	Chamac.
Cadeaux, ou bonnes mains.	Backchis, *ou* bukhchich.
Grande coufe.	Zemzabié.
Chaîne en fer.	Selseléh hadit.
Gardes-du-corps du bacha.	Caouas, ou cavas.

D

Espèce d'officier d'honneur.	Tchaouisch, *ou* chaous.
Désiré.	Mafqoud.
Difficile.	Saab.
Désir.	Tamanny.
Deux personnes.	Btaam bom.
Donner.	Mota.
Dehors.	Kareïan, *ou* barra.
Au-delà.	Men henak.
Descendre de cheval.	Enzel a menale lausan.
Diamant.	Almas.
Dos à dos.	Dara, *ou* dar, *ou* iar.
Draps de lit.	Milayat el farchi.
Dattiers.	Nachl ta balah.
Désert.	Sarah.
Dromadaire.	O agin.
Dormir.	Noun, *ou* noum.
Danser.	A orgous, *ou* orgous.

Débauchés	Felati *et* chaklaban.
Descends	Enzil tat.
Donnez cela	Attedi, *ou* hatayati.
Dattes	Balah.
Douceur	Eloua.
Dents	Chenan, *ou* senann.
Les domestiques	El khadaminn, *ou* cradaminn.
Demander	Mennak, *ou* ecal.
Dormir avec une femme	Nam mah el mara.
Déjeûner	Foutour.
Dîner	El rada.
Demander pardon	Lenes tarhfer, *ou* fiardeq.
Dinde	Farouq roumi.
Demeurer ici	Coun houèné.
Dieu de l'humanité	Melek goubriam.
Droits d'octroi et de douane.	Miri gomrok.
Damas	Gatacann.
Le deuil	Chil chil.
Déchirures des chameaux	Charm el giamel.
Diable	Lafrit.
La danse	Orgous.
Il l'a tout déchiré	Charm coule.
Dérober, voler	Saraq.
Dieu	Robené *et* Allah.
Désœuvré	Masbout.
Le danseur de corde	Bahlauwan.
Donnez-moi cela	Hate di.
Donnez-lui cela	Dille di.
Derrière	Men wouara.
Tout doucement	Béné béné a la maley.
Dos à dos	Dara be dara.
Droiture	Dougri.
Dimanche	L'had.
Donnez-moi à boire	Atte a chirop, *ou* esquiny.
Donnez-moi de l'eau pour me laver	Hate moye chan gasadi, *ou* arselle.
Digue	Gesr.
Dessus	Faue.
Dessous	Taht.
Devant	Goddam, *ou* goudam.
Du fond de mon cœur	Mend goue galbi.

Dieu vous conserve............	Allah ieçallemak.
D'où viens-tu comme cela, ce matin ?.............	Ente gai menen kede ala bedri?
D'où est-il parti ?.........	Men ain safar ?
Droit..................	Dougri.
Donnez-m'en un peu......	Ateni chouye.
Doigts des pieds.........	Assaba el riglen.
Depuis la tête jusqu'aux pieds.................	Men rasa a la l'qadam.
Demeure ici.............	Ies coun hone.
Dieu vous donne une longue vie..................	Allah yètoul omerk.
Dieu vous assiste...........	Allah qaynak.
Dieu m'en préserve.......	Estkhafarla.
Dieu le sait.............	Sabanalla, *ou* sobhnalla.
Doucement...............	Alamaleq.
Donne-moi l'étrenne......	Hatte et teselimé.
Dieu merci, tu es bien.....	Hychala ente tahib.
Dieu le veut.............	Robené aouse.

E

Eau-de-vie.............	Araqui.
Etrier..............	Ricab.
Entrer dans un endroit...	Crouch enne, *ou* jouc.
Ecrire..............	Ertub.
Etain...............	Gasir.
Egypte..............	Arabi estan.
Echapper.............	Rah, *ou* felt.
Epaule...............	Ketf.
Eglise..............	Deir, *ou* quenise.
Aux environs de ce lieu...	Béné béné matra di.
Effets................	Afché nafché.
Ecrivain comptable.....	Afendi.
Eté.................	Sef.
Est.................	Chary, *ou* charq.
Être triste............	Zalan.
Entendre..............	Esma.
Enfant................	Oualet.
Echelle.............	Escale.
Ecoutez, marchand, je suis courtier pour le poisson..	Es ma aria khouadja ana ragel semsar tael samak.

A ta santé.	Mahable, *ou* mehab tak.
Elles vont sur la mule.	Ner faa ala l'barhle.
Epicier.	Hatar.
Ensemble.	Sawesawe.
L'étrenne.	Backchis.
Entends-tu.	Fam.
Ensuite.	Baden.
Les enchanteurs de serpens.	El hauwi, *ou* zauwi.
Autre espèce.	Jince bachik.
Quelle est cette espèce?	Jince min di.
Eloignez cela.	Irga di.
Empêcher.	Melu ouch.
Etang.	Modd, *ou* amdad, *ou* birket.
Eux.	Hom, *ou* l'ooum.
Elles.	Honn.
Ecrivain.	Malém.
Etrille.	Hadide ta negi losan.
Ecouter.	Esmah.
Eloigné de son pays.	Baad menbeled ho.
Enfin avec l'argent.	Zahab befelous.
Esclave.	Cholam, *ou* abd.
Epingle.	Dabous.
Embouchure.	Fomm.
Es-tu bien portant?	Ente tayeb, *ou* tayéh.
Être prêt.	Adre.
Epoque des moissons.	Crabe el retan.
Elever.	Chil, *ou* arfa.
Encre pour écrire.	Hebré.
Encore un peu.	Caman chouye.
Excrémens de vache.	Gelle, *ou* gille.
Envoyez tous les jours votre garçon à ma boutique.	Ersem sabik kouliam el ahd ledouqk kani.
En êtes-vous content?	Ouent khathrak taqeb ala dalek.
Eglise.	Kenyseh.
Emeraudes.	Zabarah.
Épingle.	Dabous.
Ecole publique.	Gymnase.

F

Figue.	Tinn.
Farine.	Dagig.
Fenouil.	Fenouil.
Fève.	Foul.
Fini.	Khralast.
Faveur.	Marouff.
Une espèce de flageolet.	Soufare.
Les sages-femmes.	Maesta.
Filet pour la paille.	Senif.
Four d'incubation pour les petits poulets.	Mamél.
Par force.	Belrasb.
Fosse des morts.	Tourbe ta el meytin, *ou* kdeb.
Femelle.	Enaille, *ou* entaille.
Fermez.	Roudete, *ou* route.
Le forgeron.	Ladat.
Fonctionnaire.	Ouasif.
Apprêtez le fricot.	Amelte el tabier.
Tu es un fou.	Enté magenoun, *ou* magnoun.
Faites la même chose.	Amelte zeibade.
Face à face.	Ouche be ouche.
Fleuret à percer.	Metegat.
Fou.	Magenoun.
Feuille d'arbre.	Wouarak narkle.
Fleur.	Nouwara.
Fixe.	Tef taw.
Fosses.	Nouy.
Front.	Coura.
Fleuve.	Bahar.
Fontaine.	Oin el ma.
Fuis.	Fout, *ou* tir.
Faites bonne mesure.	Quel tayb, *ou* quel melian.
Femme enceinte.	Mara héble, *ou* hametc.
Français.	Franccis.
Faire échange.	Trembe, *ou* badal.
Être fâché.	Zangan.
Fais cuire cela.	Tedebour adi.
Fer.	Hadyd.

Femme jolie. . . . . Ennessouan el gemilat.
Fort bien, il n'en faut pas
  parler. . . . . Melieh del ouart ma baca fiaha kelam, *ou* çadadh.
C'est fini. . . . . Khralas.
Four. . . . . Fournn.
Fourchette. . . . . Choq.
Fusil. . . . . Boundouquié.
Fil. . . . . Khret.
Ficelle. . . . . Khret kébir.
Fort. . . . . Chuga.
Froid. . . . . Bert, *ou* berd quebneh.
Fromage. . . . . Gibéné
Feu. . . . . Narn.
Figure. . . . . Houchou, *ou* wouagh.
Fils. . . . . Ebenou.
Fille. . . . . Bentt.
Flûte. . . . . Zoumare.
Frère. . . . . Akhrou, *ou* horr.
Fort bien. . . . . Melieh.
Fumée. . . . . Doukhran.
Faim. . . . . Guien, *ou* gane.
Fatiguer. . . . . Taban.
Femme. . . . . Mara.
Femme en couche. . . . . Marate betou oulet.
Filet pour la pêche. . . . . Chebakahou cret.
Fronde pour lancer les pier-
  res. . . . . Megla.
Fouet. . . . . Fergille.
Fourneau de cuisine. . . . Canoun.
Fuseau. . . . . Marzel.
Fleur. . . . . Nouare.
Faire. . . . . Melto.
Fossiles. . . . . Mezerac.
Fenêtres. . . . . Chababiq.
Flotte de cheveux qu'on
  porte sur la tête. . . . . Cotaye, *ou* chauche.
Frapper. . . . . Darb.
Fourche. . . . . Medrage.
Fricot. . . . . Tabirh.
Fripier. . . . . Dalal.
Fripière. . . . . Dalale.
Forteresse. . . . . Kalah, *ou* galah.

Fils du pays............	Ebn el beled.
Que fais-tu là ? vraiment, tu es fou...........	Amélto hé di voila ente magenoun.
Fais-moi ce plaisir......	Bel marouff.
Fainéant............	Casselant.
J'ai faim............	Ene gian, *ou* gan.
Foudre.............	Rád.

G

Gazelle.............	Razal, *ou* gazal.
Gras..............	Semin.
Grand en longueur......	Tauil, *ou* touwil.
Gage..............	Rahn.
Grenade............	Rouman.
Les Grecs...........	Roumi.
Gilet à manches.......	Hanteri.
Guère, ou peu........	Gleye.
Gré, ou malgré.......	Bel queffe, *ou* mous queffe.
Galettes............	Gourous, *ou* curaqeuits.
Gueule des animaux.....	Khrachamau.
Grand'père..........	Gedrou, *ou* algade.
Grand'mère..........	Gedré.
Garçon.............	Sabin.
Petit garçon..........	Oualet.
Goûter.............	Zouq.
Grande.............	Kebire.
Gardez.............	Maçouna.
Garder.............	Souni, *ou* sint.
Grosse cuillère........	Malaga kebire.
Grand chemin........	Sekkeh soltanièh.
Grand canal..........	Khralig.
Gueux, ou mauvais sujet..	Felati gauwi.
Grâce à Dieu, nous ferons aujourd'hui trente milles.	Hand lilah naamel el ioun talatin elfe.
Gosier.............	Zorr.
Gouvernail de la barque...	El dafa.
Grains pour la semence...	Beser, *ou* hab.
Gorge d'une femme.....	Tally tady.
Gérofle.............	Courounfle.
Grains pour la semence...	Tagauwi gedit.

b.

VOCABULAIRE

Galant.................Chalabi.
Gilet..................Hanteri, *ou* hialeye.
Genou..................Cadhy, *ou* raucab.
Gendarme...............Cawas.
Grosse caisse, ou tambour..Tablé.
Graisse de mouton......Sem ta el khrarouf.
Les grains.............Ralle.
Espèce de guitare des Nè-
 gres..................Tanbura, *ou* tabanbora.
Gardien................Grafir.
Grandes barques, les plus
 fortes du Nil.........Maasch.
Id. les moins fortes...Dahalie.

H

Habiller...............Agourzini.
Huile..................Zehet.
Hache..................Balta.
Hyène..................Dabah.
Honnête................Camel.
Heure bonne............Sarhta el barak.
Homme..................Ragel, *ou* regal, *ou* reigela.
Homme à deux...........Regeolan.
Honorer................Moucram.
Herbe..................Achiche.
Heureux à toi..........Sayd.
Habit..................Haouaidi, *ou* torub, *ou* tyab.
Hier...................Enbari.
Hélas..................Akh.
Homme chéri............Errageol el habib.
Hameau.................Qaryah, *ou* cafre, *ou* koukaf.
Héritier...............Waret, *ou* ouarisse.
Habitude...............Deowab.
Honorable..............Kerym.
Habitation.............Maskén.
Hauteur, ou butte......Koum, *ou* telle.
Hiver..................Chéteh, *ou* chetre.
Haricots...............Loubi, *ou* loubyeh.
Au hasard..............Alarisque lanlah.
L'habit à la longue....Coufetan.
L'habit en drap........Beniche.

Homme élégant du Caire. .	Chalabi maseri.
Herbe pour les animaux. . .	Barsim.
Homme fanatique.	D'abyd.
Heure.	Saat.
Huit.	Tamanié.

I

Inondation du Nil.	Ziat ta el Nil.
Interroger..	Acal, *ou* letouçali.
Ils s'aiment entre eux. . . .	Iéhcel bou notous hom.
Il y a long-temps que nous ne vous avons vu.	Lena zaman machoufte nakoum.
Ivoire.	Senan fyl.
Il ne veut pas.	Mous ause, *ou* mardach.
Il sait.	Arfe.
Intendant.	Nazir.
Il y a long-temps que je vous attends.	L'y zaman enni estanak.
Il n'est pas venu.	Lamiegi.
Il ne prononce pas bien l'arabe.	Ma yel tfam melegli el leçan el araby.
Il reste trois heures à faire une chose.	Bieqad talatah sahat hacta qanelchy.
Il doit en avoir vingt-cinq.	La bed cramce au cherin.
Il ne sait pas assaisonner les viandes.	Ombyaraf fy tel byl el lahhme.
Il n'a pas écrit.	Lácatab.
Il est plus âgé que moi. . .	Houe ektyar aktar men ny.
Il a été proclamé roi. . . .	La y ek ter belaly.
Indigo.	Sabar nil.
Il veut.	Ause.
Il veut ainsi.	Ause quédé.
Il est vif comme la poudre.	Hay zey el baroud.
Infortune.	Mafiche barak.
Il est comme il faut.	Om merta arba au cherin carat.
Indien.	Indoustan.
Imbécile.	Khrachim
Industrieux.	Chatré.
Ile.	Gezire.
Il est parti d'ici.	Safar men hom, *ou* houn.

Il ne part pas............	Ma iesfer, *ou* safre
Il a passé par là.........	Fat me néné.
Il vous a battu..........	Dareb aia kom.
Il ne m'est pas venu à l'esprit.............	La gek tir belaly.
Il y a seize ans qu'il est parti.	L'ho setachesenin elleqrali.

J

Je suis prêt à t'obéir.....	Khatrakalei.
Je vous attendrai deux mois.	Esbour aleylk chahr eyn, *ou* charen.
Je n'ai pas besoin........	Ene mousause.
Je m'en moque.........	A la bérdum.
Je n'en mange pas.......	Bilahi macoul.
Justice.............	Charala, *ou* makamé.
Je te souhaite du bonheur..	Hala barafige.
J'attends inutilement....	Ene augot balache.
Je viendrai demain ou après-demain...........	Ené gei boucra, *ou* bade-boucra.
Jeu où il y a douze trous..	Mingalla.
Jamais...............	Abadenn.
Je jure sur la tombe de votre père.............	Ouala fau tourba abou betaq.
Je lui ai parlé; le voici à la porte.............	Coulte loh haou baala l'bab.
J'écoutais parler.........	Ana sami coul.
J'ai affaire avec lui.....	Il menno hadje.
Jours heureux à toi.....	Nahark abiad aente.
Jardin..............	Geneineh, *ou* gennan et geneyneh.
J'ai assez mangé........	Ene schaban, *ou* coulbesiade.
J'en veux plus que cela...	Ené ause actar mendi.
Je n'ai pas d'argent.....	Mandis felous, *ou* mardis felous.
J'ai le ventre plein......	Boutoun melian.
Je vais avec toi........	Ougaq rou mac.
Jésus-Christ..........	Salib.
Jeu de cartes.........	Ferre.
Jeu................	Mokadeh.
Jument.............	Egre.

Joli.	Cowis, *ou* couwis *et* guamil.
Jeter une chose.	Ermi, *ou* armi.
Jaune.	Asfar.
Jeune.	Chabb.
Jambe.	Sircan, *ou* sérquan.
Joyeux.	Farehoun, *ou* fareh.
Juge.	Cadi, *ou* gadi.
Juger.	Cadoun.
Jusqu'ici.	El ahene.
Jusque-là.	Elahenak.
Jour.	Ioum.
Juste.	Barr.
Joseph.	Ioucef, *ou* Yousouf.
Je n'en suis pas instruit.	Mafiche crabar.
Je sais.	Ene arfe.
Depuis ce jour-là.	Men el youm di.
Tous les jours.	Coule youn, *ou* youm.
J'ai plaisir de cela.	Ené quefe mendi.
Jeûne.	Siam.
Je ne suis pas associé avec toi.	Ene mous cherique betaq.
Je vous remercie.	Catalcrere aleyq, *ou* aléq.
Je me porte bien, Dieu merci.	Ene taib au doulilah.
Jeudi.	Khramis.
J'aime beaucoup.	Heb que tyr.
J'irai seul.	Rouat.
Je ne le savais pas.	Ené mous crabar.
J'ai quelquefois dit cela pour badiner.	Beltab gotta hada badel aouqat.
J'ai froid.	Ené bert, *ou* berdan.
Jouer aux dés.	Aqser.

L

Lièvre.	Herneb gabel, *ou* arneb.
Laitues.	Khras.
Lentilles.	Adas.
Lupins.	Tourmaus.
Lit.	Farchi.
Laisser.	Seybau, *ou* crali.
Lac.	Berqui, *ou* berqé, *et* birket.

Légumes confits au vinaigre.	Tourchi.
Lapin.	Herneb beti.
Lait.	Labenn.
Long.	Touwil, *ou* taouyl.
Langue.	Lessan.
Ce n'est pas loin.	Mous beyt.
Il a laissé.	Seybete.
Au pis aller.	Le cam ra batal.
Léger.	Rafif.
Lire.	Egra.
Livre.	Qutap, *ou* ktebire.
Lampe.	Mastreille.
Lundi.	Létenin.
Se lever avant l'aurore.	Cam icable el fegre.
Lance en terre.	Romhho filardd.
Lac sans eau.	Birque iabes.
Limites du pays.	Hedoud el belad.
Limites des provinces.	Hedoud el, *ou* laiate.
Loup.	Dyb.
Lance.	Romali, *ou* romhho.
Lion.	Acad.
Lune.	Camar, *ou* gameré.
Loin.	Bahid, *ou* beyd.
Laboureur.	Fellah.
L'air est agréable aujourd'hui.	El youm, *ou* haoua thayeb el i crim.
L'as-tu fait?	Afaaltho.
Le voilà saisi.	Haouda et thar semseko.
La tête me tourne.	Rasse d'aire.
Livre de Moïse.	Kotobo Moisa, *ou* ketabe Moésa.
L'eau bout.	Moye tagli, *ou* moye tedyli.
Long bâton.	Nâboutt.
Le levain.	Cayde.
Lézards du désert.	Wouaran tael gabel.
Le soir à la nuit.	El magrèb.
La pâque.	Eleidde.
Le roulement que les femmes font avec leur gosier.	Zagarit.
La Nubie.	Barabra.
L'as-tu vu?	Ente choufle.

Le jour s'en va.	El lioum ra.
La lance pour les crocodiles.	Arbd men frak.
L'oasis.	Elloah.
Labourer.	Elmoaratte.
L'excision des filles.	Tara, *ou* tar.
Langue.	El lessan.
Lanterne.	Qandyl.

M

Miel des abeilles.	Asal abiat.
Mosquée.	Gama, *ou* masied, *ou* jame.
Minaret.	Madené.
Monter à cheval.	Ercab l'ausan.
Monter à baudet.	Ercab lhamir, *ou* lhaumar.
Monter à dromadaire.	Ercab lagin.
Membre viril.	Zacar, *ou* zub.
Mamelles.	Beze.
Macaron.	Macarouna.
Muet.	Akhras.
Muet et sourd.	Akhras et atrache.
Médicament.	Dawoua.
Bonne mémoire.	Amdou efem quètir.
Moustaches.	Chanababat.
Mouton.	Khrarouf.
Menton.	Dacnou.
Mollets.	Semamin rigle.
Moitié.	Ounous, *ou* nous.
Moucheron.	Namous.
Marcher.	Sayar.
Moulin.	Thahon, *ou* thaoun.
Matelot.	Nouti.
Mou.	Y, *ou* ye.
Meilleur.	A li san, *ou* asen.
Mari.	Gos, *ou* zaniha.
Muraille.	Sunr, *ou* hét.
Il n'y a pas moyen.	Mafiche dawoi mendi.
Maçon.	Benain.
Manteau.	Ridáá.
Maison.	Dar, *ou* beitou et beyt.
Ministre des affaires intérieures.	Cayabey, *ou* kyabey.

Moutarde.	Khardel.
Mèche pour la lampe.	Bounbache.
Mâle.	Dacar.
Marbre.	Marmera.
Nouveau marié.	Larous.
Matrone.	Mahesta.
Mulet.	Barle.
Espèce de manteau des Bédouins.	Bernous.
Ton mari.	Jos betaq.
Mon mari.	Jos betay.
Son mari.	Jos bet a oue.
Mot à mot.	Calam be calam.
Ministre musulman.	El moufti.
Mouchoir.	Mandil.
Une malle.	Sendouc.
Marteau.	Cadoun.
Marcher.	Machi.
Menteur.	Cadab.
Mousquetière, ou cousinière.	Namousie.
Maigre.	Rafif, *ou* rafia.
Méchant.	Charani.
Mauvais sujet.	Ebenharam.
Monter.	Hetela fauc.
Minuit.	Nousse ellele.
Montagne.	Agar gabel.
Mauvaise odeur.	Afen, *ou* neten.
Midi.	Doh.
Mère.	Om, *ou* aumou.
Mains.	Hiad, sidi, hidou.
La mère nourrice.	Mourda.
Le monde va tout de travers.	El dunie machia la crouchinquan.
Matin.	Saubh, *ou* bedri.
Mesurer.	Quél.
Marche devant.	Machi goudam.
Monte sur la montagne.	Ala el gebel.
Mort.	Mayt, *ou* ymout.
Maison de lui.	Ou beitho.
Mille sequins.	Elf mahboub.
Musulman.	Mosleman, *ou* Musulmin.
Maison de justice.	Darloucie.

Magasin du gouvernement.	Chouni.
Mélasse du sucre.	Assal soucar.
Miel.	Assal abiad.
Melons.	Kaoun, *ou* gaoun.
Mauves.	Khroubesé.
Marmite en terre.	Bourmé.
Marmite en cuivre.	Dést.
Je me marie.	Ene jos.
Il en manque.	Nages.
Non, non, ce sont tous menteurs ensemble. . . .	Lala coule kdab a la bade.
Petite mosquée.	Zdouyte.
Les mains heureuses. . . .	Hidou mabrouq.
Moulin pour extraire le sucre des cannes.	Hasara creta el yazab ta el soucar.
Magasin et logement public.	Occalé.
Machine hydraulique arabe.	Sakiès.
Viens avec moi.	Tali ouyak.
Mer sans eau.	Bahr bellomah.
Mouche.	Douban.
Mordu.	Tadoda.
Moustique.	Namous.
Musicien.	Azomar.
Masse en bois.	Medak.
Mendiant.	Chaat.
Mur.	Hhet.
Marée.	Sabakah.
Mouche.	Bahar el malah.
Mouillage.	Mersa.
Mais quelle heure est-il actuellement?	Afaict sahanahar de louacte.
Mon livre.	Ketabi.
Mât d'une barque.	Sari.
Marche.	Sayran.
Milieu.	Oustani.
Moi seul.	Ana wahedi.
Moi qui t'ai aidé.	Ana elledy nasar tak.
Manger.	Akal.
Monastère.	Der et dier.
Mon maître.	Asidi betay.
Murmurer.	Gemarmar.

VOCABULAIRE

Malade.	Dayf, *ou* mouchaous, *ou* mried.
Moi.	Ene.
Mardi.	Nhar talati.
Mercredi.	Nhar arba.
Marins.	Noutie.
Menuisier.	Nagar.
Mois.	Chahr.
Marchand.	Beya, *ou* el khaougi, *ou* cravaji.
Médecin.	Haquim.
Monnaie antique.	Felous gédim.
Meulettes.	Jouran.
Momie.	Moumie.
Musette, ou hautbois.	Zoumara.
Miroir.	Merayhé.
Montre.	Saha.

N

Non, le tout n'y est pas.	La mafiche coule.
Nœuds du bois.	El hougra ta el khrachap.
Nous nous sommes approchés de la ville.	Qarcbna le d'medinah.
Nous verrons.	Fia farai.
Novice.	Khrachim.
Les Nubiens.	Barbari, *ou* barabra.
Nain.	Qa soueyr.
La noix de pipe.	Loud.
N'ayez pas peur.	Mous craf.
N'aie pas peur.	Ma craf.
Nouveau.	Gedid.
Nappe.	Bez.
Nil.	Bar Nil.
Natron.	El natroun.
Noir.	Asouet, *ou* a souedou.
Nez.	Mounacrere.
Neveu.	Ebenar, *ou* ebena crou.
Nu.	Arian.
Navire.	Markab.
Noisette.	Boundouc.
Nègre esclave.	Abd, *ou* habd.

Négresse esclave........	Jari.
Noble............	Cheryf.
Nerf.............	Elaroq.
Nom.............	Esm.
Nuit.............	Layl.
Nouvelle..........	L'kabar.
Nord............	Bari.
Nouvelle troupe.......	Nizan gedid, *ou* lezam el jedit.
La nature de la femme...	Fary, *ou* cous.
Nilomètre..........	Meqias.
Nous sommes prêts à vous obéir...........	Khater koum a leina.
Non pas beaucoup......	La mous quetir.
N'être pas riche.......	Ma houe ghàny.
Ne penser qu'à la malice...	Ma by felker ella bel kebbab.
Ennui............	Zalan.
Nouvelle mariée.......	La rouze.
Nerf pour battre, ou grosse lanière de cuir......	Courbache.

O

Offrandes..........	Hadaya.
OEil.............	Ayn.
Oh! voleur.........	Ya sariqoun, *ou* sariq.
Ongles...........	Azafer.
Oie.............	Ouèz.
OEuf............	Beddad.
Ognon...........	Baçal.
Olives...........	Zeytoun.
Oranges..........	Bortogan.
Oreilles..........	Houdounou, *ou* ousoun.
Or..............	Dahab.
Orfèvre...........	Sayre.
Oiseau..........	Touyour, *ou* asfour.
Oui............	Iwa, *ou* aïnaam.
Obélisque.........	Mecelleh.
Oh! je ne le crois pas...	Iah mahacebto cheikede.
On a tué un homme.....	Catan ouat ragel.
Orage...........	Raâde.
Où vas-tu?........	Ente roufen.

Objet aigre.	Hanat.
Obscur.	Deloume.
Ouvrez le magasin.	Ef tah el hassel.
Ouvrez la porte.	Tefla el bab, *ou* efta el bab.
Ouest.	Garb.
Orateur.	Chater.
L'ordure.	Khrara.
O mon Dieu!.	Hyarob.
Je l'ai oublié.	Ra men rase.
Outre pour l'eau.	Kierbehs, *ou* girbehs.

P

Propre.	Nadyf.
Retirez votre parole, elle ne vaut rien.	Irga el calam di batal.
Par-dessus.	Men fauc.
Par-devant.	Men goudam.
Passans.	Fat.
Perpétuité.	Barde.
Passe.	Fout.
Peu à peu.	Chouyé be chouyé.
Pélerin musulman.	Ajis.
Les pigeons.	Hamaim firouzabadi.
Péter.	Zerate.
Les pantalons.	Charoual.
Prends garde.	Awouà.
Le poisson électrique.	Rahat samak.
Pompe.	Trounba.
Pavillon.	Bandera.
C'est près.	Greible.
Mettre le prix à une chose.	Amelte el bazar.
Peu à peu et souvent.	Naube que tir et gleye a coule nauba.
Pas un.	Mafich ouat, *ou* ouala nobeouat.
Pas une fois.	A la bade wouat.
Le premier.	L'awoual.
Sur pied.	Fauc rigle.
Par-derrière.	Men wouara.
Place du marché.	Bazar, *ou* souq.

Plaine où les soldats font les manœuvres..........	Megdan el nichabeh.
Pâlir de crainte...........	Asfar men el craf.
Pardieu, marchand! vous êtes devenu tenace....	Khahouadja, *ou* allah, *ou* rhaiart thabutak.
Pour faire la cuisine.....	Men ein hetta netthbokh.
Prune................	Barcouq.
Pour appeler les chiens...	Quesche? quesche?
Pour les faire aller.......	Heha! hiaha! hiaha!
Pipe à réfrigérant, où la fumée est adoucie par l'eau.............	Narguyle.
Poignard.............	Khanjar.
Payer d'avance.........	Bayat.
Publieur..............	Menadi.
Pourquoi?............	Mentahé.
Pourquoi as-tu fait cela?..	Menta he amelto di.
Peser................	El meyzan.
Petite hache...........	Cadoum.
Poutres de dattier........	Flaques.
Un pouce.............	Gararit.
Petit pain bénit.........	Gourban.
Le privilége de chérif de village.............	Mesmouha.
Prière des Saintons......	Zecré.
Parlez vrai............	Calam dougri.
Pourquoi ne veux-tu pas?.	Le ente mous aige au anse.
Pourquoi fais-tu cela?....	Mentahé ente a melte di.
Pigeons ramiers.........	Hamam.
Pèlerins..............	Ajis.
Prophétesse...........	Nabie.
Poil.................	Ecchararr, *ou* charr.
Prends..............	Khodz, *ou* crot.
Penser...............	Ahceb.
Poser................	Hacebna.
Promettre............	Toued.
Plaire...............	Leterda.
Protecteur............	Naceron.
Porteur d'eau..........	Saccah.
Passer par-là...........	Fout menené.
Partir................	Safar, *ou* safre.
Près de toi............	Gam bak.

Paie mensuelle............	Mastrouf.
Permettre................	Cyden.
Port.....................	Mima.
Pyramides................	Heram, *ou* harrans.
Prétendus santons.........	Hamlé.
Pot de terre à faire le beurre.	Sagat, ta el sem.
Pierre...................	Bothros.
Plomb...................	Rochas.
Pont.....................	Cantera, *ou* qanterah.
Peur.....................	Ouh, *ou* kaf.
Pot à l'eau pour boire....	Couse ta el moye.
Pucelle..................	Becre.
Prière...................	Sali.
Poireau..................	Courat.
Propreté.................	Nadif.
Prophète.................	Nabi.
Poulie...................	Bakarah.
Pain.....................	Ayche, *ou* craubse, *ou* raghyf.
Poulet...................	Faroug.
Papillon.................	Farfare.
Poisson..................	Samak.
Poivron vert.............	Felfel akhdar.
Poivron rouge, ou piment.	Felfel ahmar.
Pastèque.................	Patier, *ou* batir.
Pois pointus.............	Haumans.
Plat grand...............	Sarne quebir.
Pantalon à l'arabe.......	Libas.
Pipe.....................	Chibouq.
Paille hachée............	Tébéné.
Paille dans sa longueur..	Beuroubi.
Poudre à canon...........	Barout, *ou* baroud.
Petit plomb à tirer......	Rache.
Pierre à fusil...........	Hagar, ta el boundouquie.
Pistolet.................	Tabangat.
Percerette...............	Mabre, *ou* barinne.
Planche..................	Lohh.
Plume....................	Riche.
Parasol..................	Chemchie.
Porte....................	El bab.
Poutre...................	Flaq.
Peu......................	Gleye.

Piquez, piquez.	Souc, souc.
Priez pour moi.	Edait lena.
Portez-vous bien.	Téhim thayeb.
Plût à Dieu.	Hichallah robené.
En prison.	Mahous.
Petite idole.	Tassouire.
Peau de buffle.	Gilde jamous.
Poêle.	Tancha.
Place.	Ouasal.
Pâturage.	Persim, *ou* aoubb.
Plus grand.	Akbar.
Plus cher	Ahabb.
Près la porte.	Ginbe el bab.
Pomme de pavot.	Abounoum.
Pastèques du sablon.	Pater, *ou* patir hermalli.
Pastèques dans le terrain cultivé.	Pater tini.
Prédire.	Waed.
Préférer.	Matour.
Pourquoi?	Lé quédé.
Point du tout.	La woualah.
Plâtre.	Guibs.
Paupières.	Remche.
Pourpier.	Rigle.
Peste.	Courbe, *ou* thaun taounn.
Pays.	Belet.
Prince.	Soltan, *ou* emir, *ou* cheik.
Patron.	Rays.
Premier.	Lawoual, *ou* oula.
Périssant.	Radou.
Planches en bois.	Lohh.
Porte-vue.	Nadara, *ou* nadare.
Pardonnez-le.	Dille el fiardéq.
Pomme quinte.	Hhandal.
Parfum.	Mecour.
Papier.	Wouaraqua.
Par ma foi, tu es un bon homme!	Filommeti ent bas melah.
Plût à Dieu que vous fussiez toujours en bonne santé.	Ilah daimans thayeb.
Prends cela, tiens-le bien.	Agrap emsi taib.

Point du tout, je dis la vérité............	Lahom at kallem belhac.
Printemps............	Tabia.
Place d'un château-fort..	Darameydam.
Palais.............	Serail.
Poulain............	Faras.
Poules.............	Fark et farouq.
Place avec des cahuttes..	Hoch.
Que Dieu soit mon protecteur............	Ous men radaphallah.
Le père de la miséricorde..	Amb baba crou.
Cet homme te plaisante...	Ragi di mascarat aléy.
La peau du poisson......	Gilde samak.
Passeport............	Teskere.
Païens.............	Cafri.
Les païens..........	Coufri, *ou* coufrar.
Viens ici, homme des poissons............	Tali héné ragi ta el samak.
Grand personnage......	Ragi kébir.
Ne crains personne.....	Macraf ouat.
Piment.............	Filfele.
Pou...............	Gamere.
Pomme.............	Tafàh.
Poison.............	Sem.
Porte-tasse..........	Jarfe.
Plateau.............	Senié.
Parler..............	Calam.
Pleurer.............	Bqué, *ou* ebequi.
Petit...............	Sougaïre.
Prendre............	Khrot.
Prêter..............	Selef.
Pointe..............	Choq.
Poissons salés........	Samak fesir.
Pisser..............	Choc, *ou* chourqs, *ou* boul.
Pluie...............	Natra, *ou* elres.
Poussière...........	Tourab.
Pierre..............	Hagar.
Puits...............	Birq, *ou* byr.
Pourri..............	Marçour.
Pâte pour faire le pain...	Aginn.
Pomme de terre.......	Gourgas frangi.
Pomme de terre du pays...	Gourgas.

Père. . . . .   Abou.
Les pieds. . . . .   Cradam.
Plein. . . . .   Melian.
Pesant. . . . .   Tacqil.
Plomb. . . . .   Grouchas.
Pioche, ou bêche. . . . . .   Touri et fas.
Piquet. . . . .   Khrasouq.
Pauvre. . . . .   Fakir.
Prêtre. . . . .   Cassis, ou bona.
Plantes cultivées. . . . . .   Zerauwi.
Palefrenier. . . . .   Sayès.
Portier. . . . .   Bouabe.
Pêcheur. . . . .   Sayadin.
Petite cymbale. . . . . . .   Sajat.

Q

Que Dieu me guérisse ! . . .   Robene hyafai.
Que vos souhaits s'accom-
   plissent ! . . . .   Rahamaq halla.
Quand c'est ainsi. . . . . . .   Quan quiedé.
Quoi ?. . . . .   Eych.
Le quart. . . . .   Roubh.
Quenouille. . . . .   Lokta.
Quintal. . . . .   Quentar.
Quelle est votre affaire ?. . .   Hadje tak eich ?
Quelles sont maintenant vos
   occupations ?. . . . .   Chrohlak eich el ioum ?
Que demandez-vous, mon
   ami ?. . . . .   Eich tatheloub ia aam ?
Que veux-tu ?. . . . .   Malak, ou ente ause hé ?
Quel homme êtes-vous ?. . .   Min ennt ?
Quelle est cette dame ?. . . .   Souaclak eich ?
Que vous apporterais-je ?. .   Feich nedjle lekoum.
Qu'est-ce que cela me fait ?   Ene male.
Quelque chose de mauvais.   Batal.
Quartier. . . . .   Hart klott.
Que me dis-tu ?. . . . . . .   Ente calam étaéné.
Quarante. . . . .   Arbayn.
Quatre. . . . .   Arbah.

R

Raisin.	Heneb, *ou* aneb.
Renard.	Taleb.
Rire.	Dahak ya taq.
Rouge.	Ahmar, *ou* homron.
Recevoir.	Khrabala, *ou* yarcbalou.
Ragoût.	Tabih.
Rôti.	Cabab, *ou* machouï.
Raisins secs.	Zébib.
Riz.	Rouz.
Rond.	Mabroum, *ou* moucabeb.
Rouleau.	Mabroum.
Remplir.	Hemele.
Râteau.	Lauh, *ou* lehaïal.
Rencontrer une chose.	Çabel.
Rencontrer un homme.	Çawel elagé.
Rouler.	Motdahreï.
Rassemble.	Moïtamet.
Rassembler.	Moïtamea.
Rendu.	Mardoud.
Réjouissant.	Mofrreh, *ou* mofrrehoun.
Ravin.	Sekkeli sabakeh.
Redoute.	Metras.
Rivière.	Bahrr.
Rocher.	Sakra.
Ruines.	Kharab.
Ruisseau.	Gadwel.
Route ordinaire.	Tariqe.
Remercier.	Catalackhere, *ou* catalacér.
Rasoir.	Mouss.
Râteau droit.	Gous, *ou* baq.
Rabot.	Farah.
Ronfler.	Chakhar.
Riche.	Krhany, *ou* qani.
Rames d'une barque.	Macadif.
Rideau.	Setarat.
Rose.	Wouarde.
Racines.	Chetrou.
Raves.	Figle.
Russe.	Mouscouwi, *ou* Mouscouwie.

Rincez-vous la bouche...	Mas mos fomak.
Ravager les campagnes...	Khrab el dia.
Rejetez-la toute sur une autre........	Erma de sam bala laker.
Récolte des dattes......	Narous.
Regardez bien.........	Choufle tayb.
Ronfler............	Houffe.
Remerciant Dieu........	Catalhrer robené, *ou* halah.
Rue..............	Derb, *ou* darb.
Petite rue...........	Atfet.
Revendeurs de poissons...	Hel beyam samaq.
Tu es rebelle.........	Enté açi.
Rosette............	Raschid, *ou* rachit.
Remercions Dieu........	Hamd oullilah; *les Coptes*, Escouroula.

S

Salut à vous..........	Salam aleykoum.
Je souhaite..........	Ana hamel.
Si c'est ainsi.........	Quand, quede.
Sévérité...........	Ched detah.
Sauver............	Tcallastho.
Si...............	Laou.
Syrie.............	Belet echcham, *ou* Elgos.
Sourcils............	Aavouagep.
Séparément..........	Bel tef aryq.
Salue-le de ma part.....	Sellem homen endy.
Secourir le pauvre......	Alisan lel fagir.
Se tromper..........	Maghchouch.
Le séné............	Sanamequin, *ou* sanameque.
Soleil.............	Chemche.
Soupe.............	Chourba.
Sincère............	Sadyq.
Savant............	Aalem.
Sud..............	Goubli, *ou* glibela.
Scorpion...........	Agrab.
Sable.............	Ramleh.
Saline.............	Mallahah.
Santon............	Cheykh.
Sabre.............	Séf.

Le son.	Dagoug, *ou* rade.
Sel.	Melha.
Soulier.	Marocups, *ou* sarma.
Serviette.	Fouta.
Petit sac.	Quis.
Scie.	Mechar.
Selle de cheval.	Sarg ta losan.
Sacoche *ou* besace.	Courgi.
Singe.	Gird.
Scarabée.	Jouran.
Statue antique.	Mascoute, *ou* tavaïre.
Savon.	Saboun.
Serpette.	Mingal.
Selle de dromadaire.	Charge talagin.
Sandale.	Nal.
Se laver.	Ensabah, *ou* sabar.
S'ennuyer.	Zalan.
S'éveiller.	Jme meu.
Sa femme.	Maratha.
Serpent.	Débib *et* taban.
S'égarer au milieu du désert.	Dato fi vas el gabel.
Sans mémoire.	Mandous fam.
S'il avait dû venir, il serait arrivé.	En kan yejy le kan jai.
Si vous le pouvez.	En kan ente b'teqader.
Source.	Ein.
Safranon.	Cardam.
Tombeau des santons.	Madfan cheykh.
Souhaiter de l'honneur.	Hala barafique.
Serpillières.	Creche.
Le santon de Tantah.	Seid bedauvi.
Le soleil luit pour tout le monde.	Davoir dunies.
Soufre.	Kebryt.
Soldat faisant l'office de courrier.	Cavas bachi.
Manteau arabe en usage en Syrie.	Maschla, *ou* benous.
Le cheval trottant à l'amble.	Rahouan, *ou* ravouan.
Pourquoi as-tu fait cela?	Ment a he enté amelto di.
Fais-le-moi savoir?	Ate el crabar.
Statues.	Massakhit.

DE LA HAUTE-ÉGYPTE.

Seaux en cuir.	Chadouf.
Sycomore.	Tinguimese, *ou* joumese.
Sang.	Dam.
Semer.	Azera, *ou* azerau.
Sept.	Sabah.
Sanglier.	Hallouf.
Sucre.	Soucar, *ou* soukkar.
Six.	Settet.
Se lever.	Goum.
S'arrêter.	Augaf.
Sauter.	Noute, *ou* nouti.
Sortir.	Ochrogé.
Sec.	Nachéf.
Sourd.	Asnag.
Seize.	Setache.
Sœur.	Okhurt, *ou* ourti.
Six mois de terme.	Sette ochhor eych.
Sac à tabac.	Quis ta el douchran.
Souper.	Alcha.
Soie.	Haryr.
Second.	Tanie.
Soldat.	Askar.
Satan.	Cheitan.
Soixante.	Settyn.
Sofa.	Divan.
Jurement sur la barbe.	Ouayat de genou.
Jurement sur les moustaches.	Ouayat chanabi.
Jurement sur la flotte de cheveux des femmes.	Ouayat gous det.
Scie.	El minchar.
Smyrne.	Smierle.
Sequin.	Boudouquie.
Mot de surprise.	Ajay.
Saoul *ou* ivre.	Sacran.
Un soldat de cavalerie.	Asquer ta lausan.
Les Syriens.	Chami.
Sel du Natron.	Natroun.
Salpêtre.	Mel baroudie.
Salpêtrière.	Baroudie.
Samedi.	Sap, *ou* sabt.
Surveillant.	Nazir, *ou* nazer.
Serrurier.	Ercfali, *ou* erefali.

T

Tour à tourner.	Macrarata.
Trop.	Ziade, *ou* quetir.
Je tiens.	An emseko.
Talons.	Elecabk.
Tout.	Coule.
Trois quarts.	Talate erbah.
Testicules.	Bedan.
Tunique.	Gaba.
Tamarin.	Tamar hindi.
Tombeaux.	Tourbe.
Terre inculte.	Art bour.
Petite timballe.	El bhies.
Tambour de basque.	El thar.
Timballes.	Nagarie.
Tourterelles.	Yamams.
Tout oiseau à collier.	Hamama.
Tout oiseau qui boit d'un trait.	Hamam.
Tout oiseau qui roucoule.	Hadara.
De la Turquie.	Turkestan.
Très occupé.	Chourle que tir.
Les Turcs.	Tourqui.
Les Tartares.	Tartour.
Tu es mou.	Ente meit.
Nouvelles troupes.	Nizam gedit.
Trou.	Boura.
Les tenailles en fer.	Quelbe ta mouchemar, *ou* quelat.
Torrent.	Sail, *ou* touran.
Tour.	Borg.
T'a-t-il donné beaucoup ?	Atoq quetir.
Tronc.	Elarch.
Toile blanche.	Goumach abiat.
Temples égyptiens.	Berbi, ta el coufri, *ou* messagedo.
Tabac à fumer.	Doucran.
Terre cultivée.	Lart zerauvi, *ou* ardit.
Tabac à priser.	Nichouq.

DE LA HAUTE-ÉGYPTE.   39

Tortue du Nil.	Médrege, *ou* térce, *ou* terzet.
Tasse à café.	Fingan, *ou* finjan.
Tamis.	Gourban, *ou* gourbal.
Témoins.	Achad.
Tête-à-tête.	Rase be rase.
Le tiers.	Tulte, *ou* séaleus.
Tout à la fois.	Coule a la bade.
Tout de bon.	Coule dougri.
Tous ensemble.	Care savasave.
Toutefois et quantes.	Quand coule nobe quedé.
Trop tôt.	Gavan que tir.
Tente pour camper.	Crem, *ou* creme, *ou* amené.
Tais-toi.	Scot.
Tirer une corde.	Esab lable.
Tête.	Rase, *ou* ras.
Traîner quelque chose.	Gourr.
Tige de dattier.	Girit tanarcle.
Tabatière.	Helbe tanichouq.
Trouver une femme.	Sabel el mara.
Tumulte.	Charnjem.
Trentième.	Talatoun, talatin.
Toi.	Ente.
Tailleur d'habits.	Crayat.
Teinturier.	El sabar.
Temps froid.	El youm berd.
Trompette.	Trompetta, *ou* trounpit.
Petit tambour en terre.	Darabouque, *ou* darabouq.
Tu empêches ma volonté.	Casar el cadre betai.
Ta sévérité.	Ched detak.
Trouver.	Etta canou.
Ton fils m'a battu.	Ebeno betaq, darabi.
Temple.	Berbeh hikel.
Tu es extrêmement rouge.	Tahmarre.
Toi qui m'as instruit.	Ente elledy allemt ny.
Tu n'as pas vu de poisson plus beau que celui-ci.	Machouftou samaq asen men di.
Touche-moi la main.	Yat minéq.
Tombeaux des morts.	Fitourbe ta el moutin, *ou* meytin.
Tout ce qui n'est pas musulman et franc.	Rayas.
Payant le.	Carteh, *ou le* miri.

Qu'est-ce que c'est que ce
   tapage-là?............ Dédé carkbé di.
Prends garde à toi..... Avoua énte.
Nouvelle troupe de soldats
   organisés............ Nezam gedid.

V

Vin................. Nebit.
Veau................ Heigle.
Vinaigre............. Cral.
Verre, ou gobelet....... Coubaye.
Va vite.............. Rou gavan.
Viens vite............ Tali gavan.
Viens ici............. Tali ene.
Vif................. Hay.
Vert................ Ardar.
Vieux............... Artiar, ou agous.
Vendre.............. Baha abiou, ou biah.
Vent................ Rieh.
Vider............... Coube, ou soub, ou fareq.
Vous m'avez fait honneur.. Anastena men.
En venant chez moi...... Medik ila andena.
Petite vérole........... Gedre.
A l'avenir............ Hegey.
La Vierge............ Mariam.
Vois combien il y en a... Choufte fi cam.
Vérité............... Dougri.
Versez............... Coube.
Volonté.............. Ala queffe.
Votre serviteur......... Khathvak aleina.
Vite................ Gavan.
Vouloir.............. Rada, ou iarda.
Voir................ Chouf.
Viens................ Agi.
Vieille............... Agouse.
Ville................ Medine.
Village.............. Carin, ou naga, ou nahies
                              quera.
Voisin d'un endroit..... Greibe.
Viens déjeuner......... Tali acouleit el foutour.
Vermicelle............ Chaeire.

Visage................	Wayh.
Ventre................	Boutoun.
Viens avec moi.........	Tali ouyaye.
Va-s-y seul............	Rou ouadéq.
Violon................	Rabab.
Volontiers sur ma tête et mon œil............	Bism illah ala rase, *ou* ouaini.
Volontiers.............	Bism illah, *ou* marababe.
Voici la ceinture.......	Horoud l'hizam.
Vite, vite, on vous attend.	Fil saa fis saa iestennak.
Voilà vos vingt-cinq livres.	Haouada elak kahamset, *ou* cherin rotolé.
Venez parler...........	Taal tekallém.
Vraie route............	Thaik hakikan.
Voyez................	Eraour, *ou* raon.
Vous.................	Entom.
Viande...............	Larme.
Vendredi..............	Jouma.
Volontiers, à ton aise....	Bism illah ala mahlak.
Voiles d'une barque.....	Gala.
Votre................	Koma.
Vendre...............	Mebye, *ou* debiou.
Veilleuse..............	Candile.
Vous portez-vous bien?..	Ente tayep, *ou* en toun tayebin.
Que vous apporterai-je?..	Feich nedjle le kaum.
Viens à ma maison......	Tali betis.
Verge................	Carie.
Voleur................	Aramie.
Voleurs...............	Sarigan.
Votre mère............	Omma kom.
Village abandonné......	Belet carban.
Va te promener........	Ett a ser et qualla.
Vallée et lit d'un fleuve..	Waad.
Vois-tu?..............	Choufte.
La veste à la turque.....	Cartouche.
Il est venu............	Jaet, *ou* gais.
Violon arabe...........	Lauje maseri.
Verroterie de Venise....	Kherraz.
Voiture...............	Caravan.
Valet de chambre.......	Faras.
Vert-de-gris...........	Quinzar aragi.

Bon voyage. . . . . Tariq salame.
Le venin. . . . . Sem.
Victoire. . . . . Chaherah.
Viens parler avec moi. . . . Tali colam ouyak.
Voiture. . . . . Caravan.
Le vin de dattes. . . . . . . Lagoby.
Voile. . . . . Milayeh.

Y

Ouvrez les yeux. . . . . . . Efta houche.
Yeux. . . . . Houche.

VOCABULAIRE

DE

LA NIGRITIE DE FACHETROU.

Je joins ici quelques mots de la langue africaine, ou du dialecte de Fachetrou, en Nigritie, que j'ai appris pendant un court séjour que j'ai fait dans une colonie qui appartenait au cachef de Deri, en 1816 et 1817. Je pense qu'ils ne seront pas inutiles aux voyageurs qui iront visiter ces contrées.

A

Agneau.................... Tané.
Aiguille................... Indiry.
Aile....................... Meseb.
Ame....................... Ago.
Ami....................... Mago.
Après-demain............. Aéhiches.
Arbre..................... Engoulé.
Arc-en-ciel............... Mossos.
Arrêter................... Oudou.
Argent.................... Namette.
Autruche.................. Minsinmerou.
Aveugle................... Oua, *ou* bauhare.
Accouchement.............. Coua béné.
Aller..................... Hada.
Allumer du feu............ Flamau.
A la volonté.............. Hadan.
Ail....................... Pelan houti.
Aller doucement........... Adet cronie.
Avaler.................... Asguiné.

B

Un baiser................. Soulindou.
Balance................... Moudulle.

Barbe.................... Bouss.
Barque................... Goure.
Bâton .... Kagou.
Beau..................... Kachi.
Bêche.................... Fassy.
Bélier................... Beaudo, *ou* nava.
Beurre................... Erokoche.
Blanc.................... Faudy, *ou* hauda.
Blé...................... Moune.
Bleu..................... Nuly.
Bœuf..................... Ramotoukou.
Barre.................... Doua.
Bois..................... Cugoula koselle, *ou* henquau la.
Bonjour.................. Adamodou.
Bonsoir.................. Abouré.
La bouse, ou petite bière.. Baca.
Le blé de maïs........... Selle.
Les bras, avant-bras..... Saba.
Le bras.................. Tabarri, *ou* piyait.
Le buffle................ Mateqe.
Bâiller.................. Baraudé.
Boire.................... Mera ferit.
Bouteille en cuir........ Matarahs.
Espèce de bière.......... Meryse *et* bulbus.
Balai .... Chindel.
Boire.................... Doua.
Bouclier................. Kadou.
Bracelet................. Taulou.
Bride.................... Ermina.

C

Le col................... Tougo.
Le cul................... Heia.
Les cuisses.............. Courou.
La cheville.............. Crau.
Les chiens............... Quel mangellé.
Champignon............... Chourqoué.
Le grand champignon...... Saumau.
Chercher................. Fada.

La chèvre............... Miha.
Cuit.................... Mane.
Se coucher.............. Dercha.
Courir.................. Bouna.
Citrouille.............. Mate, *ou* a qnau.
Chat sauvage............ Maroué.
La circoncision......... Queta cora.
Chameau................. Kambel.
Charbon................. Kelguicho.
Chemin.................. Kgol.
Chemise................. Abiaje.
Cheval.................. Mourda.
Chien................... Quelai.
Ciel.................... Boubony.
Cochon.................. Krio.
Corde................... Moyéra.
Coucher................. Arechy.
Couteau................. Kagy.
Crocodile............... Enkaro.

D

Les doigts.............. Dabarri.
La danse................ Crosor.
Dispute à se battre..... Bachan.
Dieu.................... Hala.
Dormir.................. Terche.
Donnez-moi.............. Hadau.
Demander................ Halau.
Le dos.................. Goundi.
Demain.................. Fenfor.
Diable.................. Dafré
Dormir.................. Arechy.

E

Les étoiles............. Isou.
L'eau................... Fere.
L'estomac............... Bechedou.
Les épaules............. Gouda.

VOCABULAIRE

L'enfant à la mamelle..... Merer.
Eteindre le feu........... Douchamou.
Eléphant................. Madegai.
Eté..................... Akochiagalo.

F

Le feu................... Man.
La femme................ Nanga.
Les filles................ Mouchenble, *ou* mouchau.
Fermer les yeux.......... Menchense.
Frère................... Hogtob quvale.
Fer..................... Rahan.

G

Un jeune garçon.......... Quatequalé.
Le gosier................ Haelou.
Les genoux.............. Cou chaun.
Les gazelles............. Mouqo.
Gaillard................. Entemélé.
Gingembre.............. Ginjibil.

H

L'hippopotame.......... Farass el bahr, *ou* barnick.
L'homme................ Boungour.
La hyène................ Macoura.
Haricots................ Rabari.

J

Le jour................. Timousie.

L

La lune................. Seqe.
Le lit................... Her.
La laine................ Bousché.
Se lever................ Ada.
Le lit................... Tari.

M

Le membre viril............	Coret.
Le mariage...............	Cotamaga.
Le mal de ventre..........	Collalau.
Des maux d'yeux..........	Fehari
Les mamelles des bestiaux..	Chafa.
Manger..................	Tinha.
Maison..................	Chauli.
Malade..................	Fihoro, *ou* fihvro.
Mère....................	Tadi.
Montagne................	Bélé.

N

Notes...................	Alquiter.
Nez.....................	Kara.
Noir....................	Milly, *ou* mele.
Nombril.................	Agourou, *ou* quorouban.
Nuit....................	Amboï, *ou* tabbedem.
La nature de la femme.....	Gani.

O

OEufs...................	Fokolo, *ou* crho crohlou.
Ognon...................	Masas, *ou* belena.
Or......................	Fada, *ou* fouta.
Oreille..................	Hai.
Os......................	Pololo, *ou* kra.
Le bec des oiseaux........	Mesandan, *ou* mesandou.

P

Poil.....................	Pouche.
Poisson..................	Nagoure, *ou* magaus *et* nagoure, *ou* magous.
Poivre...................	Abinbile, *ou* felphe.
La pluie.................	Ro.

Le pain	Touga.
Le pied	Idem.
Pleurer	Bia.
Poivron rouge	Habenberis.
Gros poivron	Beris.
Les petits poulets	Bibion.
Les pates des bestiaux	Crau.
Prenez	Moufa.
Prêter	Cou choumou.
Prendre	Hala.
J'ai peur	Hebele.
Je n'ai pas peur	Mous hebele.
Père	Tede.
La pierre sur laquelle il concasse les grains, *ou* moudre	Belle goun gouchan.
Pierre	Bela.
Pipe	Agooulou.
Plume	Agogote.
Poissons	Nagoure.
Poule	Mitsa.
Pucelle	Bee.
Puits	Kougoue.

Q

Quinze	Fafarnoe.
Quarante	Kilsery.
Quatre	Manamo.
Qu'est-ce que c'est?	Chenou.

R

Rasoir	Guitse.
Rat	Amilo.
Rire	Quiedit, *ou* queta.
Rôt	Aguigué.
Rouge	Guibeni.
La route	Kqal.
Le rhume	Crocré.
Le rat	Amecin.
Récolter	Quédasel.

S

Les sycomores............	Sayra.
Sable.....................	Assique, *ou* chaquet.
Sandale...................	Chafa.
Le sang...................	Kafar.
Sauterelle................	Audabar.
Scarabée..................	Konkoué.
Scorpion..................	Herre.
Le sel....................	Keko, *ou* goré.
Singe.....................	Mogole.
Sœur......................	Ombo, *ou* moubau.
Soleil....................	Mouzo, *ou* moudso, *ou* moueou, *ou* koudrou.
Sourcil...................	Arbousse.
Lorsque le soleil se couche..	Mous crachet *et* loumma.
Lorsque le soleil se lève....	Mous crore.
Le sein...................	Her.
Le serpent qui détruit l'homme.................	Bouc crote.
Semer.....................	Rega.
Sauter....................	Crora.
Savoir....................	Matalli.
Sale......................	Mili dokochi.
Savon.....................	Achaboun.
Serpent...................	Kouke, *ou* oria.

T

Terre.....................	Sak, *ou* saga.
Testicule.................	Agoisar, *ou* touri.
Tête......................	Koulou.
Tombeau...................	Tirche.
Torrent...................	Belou.
Tirer du feu avec du bois..	Hafeta.
Tuer un animal............	Quedaugalou.
Tuer un homme.............	Chauqua.
La toile de coton.........	Hor.
Le tabac..................	Esembaq, *ou* oura.

d.

La terre..................	Saga, *ou* saka.
Tamarin..................	Melai.
Tourterelle..............	Kourkoudou.

V

Le vent..................	Boum banni.
La viande................	Hau haum.
Le ventre................	Hiau.
Le bas-ventre............	Io.
La petite vérole.........	Hoqtar.
Vendre...................	Chenbel.
Veiller..................	Roun hacha.
Va vite..................	Saf.
Voleur...................	Cora.
Vache....................	Ranagalai.
Village..................	Kaza.

NOMS

DES JOURS DE LA SEMAINE EN ARABE.

1. Dimanche. . . . . El had.
2. Lundi. . . . . El étetin.
3. Mardi. . . . . El talate.
4. Mercredi. . . . . El arbah.
5. Jeudi. . . . . El khramis.
6. Vendredi. . . . . Gouma, *ou* jouma.
7. Samedi. . . . . Sabdt.

NOMS DES MOIS DE L'ANNÉE EN ARABE.

1. Maharam.
2. Satar.
3. Rabih a oual.
4. Rabih a khrar.
5. Gamad a oual.
6. Gamat a khrar.
7. Ragab.
8. Cha a ban.
9. Ramadan.
10. Chaoual.
11. El cade.
12. El haugueb.

NOMS DIVERS QUE L'ON DONNE AUX PAINS

SELON LEUR FORME.

Le pain auquel on donne une forme longue se nomme *hèche roumi*.

Le pain en forme de miche ronde, *hèche basanni*.

Au Caire, on nomme le pain *regif*, *khoubze* et *crobs*.

Dans la Haute-Égypte, *hèche*, *guisere*, *érit*.

MANIÈRE DE COMPTER EN ARABE.

1. Ouahed.
2. Etenin.
3. Talaté.
4. Arbaha.

MANIERE DE COMPTER

5. Khramcé.
6. Seté.
7. Saba.
8. Tamaignié.
9. Tessa.
10. Achera.
11. Ouadache.
12. Etenache.
13. Talatache.
14. Arbatache.
15. Khrammestache.
16. Setache.
17. Sabatache.
18. Tamaigtache.
19. Tessatache.
20. Acherin.
21. Ouat acherin.
22. Tenin acherin.
23. Talate acherin.
24. Arbah acherin.
25. Khramce acherin.
26. Sette acherin.
27. Sabah acherin.
28. Tamaignie acherin.
29. Tessa acherin.
30. Talatin.
31. Ouat au talatin.
32. Tenin au talatin.
33. Talate au talatin.
34. Arbah oué talatin.
35. Khramce au talatin.
36. Sette au talatin.
37. Sabah au talatin.
38. Tamaignie oué talatin.
39. Tessa au talatin.
40. Arbaïn.
41. Ouat arbaïn.
42. Tenin arbaïn.
43. Talate arbaïn.
44. Arbah arbaïn.
45. Khramce arbaïn.
46. Sette arbaïn.
47. Sabah arbaïn.
48. Tamaignie arbaïn.
49. Tessa arbaïn.
50. Khramcim.
51. Ouat oué khramcim.
52. Tenin oué khramcim.
53. Talate oué khramcim.
54. Arbah oué khramcim.
55. Khramce oué khramcim.
56. Sette oué khramcim.
57. Sabah oué khramcim.
58. Tamaignie oué khramcim.
59. Tessa oué khramcim.
60. Sétin.
61. Ouat oué sétin.
62. Tenin oué sétin.
63. Talate oué sétin.
64. Arbah oué sétin.
65. Khramce oué sétin.
66. Sette oué sétin.
67. Sabah oué sétin.
68. Tamaignie oué sétin.
69. Tessa oué sétin.
70. Sabaïn.
71. Ouat oué sabaïn.
72. Tenin oué sabaïn.
73. Talate oué sabaïn.
74. Arbah oué sabaïn.
75. Khramce oué sabaïn.
76. Sette oué sabaïn.
77. Sabah oué sabaïn.
78. Tamaignie oué sabaïn.
79. Tessa oué sabaïn.
80. Tamaignin.
81. Ouat oué tamaignin.
82. Tenin oué tamaignin.
83. Talate oué tamaignin.
84. Arbah oué tamaignin.
85. Khramce oué tamaignin.
86. Sette oué tamaignin.
87. Sabah oué tamaignin.

EN ARABE.   53

88. Tamaignie oué tamaignin.
89. Tessa oué tamaignin.
90. Tessaïn.
91. Ouat oué tessaïn.
92. Tenin oué tessaïn.
93. Talate oué tessaïn.
94. Arbah oué tessaïn.
95. Khramce oué tessaïn.
96. Sette oué tessaïn.
97. Sabah oué tessaïn.
98. Tamaignie oué tessaïn.
99. Tessa oué tessaïn.
100. Mia *ou* mié.

Dizaines.

10. Achera.
20. Acherin.
30. Talatin.
40. Arbahin.
50. Khramcin.
60. Settin.
70. Sabahin.
80. Tamaignin.
90. Tessaïn.
100. Mié.

Centaines.

100. Mié.
200. Miten.
300. Toulte mié.
400. Arbah mié.
500. Khramce mié.
600. Sette mié.
700. Sabah mié.
800. Tamaignie mié.
900. Tessa mié.
1000. Elfe.

Mille.

1000. Elfe.
2000. Elfen *ou* elfain.
3000. Talate talaf.
4000. Arbah talaf.
5000. Khramce talaf.
6000. Sette talaf.
7000. Sabah talaf.
8000. Tamaignie talaf.
9000. Tessa talaf.
10000. Achera talaf.

Ainsi de suite jusqu'à un million.
Le million, *millioun*.

NOMS ET NOMBRE

DES ILES

DE LA SECONDE CATARACTE DU NIL.

La seconde cataracte se trouve divisée par la nature du pays en deux parties, c'est-à-dire la partie est et la partie ouest. Ils nomment la partie est *Charq*, celle de l'ouest *Garb*, et celle du centre *Gesire Oustanie*.

CHARQ (est).

1. Gasgonnarti.
2. Anbenarti.
3. Millinarti.
4. Iginarti.
5. Mourgnarté.
6. Cheyquenart.
7. Moullenart.
8. Quisenati, où sont les ruines d'un temple copte.
9. Datenarti.
10. Tequenarti.
11. Dobenarti.
12. Lobenarti.
13. Gabanarti.
14. Cainarti.
15. Couquoularti.
16. Binarti.
17. Dirnarti.
18. Oubourarti.
19. Chouché Maynarti.
20. Dounginarti.
21. Dacaranatiga.
22. Sinartigiga.
23. Cartenarte Nartenartena.
24. Argosa Nartega.
25. Denartega.
26. Toscenenartega.
27. Gennesa Nartega.
28. Baraquand Nartega.
29. Cand Denartega.
30. Solé Nartega.
31. Joullenaltega.
32. Baguastega.
33. Massennanartega.
34. Gidam Nartega.
35. Fintennartiga.
36. Chaqnounartegega.
37. Taranartiga.
38. Coutoun Nartega.
39. Mesnartega.
40. Coubou Nartega.
41. Milnil Nartega.
42. Courba Enartega.

43. Jourrès Enartega.
44. Dagarenartega.
45. Ourgé Nartega.
46. Ous Elantegenart.
47. Orpter Nartega.
48. Apsalam Nartega.
49. Mahamet Nartega.
50. Doullé Nartega.
51. Milli Nartega.
52. Erestenartega.
53. Endalnartega.
54. Faisié Nartega.
55. Quiet Nartega.
56. Gazié Nartega.
57. Dellelé Nartega.
58. Gazié Nartega.
59. Datte Nartega.
60. Oui Nartega.
61. Gamné Nartega.
62. Egé Nartega.
63. Bourgnecenartega.
64. Ezé Enartega.
65. Adile Fartiga.
66. Jarben Nartega.
67. Oueté Gérienartega.
68. Mousterré Artega.
69. Tourtal Nartega.
70. Caie Nartega.
71. Abbel Tain Nartega.
72. Gindé Fegor Nartega.
73. Terevé Nartega.
74. Avouadi Nartéga.
75. Arqué Nartega.
76. Coulé Nartega.
77. Agé Nartega.
78. Asan Nartega.
79. Baram Nartega.
80. Dongé Nartega.
81. Iibnartega.
82. Ouloum Goudroum Nartega.
83. Dangé Nartega.
84. Tougor Nartega.
85. Toun Genn Artega.
86. Aroum et Nartega.
87. Soun Nenartega.
88. Chalal Martega.
89. Cornartega.
90. Solevert Ennartega.
91. Apitie Nartega.
92. Guan Nartega.
93. Moucha Nartega.
94. Coubouq Nartega.
95. Nabit Nartega.
96. Noussa Nartega.
97. Jadartega.
98. Dorgénartega.
99. Arabi Nartega.
100. Abgaral Nartega.
101. Boué Nartega.
102. Miminartega.
103. Oué Nartega.
104. Farnartega.
105. Cala Finartega.
106. Qui Dès Nartega.
107. Atabi Enartega.
108. Argé Nartega.
109. Salam Enartega.
110. Babir Nartega.
111. Fer Nartega.
112. Fogorique Nartega.
113. Migeie Nartega.
114. Mirmimartega.
115. Marigianne Nartega.
116. Quet Tefiche Nartega.
117. Toungoudravi Nartega.
118. Toulé Nartega.
119. Aré Nartega.
120. Mousoua Nartega.
121. Moundelle Nartega.
122. Abaté Nartega.
123. Fintenartega.
124. Fereche Nartega.
125. Cab Nartega.

DES ILES, etc.

126. Coug Nartega.
127. Aman Nartega.
128. Amandoke Nartega.
129. Mique Nartega.
130. Qui De Gal Nartega.
131. Anoun Nartega.
132. Terim Nartega.
133. Morée Nartega.
134. Badée Nartega.
135. Ejelin Nartega.
136. Coura Nartega.
137. Soube Nartega.
138. Quinginné Enartega.
139. Sabar Nartega.
140. Acha Artega.
141. Misarar Artéga.
142. Tougartega.
143. Quede Enartega.
144. Jouregré Enartega.
145. Toré Enartega.
146. Aubarte Nartega.
147. Courmé Enartega.
148. Aszeienartega.
149. Ambarte Nartega.
150. Codé Enartega.
151. Bagou Enartega.
152. Quoy Nartega.
153. Tanbour Nartega.
154. Ferine Nartega.
155. Artenase Nartega.
156. An Oule Nartega.
157. Tourgourgar Nartega.
158. Millenartega.
159. Ourejinouf Nartega.
160. Caragé Nartega.
161. Ourban Nartega.
162. Figlé Nartega.
163. Ascalam Lartega.
164. Adeloungal Nartega.
165. Daceranartiga.
166. Ché Ingreténartega.
167. Argase Nartega.
168. Denotega.
169. Grené Sanartega.
170. Barak Ned Nartega.
171. Chein Gourtenartnartega.
172. Tara Martiga.
173. Joul Cenaflega.
174. Massenanes Fegu Gidam Nartega.
175. Ten Ténartéga.
176. Chaquon Nartéga.
177. Couba Enartega.
178. Duqure Nartega.
179. Ousel Ategenart.
180. Orplir Nartega.
181. Apsala Nartega.
182. Seregté Nartega.
183. Adel Lartega.
184. Auété Egerié Nartega.
185. Abbetain Nartega.
186. Cyp Nartega.
187. Fouar Nartega.
188. A Sen Nartega.
189. Ouvé Nartega.
190. Lefe Nartega.
191. Foungé Nartega.
192. Aptir Nartega.
193. Gouan Nartega.
194. Macha Nartega.
195. Coubour Nartega.
196. Roussa Nartega.
197. Gadortega.
198. Boné Nartega.
199. Ourounmit Qué Nart.
200. Aufer Nartega.
201. Quet Tekete Nartega.
202. Tourgoudravi Nartega.
203. Javé Nartega.
204. Mousom Nartega.
205. Noundela Nartega.
206. Touché Nartega.
207. Conbaucul Nartega.

208. Qui Deyel Nartega.
209. Sjelin Nartega.
210. Quinquiné Enartega.
211. Touy Artega.
212. Quné De Enartega.
213. Auberte Nartega.
214. A Rei Nartega.
215. Amborte Nartega.
216. Bayou Enartega.
217. Terin Nartega.
218. Ourey Nout Nartega.
219. Caragi Nartega.

GARB (ouest).

1. Hapqué.
2. Moraque.
3. Louquet, *ou* Couquet.
4. Cherganti.
5. Adesmasé.
6. Chaquouche.
7. Sagdes.
8. Sourose.
9. Mirgise.
10. Anabachi.
11. Choumarte.
12. Artianne.
13. Afdalla.
14. Selbabad.
15. Msina.
16. Delengo.
17. Foudenarte.
18. Mousternarte.
19. Ignarte.
20. Moigni Selip.
21. Doumdoun.
22. Colirquoy.
23. Miserarti.
24. Suquratti.
25. Dobe.
26. Anotenali.
27. Douquillé.
28. Osourré.
29. Amide.
30. Arodi.
31. Figuil.
32. Aschemouqué.
33. Couquou.
34. Mourqua.
35. Tetté.
36. Terquasse.
37. Artanbe.
38. Doundounarte.
39. Coulé Egnarté.
40. Jamanarté.
41. Erquetegnay.
42. Chavequenarte.
43. Casariquonarte.
44. Courba Doullé Narté.
45. Couschequel Narté.
46. Courmoneraté.
47. Jource Narte.
48. Dénénarte.
49. Isenarte.
50. Ouloum Goudem.
51. Bagbagnarté.
52. Courous Qui Narté.
53. Mougrand.
54. Moudesnartené.
55. Soscenatena
56. Chimgourtenarte.
57. Massennanar.
58. Jadesen Gar.
59. Courgendil-el-Mela.
60. Ourommit Que Nart.
61. Dirnarti.
62. Aubonarti.
63. Choussé Maguarti.
64. Telle.

DES ILES, etc.

65. Doungé Marti.
66. Terqusse.
67. Artanbé.
68. Doundonearte Coulé Egnarte.
69. Erqnetegnac.
70. Chaiequé Narté.
71. Casarique Narté.
72. Jouré Enarté.
73. Adenenarté.
74. Ouloun Gourdent.
75. Tigoudré Narté.
76. Bagbarg Narté.
77. Cortenarte Nartenartena.
78. Courous Qui Narté.
79. Mendes Nartené.
80. Los Cenartena.
81. Courgus Dil Et Meta.

GESIRE OUSTANIE (centre).

1. Navouamat.
2. Souar.
3. Mabacrir.
4. Crourcral.
5. Lé Benefu.
6. Lébafata.
7. Chaoualiq.
8. Dau Dech.
9. Terquiba Souyaire.
10. Terquiba Quebir.
11. Ksera.
12. Crours.
13. Yelada.
14. Drachirit.
15. Mek Hala.
16. Sabibe.
17. Garadi.
18. Haja.
19. Zaman.
20. Debla.
21. Azouf.
22. Cilsele.
23. Hanydte.
24. Hayaché.
25. Haya Tourqui.
26. Rach Rach.
27. Houenes.
28. Cradum.
29. Chemsire.
30. Lebe Charyri.
31. Lebe Chargri Bebarqué.
32. Agou.
33. Chaquat.
34. Baba, *ou* Terqibaba.
35. Chala Chel.
36. Balaq, *ou* Habac Bou Cour Qui Ché.
37. Nad Jis.
38. Esmela-el-Gouvi.
39. Mamarti.
40. Fakous.
41. Kenesab.
42. Absyr.
43. Teyt.
44. Dahabet.
45. Mirqis.
46. Artinassi.
47. Abdoum, trois îles de ce nom.
48. Kassa.
49. Karaqen.
50. D'Ourounarti.
51. Kag Engirah.
52. Semneh, temple.
53. Kag Engirah, a une demi-lieue.

NOMS ET NOMBRE DES ILES, etc.

Dans cette dénomination sont comprises les îles cultivées et celles qui ne le sont pas, de même que celles qui ne forment qu'un rocher. Cette nomenclature est en langue nubienne.

Enfin, de toutes ces îles, il n'y en a que quarante-quatre qui soient cultivées, et où se trouvent des monumens chrétiens. Les habitations des Barbarins sont de forme pyramidale, comme on en voit dans le reste de la Nubie.

TABLEAU
DE L'ÉGYPTE
ET DE LA NUBIE.

CHAPITRE PREMIER,
SERVANT D'INTRODUCTION.

Précis de la Géographie physique de l'Égypte.

L'ÉGYPTE occupe la partie nord-est de l'Afrique. Elle est limitée au nord par la Méditerranée; à l'est, par la mer Rouge; au sud, par la Nubie; à l'ouest, par les déserts de la Libye. Elle s'étend, en latitude, du 24ᵉ degré environ au 31° degré 30 minutes, et en longitude, du 25ᵉ au 32ᵉ degré, à l'est du méridien de Paris.

« Pour se peindre en deux mots l'Égypte, dit Volney, que l'on se représente, d'un côté, une mer étroite et des rochers; de l'autre, d'immenses plaines de sable, et au milieu un fleuve coulant dans une vallée longue de cent cinquante lieues, large de trois à sept, lequel, parvenu à trente lieues de la mer, se divise en deux branches, dont les rameaux s'égarent sur un terrain libre d'obstacles, et presque sans pente. »

On divise l'Égypte en *Haute, Moyenne* et *Basse.* La Haute s'étend de la Nubie jusque vers la province du Caire; la Moyenne comprend la province du Caire et les provinces latérales; tout le pays entre le territoire du Caire, la Méditerranée, l'isthme de Suez et la Libye, forme la Basse-Égypte. La Haute-Égypte n'est qu'une vallée resserrée entre deux chaînes de montagnes qui, à la hauteur du Caire, s'affaissent, et donnent au Nil la possibilité d'étendre ses rameaux. La chaîne orientale se termine au bord de la vallée, par un escarpement qui, dans beaucoup d'endroits, a l'apparence d'une muraille fort élevée, que des ravins interrompent de temps en temps. La chaîne occidentale se termine généralement en pente douce; cependant elle devient plus escarpée vers Siout, au coude que le Nil forme dans la direction de Kenné. Depuis le Caire jusqu'à la mer, le pays forme un triangle presque équilatéral, du moins si on le réduit à l'étendue comprise entre les deux bras du Nil qui se jettent dans la mer, l'un à Rosette et l'autre à Damiette. On estime que la base de ce triangle a soixante-dix lieues environ. Le nom de Delta qu'avait reçu cette partie de l'Égypte, lui vient de son analogie de conformation avec la quatrième lettre de l'alphabet des Grecs.

Le sol de la Basse-Égypte est tellement horizontal et égal, que lorsqu'on arrive par mer, on n'est guère qu'à vingt milles de la côte au moment où l'on découvre à l'horizon les dattiers et le sable qui les porte; et si l'on pénètre par une des branches du Nil, on remonte par une pente si douce, qu'on ne saurait faire plus d'une lieue à l'heure. Les aspects de la campagne varient peu; ce sont toujours des palmiers isolés ou réunis, plus rares à mesure que l'on avance; des villages bâtis en terre, avec un air de ruines; une superficie sans bornes, qui, selon les saisons, est une mer d'eau douce, une plaine fangeuse, un tapis de verdure ou un immense champ de poussière; de toutes parts un horizon lointain et vaporeux, où les yeux se fatiguent par la monotonie des aspects. En avançant vers l'endroit où les deux branches du Nil se réunissent, on découvre, vers l'ouest, trois masses isolées, et leur forme dit assez que ce sont les pyramides. Bientôt commence la vallée du Nil, vallée qui se prolonge vers le midi entre deux chaînes de hauteurs à peu près parallèles, pendant un espace d'environ cent cinquante lieues. Par son étendue, son aspect aride et sa stérilité, la rive orientale du fleuve justifie la dénomination de *désert* qu'elle a reçue; celle du couchant, qui n'est qu'une crête de rocher couverte de sable, offre l'apparence d'une digue ou d'une chaussée. Cependant le changement des saisons communique de la variété à ce tableau. Vers le solstice d'hiver, la végétation reprend son développement; la verdure des prairies charme les yeux, une foule d'arbustes odorans parfument l'air; l'Égypte ne forme alors qu'un jardin délicieux. A l'équinoxe du printemps, le sol devient sec et poudreux; il est soumis à toute l'influence d'un ciel sans nuages et de vents continuels et souvent impétueux. Plus tard, après l'inondation périodique qui le recouvre presque en entier, ce n'est plus qu'un vaste marais.

La crue du Nil commence vers la fin du mois de juin; le fleuve acquiert sa plus grande élévation en septembre; il reste permanent plusieurs jours, puis il diminue, mais avec lenteur.

A la fin du mois de septembre, on commence à mettre les terres en culture. L'existence physique et politique de l'Égypte est intimement liée aux inondations périodiques qui fécondent et modifient son sol; c'est le Nil qui répare l'inclémence de son ciel toujours brûlant; il imbibe la terre de toute l'eau nécessaire à la récolte d'une année; il porte partout de l'aliment à la végétation, et dispense les Égyptiens des soins les plus pénibles de la culture; c'est lui qui remplit d'eau les citernes et tous les autres réservoirs consacrés aux usages de la vie. L'encaissement dans lequel coule le Nil n'étant pas le même dans la totalité de son cours, il en résulte une différence dans les degrés d'élévation qu'il atteint. Dans la Haute-Égypte, la différence de niveau, des plus basses eaux aux plus hautes, est de trente à trente-cinq pieds; dans l'Égypte-Moyenne, elle est de vingt à vingt-cinq pieds, et seulement de quatre à cinq dans la Basse. La couche de limon qui chaque année couvre l'Égypte à la fin de l'inondation, est d'abord d'une couleur foncée et presque noire; elle devient ensuite d'un brun jaunâtre par suite de la sécheresse. Proche des bords du Nil, le limon est mélangé de beaucoup de sable; à de grandes distances dans les terres, il se réduit presque à de l'argile pure. En effet, le sol de l'Égypte présente l'argile dans les différens états dont les arts ont besoin. On fait avec le limon du Nil de la brique excellente et des vases; il entre dans la fabrication des pipes; les verriers l'emploient dans la construction de leurs fourneaux, et les habitans des campagnes en revêtent leurs maisons. Beaucoup de cultivateurs le regardent comme un engrais suffisant pour les terres, peut-être aussi par la raison que les combustibles sont rares en Égypte, et que les excrémens des animaux y sont séchés pour faire du feu, et suppléer ainsi au bois. Le phénomène de l'inondation, presque toujours désastreux pour d'autres contrées, est en Égypte, au contraire, une certitude d'abondance et de bonheur; la seule crainte qu'il inspire est de le voir s'arrêter en deçà de ses anciennes limites. A cette époque, les villages sont comme des îlots au sein d'un océan passager; les communications de l'un à l'autre ne se font qu'avec des barques. De tout temps l'Égypte a été renommée pour sa fertilité, et cette fertilité doit être attribuée principalement à ses inondations. Dans beaucoup d'endroits, la terre est préparée par des labours; mais dans beaucoup d'autres, le cultivateur se contente de jeter à la superficie du sol amolli les semences des céréales, qui, par leur propre poids, pénètrent jusqu'à la profondeur nécessaire à leur végétation.

L'Égypte n'offre aucun point où le sol soit assez élevé pour interrompre le cours des nuages. Les évaporations de la Méditerranée, chassées par des vents qui soufflent régulièrement de la partie nord durant l'été, passent sans obstacle sur cette contrée, et vont s'accumuler contre les chaînes de montagnes qui s'étendent de l'est à l'ouest, entre la ligne et le tropique du Cancer. Là, résolues en pluies, elles grossissent les torrens, qui, joints au Nil, en élèvent les eaux, et causent le phénomène périodique de l'inondation de l'Égypte. Excepté sur les bords de la mer, rien n'est plus rare que les pluies en Égypte; et plus on remonte vers le sud, moins on en éprouve. Au Caire, on a dans le cours de l'année quatre à cinq ondées d'environ deux heures chaque, et très rarement accompagnées de tonnerre. Dans la Haute-Égypte, où l'on a vu des années entières sans pluie, une ondée, deux au plus sont le terme moyen dans le même espace de temps. Cependant des rosées assez abondantes et quelques épais brouillards, qui ont lieu le matin, favorisent en hiver la végétation. Pendant les deux mois qui précèdent le solstice d'été, le ciel est toujours pur, sans nuages, sans nébulosités même. Mais le refroidissement de l'atmosphère, qui suit l'abaissement et la disparition du soleil, condense les nuages. On les voit alors passer d'un mouvement précipité du nord au sud, et ce passage continue jusqu'au lendemain après le lever du soleil, parce qu'alors la chaleur les raréfie de nouveau, et les rend invisibles. A mesure qu'on approche du solstice d'hiver, les vents du nord deviennent intermittens, ce qui explique l'irrégularité de la décroissance du Nil; puis ils deviennent variables. Le retour de l'équinoxe du printemps change la face de la terre; le vent embrasé du sud commence à souffler, mais il dure rarement plus de trois jours de suite. Il a quelquefois une force telle, qu'on lui a vu tordre et déchirer des branches de sycomores de deux pieds de diamètre. Dès que ce vent de sud nommé *Khamsym* en Égypte, *Samièl* en Arabie, et *Séimoùm* dans le Désert, commence à souffler, l'atmosphère se trouble; une teinte pourpre plus ou moins vive la colore; le ressort de l'air et son élasticité cessent; une chaleur sèche et brûlante les remplace, en même temps que des tourbillons, semblables aux émanations d'une fournaise ardente, se succèdent par intervalles. Lorsque cet état de l'atmosphère n'est que faible, il cause un malaise général, dont tous les êtres organisés se ressentent; à un degré plus intense, il rend malade, et peut même causer la mort.

On a attribué la fréquence des ophthalmies en Égypte aux vents qui y soufflent périodiquement; je croirais plutôt pouvoir trouver la cause de cette maladie dans l'habitude où sont les Égyptiens de coucher sur des terrasses pendant neuf mois de l'année. Il faut considérer que les campagnes de l'Égypte sont d'immenses plaines où la lumière est très vive; leur terrain est sec, friable et brûlant, particulièrement en été; il est argileux et crayeux, contenant le nitrate de potasse tout formé, le natron et le muriate de soude. D'ailleurs les jours sont d'une chaleur excessive, tandis que les nuits sont fraîches, humides et nébuleuses. Ces circonstances physiques réunies ne peuvent agir sur l'organe de la vue sans y causer des désordres. On a remarqué que les ophthalmies sont plus communes en été qu'en hiver, et que les animaux y sont sujets aussi bien que les hommes.

La température de l'Égypte varie selon la latitude et l'époque de l'année où l'on fait des observations. Dans le nord, le thermomètre descend en hiver jusqu'à 2 ou 3 degrés au-dessus de zéro; dans les chaleurs, à Alexandrie ou à Damiette, il descend rarement au-dessous de 22 degrés. Dans le sud, vers Écouan, on a constaté des chaleurs de 34 degrés à l'ombre, et le thermomètre, placé dans le sable, marquait jusqu'à 54 degrés au soleil.

Les vents d'ouest et de nord-ouest poussent vers l'Égypte les sables des déserts de l'Afrique. Ces sables, après avoir franchi la chaîne libyque, descendent dans la vallée, et rétrécissent de plus en plus la bande de terrain cultivable. Ces sables, uniquement composés de grains quartzeux, s'accumulent en dunes en quelques endroits. Le Désert, c'est-à-dire le terrain plus ou moins élevé qui s'étend sur les côtés de la vallée du Nil, parallélement au cours de ce fleuve, comprend maintenant deux espèces de sol bien distinctes : l'une, qui, se trouvant immédiatement au pied de la montagne, est composée de sable, de gravier et de cailloux roulés, tantôt formant une plage unie, tantôt présentant l'aspect de bancs plus ou moins élevés; l'autre, qui, composée de sables légers, recouvre une étendue de terrain autrefois cultivable. Ce dernier sol, de formation nouvelle, si on le compare au premier, éprouve des changemens journaliers par l'action des vents auxquels il doit son origine. Il faut observer aussi que la vallée du Nil, par une disposition contraire aux vallées des autres contrées, va en s'inclinant depuis les bords du fleuve jusqu'au pied des montagnes, parce que les eaux limoneuses déposent en partant du Nil, et que plus elles s'éloignent, moins elles renferment de limon. Aussi long-temps que le sol des bords du fleuve n'a pas été plus élevé que le niveau des crues moyennes, il a reçu le premier les eaux de l'inondation, et leur épanchement, qui ralentissait leur mouvement, facilitait le dépôt du limon qui y était suspendu; elles n'arrivaient ensuite aux terrains plus éloignés qu'après un certain degré d'épuration. Actuellement des canaux profonds conduisent les eaux sur les terres éloignées avant qu'elles aient atteint les bords du fleuve. Mais ces terres éloignées reçoivent chaque année un exhaussement quelconque; cet exhaussement sera quelque jour tel, que les eaux n'y parviendront que dans la plus grande crue. Les habitudes de culture des Égyptiens devront alors être changées, et là où l'on recueillait les céréales et les légumes, on cultivera la canne et le cotonnier, qui ne viennent que dans les terrains préservés de l'inondation par des digues. Une autre propriété du sol de l'Égypte, c'est que la terre cultivable repose sur une base de sable qui laisse pénétrer les eaux du Nil, et forme un réservoir souterrain que l'on est toujours sûr de trouver à une profondeur plus ou moins considérable.

La partie septentrionale de l'Égypte présente une suite de modifications non moins remarquables. L'accroissement du sol vers la Méditerranée s'annonce d'une manière frappante, et sa direction rentrante vers le fond du Delta, décèle que jadis ce terrain fut un golfe que les siècles ont comblé. Ce comblement, commun à tous les fleuves, s'est exécuté par un mécanisme qui leur est également commun : les eaux des pluies et des neiges roulant des montagnes dans les vallées, ne cessent d'entraîner les terres qu'elles arrachent par leur chute. A ces causes toutes naturelles des modifications du sol égyptien, il faut ajouter celles qui proviennent de l'industrie des hommes : les canalisations et les irrigations partielles ; car, dans cette contrée, l'art de la culture se réduit presque à l'art des arrosemens.

Quelques autres parties de l'Égypte sont habitables également, quoiqu'elles ne participent pas aux conditions physiques de la vallée du

Nil et du Delta. Telles sont les *oasis* du côté de
l'ouest, au-delà des collines de sable. Les gorges
qui conduisent à la mer Rouge, et entre autres
la vallée de Cosséir, sont aussi habitables, parce
que les pluies qui y tombent entretiennent pendant quelque temps la végétation, et forment
des sources qui suffisent aux besoins des Arabes
et de leurs troupeaux.

L'Égypte entière est un lit de calcaire coquillier. Le même sol se manifeste dans les rochers qui supportent les pyramides, dans les
écueils de la côte voisine d'Alexandrie et dans
la chaîne orientale. Cette même pierre forme
les immenses carrières qui sont entre le 27e et
le 29e degré de latitude. La vallée de Cosséir
offre à sa surface, dans certaines parties, un sol
formé d'une couche plus ou moins épaisse d'un
sable partie calcaire et partie quartzeux, recouvert de silex et de fragmens calcaires. On trouve
de ce même côté des montagnes granitiques à
grains très fins, des montagnes de brèche ou
de poudingue. On trouve aussi, pendant un
espace de plusieurs lieues, une substance de
consistance schisteuse, et renfermant des fragmens roulés de différentes espèces de roches
qui bordent la mer Rouge, entre Écouan et la
cataracte, au lieu où il existe des carrières de

granit rouge. On fait, avec la pierre serpentine qui se rencontre près d'Écouan, des vases qui vont au feu. Les cailloux agatisés, que l'on nomme *cailloux d'Égypte,* entrent dans la composition de divers ustensiles. On ne trouve plus guère en Égypte les émeraudes dont il est parlé dans les anciens; mais en outre des minéraux déjà nommés, l'exploitation fournit du granit blanc, du feld-spath, du marbre avec des veines de mica argenté, du jaspe de toutes les espèces, la topaze, l'améthyste, le cristal de roche, la cornaline, le lapis-lazzuli, etc. Le cuivre est la seule des substances métalliques que l'on pourrait exploiter en Égypte. Les lacs de Natron, à l'ouest du Delta, fournissent abondamment du sel marin et de la soude.

En outre des céréales et des plantes légumineuses, l'Égypte fournit des fourrages, du lin; l'indigo, la canne à sucre, le coton, le tabac. Les arbres y sont rares, et d'espèces peu variées; les principaux sont les palmiers et les sycomores. En revanche, le règne animal présente une grande quantité de sujets utiles ou curieux : le cheval, le chameau, le dromadaire, l'âne, le buffle, le bœuf, la brebis, des gazelles, des caméléons, etc., etc.; les hippopotames ne se trouvent qu'en Nubie, et c'est bien rare lorsqu'ils descendent en Égypte. Les deux animaux les plus célèbres de cette contrée sont le crocodile et l'ichneumon, espèce de rat ennemi du crocodile, dont il détruit les œufs. L'Égypte nourrit aussi l'aigle, le vautour, le faucon, le pélican, etc., etc., et divers serpens, parmi lesquels on distingue une vipère à cornes, que l'on nomme le *céraste*. Plusieurs parties de l'histoire naturelle de l'Égypte, et notamment l'ichtyologie, recevront de nombreux complémens le jour où je publierai tout ce que j'ai recueilli sur cette célèbre contrée.

CHAPITRE II.

Précis de la Géographie politique de l'Égypte. — Quelques détails sur l'industrie et le gouvernement du Pacha, etc.

L'Égypte est divisée en trois parties principales, qui sont le *Bahhari*, le *Vostani* et le *Saïd*, dénominations qui correspondent à celles que nous avons adoptées, de *Basse-Égypte*, d'*Égypte-Moyenne* et de *Haute-Égypte*. Chacune de ces parties se subdivise en diverses provinces.

La Basse-Égypte comprend les provinces de *Bahhyréh*, *Rosette* ou *Rachyd*, *Gharbyéh*, *Menouf*, *Maussourah*, *Charqyéh*.

L'Égypte-Moyenne celles du *Caire*, de *Gizéh*, d'*Attafiéhhly*, de *Qélyoubéh*, de *Fayoum* et de *Bénisouèf*.

Le Saïd comprend les provinces de *Syout*, de *Girgeh*, de *Kenné* ou de *Thèbes*.

La province de Bahhyréh occupe la partie nord-ouest de l'Égypte; elle n'est pas comprise dans le Delta proprement dit. Ses limites sont la Méditerranée vers le nord; à l'est et au sud-est, la branche du Nil qui, de Darasoueh, se porte à Rosette; une ligne extérieure au lac Maréotis, et dirigée au sud-est à partir de la Tour des Arabes, compléterait la circonscription de la province de Bahhyréh.

Les lieux principaux de Bahhyréh sont : Alexandrie et Aboukir, sur la côte; en remontant le bras du Nil qui va à Rosette, on trouve le bourg de Deïrout, Ramaniéh, la petite ville de Damanhour, Terranéh; à l'ouest et au sud-ouest de cette province, est la vallée de Natron, ou la vallée du lac sans eau.

La province de Rosette est peu considérable; elle s'étend sur la rive droite du bras du Nil qui se termine au Bogaz. Son point le plus important est la ville de Rosette.

Le Gharbyéh s'étend depuis la mer au nord, où elle confine à la province de Rosette, jusqu'à la province de Ménouf au sud. Mehallet-el-Kébir est la capitale du Gharbyéh; l'on y remarque en outre le lac Bourlos et les villes de Fouah, Samanhout, Tentah et Zephté.

La province de Ménouf est au sommet de l'angle formé par les deux bras du Nil qui vont, l'un à Rosette, et l'autre à Damiette. Ménouf est la capitale du Ménoufyeh. Au sud-ouest de cette ville, on trouve le village de Mélik et le fort de Taoueh.

La province de Manssourah s'étend à la droite du bras de Damiette; elle est bornée au nord-est par le lac Menzaléh. En allant du nord au sud, on y rencontre successivement le village d'Esbé, la ville de Damiette, Farescout, Manssourah. Sur le bord oriental du lac Menzaléh est la ville du même nom.

Le Charqyéh est à l'est du canal de Moèz. Le canal de Moèz, qui est l'ancienne branche tanique, commence au lieu où sont les ruines d'Abril, tout près et au nord de Banha, et se rend par le nord-est dans le lac Menzaléh, non loin de l'endroit où était l'ancienne Péluse. Le pays entre Abril et Péluse est des plus fertiles de l'Égypte, et contient plusieurs villes et villages très riches, tels que Guényéh, Heïhéh, Karf Fournigheh, etc.

La partie orientale de la province de Charqyéh est traversée par la route qui conduit du Caire en Syrie. Belbéis est la ville la plus considérable que l'on rencontre dans cette direction; ensuite viennent le groupe de Qoraïn, Salahyéh, canton au sortir duquel on entre dans l'isthme de Suez, El-Arych, et enfin

Gaza, la première ville de la Syrie du côté de l'Égypte.

On se rend aussi par le Charqyéh à la mer Rouge. Suez est à vingt-cinq lieues du Caire.

Telles sont les diverses provinces de la Basse-Égypte, et leur relation de position entre elles. Passant à l'Égypte centrale, nous trouvons d'abord :

Le Caire, capitale de l'Égypte. Cette ville est à une demi-lieue du Nil, et s'étend vers les montagnes vers l'est, à environ deux lieues. Elle a trois ou quatre lieues de circonférence, elle renferme de belles places, près de trois cents mosquées, et quatre cents à quatre cent cinquante mille âmes de population. Boulac, bourg situé sur la rive orientale du Nil, touche presque au Caire, et en est l'entrepôt. C'est dans son port que débarquent les bateaux qui viennent de la Basse-Égypte.

Gizé, ou Djyzéh, est sur la rive occidentale du Nil, à peu de distance des pyramides dites pyramides de Djyzéh ou du Caire. La ville de Djyzéh, quoique d'une médiocre étendue, est la plus agréable de toute l'Égypte aux yeux des Européens.

Plusieurs endroits qui se succèdent en avançant au sud seront examinés avec le détail convenable dans la suite de cet ouvrage.

La province de Fayoum est au sud-ouest du territoire de Djyzéh; elle est très peuplée, et Médine, sa capitale, est une ville assez importante. Une portion du Fayoum est constamment submergée. A deux lieues du pont d'Illaoun est la jonction des deux grands canaux qui l'alimentent d'eau : ces canaux sont le Bahhr-Youcef et le Darout-Chérif. Le Bahhr-Youcef a cinquante lieues de développement, depuis le Fayoum, où il aboutit, jusqu'au point du Saïd où il a sa naissance.

La province de Bénisouef est au sud-est du Fayoum; sa capitale Bénisouef est par 29° de latitude environ; et à trente-huit lieues du Caire. Cette ville est une des plus importantes de l'Égypte. Les autres points de cette circonscription sont Bébéh, Fechnéh, Abou-Girgéh, Chérouah, etc.

Arrivé aux confins du Saïd, et parcourant, sans sortir de la vallée du Nil, les trois provinces qui le composent, on trouve successivement Minyeh, par 28° 29′ de latitude, et Behnécef, l'île de Sohhorrah et Gerabyéh; Saoudi, Abouzir, Tounah, Achmonéin et Salam. Syouth, espèce de capitale, est par une latitude de 28° 51′; et plus loin Djirjéh, autre grande ville. Viennent ensuite les villes de Bardys, Bélynêh, Haou et Dendéra, dont la latitude est 26° environ. Vis-à-vis de cette dernière est Quénéh. Médinet-Abou, Karnac et Luxor, sont à la latitude de 25° 44′ et 15. En continuant à remonter, Assfoùn se présente; puis Esné, par 25° 17′ lat.; Edfoù, à six lieues sud d'Esné. Ecouan, par 24° 27′ lat., est une ville peu distante de l'ancienne Syène, de l'île d'Éléphantine et de Philœ.

Redescendant à quatre lieues au-dessus de Quénéh, on trouve l'entrée de la vallée de Cosséir, laquelle conduit au port du même nom, sur la mer Rouge.

La population de l'Égypte est composée principalement de Turcs, de Coptes et d'Arabes. On compte cent soixante mille Coptes schismatiques, et cinq mille Coptes catholiques.

La classe arabe est la plus nombreuse : elle comprend d'abord la postérité de ceux qui vinrent s'établir dans ce pays lors de l'invasion d'Amrou en 640. Chacun des nouveau-venus s'empressa de posséder des terres, et la Basse-Égypte fut bientôt partagée entre eux, au préjudice des Grecs vaincus. Les Arabes qui, à des époques ultérieures, vinrent se joindre aux premiers, trouvèrent à s'établir dans la Haute-Égypte. Les Bédouins complètent la population arabe de l'Égypte; mais au lieu de se livrer à l'agriculture ou au commerce, ceux-ci vivent errans par familles et par tribus, habitant sous des tentes, toujours armés et exerçant le pillage, et, selon leurs besoins ou l'intérêt de leur sûreté, campés tantôt sur les bords du Nil, et tantôt dans le désert.

Les Coptes descendent du peuple asservi et dépossédé par les Arabes, c'est-à-dire de ce mélange d'Égyptiens, de Perses, et surtout de Grecs, qui, sous les rois Lagides et les Constantins, ont si long-temps possédé l'Égypte. Les Coptes diffèrent des Arabes et des Turcs par leur religion, qui est le christianisme; ils en diffèrent aussi par les traits du visage et la couleur de leur peau, qui est jaunâtre et comme enfumée. On retrouve généralement en eux le type nègre, type qui était celui des anciens Égyptiens, à en juger par les monumens. Les Arabes, au contraire, ont la tête d'un bel ovale, le front large, l'œil brillant, mais enfoncé; le nez développé et la bouche bien taillée. Le hâle qui noircit leur peau diffère essentiellement de la couleur terne des Coptes.

Après la prise de Constantinople par Mahomet II, les Turcs étendirent leurs conquêtes du côté du midi, et s'emparèrent à leur tour de l'Égypte. Une puissance formée dans l'Égypte dès le sixième siècle, puis détruite par les Turcs au commencement du seizième, les Mamelouks, qui, après une longue minorité, avaient enfin repris leur prépondérance, viennent enfin, et presque de nos jours, d'être anéantis d'une manière qui semble devoir être définitive.

Dans son état actuel, l'Égypte est gouvernée par un pacha (aujourd'hui Méhémet-Ali) dont la résidence est le Caire; elle relève du grand-seigneur, auquel elle paie tribut en argent, denrées, troupes, vaisseaux, etc.

Le pacha d'Égypte fait régir le Saïd par un pacha à deux queues, résidant à Syout; d'autres pachas et beys sont aussi placés par lui à la tête des diverses branches de l'administration. Chaque province est divisée par cantons, et ces cantons sont soumis à l'autorité militaire des cachefs et des caïmacans, auxquels s'adjoignent des cherbalettes et des cadis; les cherbalettes pour la direction de l'économie rurale, les cadis pour rendre la justice. Chaque canton a aussi son shéraf, ou percepteur de contributions. Des shérafs principaux transmettent tous les trimestres, au trésor du grand divan, les recettes cantonnales; les perceptions de la Haute-Égypte sont centralisées à Syout, d'où on les fait parvenir au Caire.

Toutes les terres de l'Égypte appartiennent au pacha, et de plus, aujourd'hui, le commerce ainsi que les manufactures. Il assigne à ses sujets la portion de terrain qu'ils doivent exploiter, et la redevance qui devra être payée. Que l'on ensemence comme on voudra, et même que l'on n'ensemence pas; que les saisons soient propices ou contraires, la redevance se perçoit en toute rigueur; et comme elle est portée aussi haut que possible, la classe des fellahs (cultivateurs) est réduite à la condition la plus dure et la plus malheureuse. Les branches de commerce que le pacha n'a pas encore envahies sont fort opprimées; mais elles offrent à ceux qui s'y livrent un sort bien préférable à celui des fellahs.

L'Égypte a quatre millions de *fédans*[1] en culture. Un fédan produit trois ardèpes au plus bas (six quintaux) et plus de coton, trois ardèpes de lin, douze à treize okes (quinze à seize kilogr.) d'indigo raffiné, sept ou huit ardèpes de sucre, etc. Voici comment la culture est répartie :

---

[1] Le fédan fait environ un arpent.

En coton...............	200,000 fédans.
En lin................	100,000
Chanvre..............	100,000
Indigo...............	100,000
Riz..................	100,000
Cannes à sucre........	100,000
Dattiers, mûriers, oliviers, tabac, etc............	500,000
	1,200,000 fédans.

Le reste des terres est consacré aux céréales et au jardinage; mais le produit en grains peut être évalué à trois millions d'ardèpes. Outre cela, l'Égypte fournit du nitre, du sel, du natron, de la soude, et l'on y peut recueillir annuellement deux cent mille peaux de bœufs et de buffles. En ajoutant à tous ces produits les droits perçus sur l'industrie et le commerce, on obtient un résultat brut de la valeur de 68,600,000 piastres fortes.[1]

D'après ces données, le revenu net du pacha d'Égypte devrait être de 25,000,000 de piastres fortes; mais je ne crois pas qu'il s'élève réellement jusqu'à plus de 20,000,000, et encore doit-on s'attendre à le voir tomber plus bas. L'Égypte avait bien assez des manufactures d'étoffes de laine, de coton, de lin et de soieries,

---

[1] La piastre forte vaut 5 fr. 25 cent.

qui étaient en activité avant les nouveaux systèmes de son pacha. En donnant par lui-même et par ses sujets un trop grand développement à l'industrie, ce prince a mieux servi ses vues d'indépendance que le bien-être du peuple. L'industrie des Égyptiens n'atteindra que difficilement à la supériorité de l'industrie de l'Europe, tandis que son climat et l'extrême fécondité de son sol lui assurent à jamais des échanges avantageux. Méhémet-Ali devrait renoncer au monopole, et rendre la liberté au commerce, qu'il inquiète aussi par l'altération des monnaies; il devrait surtout favoriser l'agriculture, la perfectionner; et si mon opinion en peut acquérir plus d'autorité, j'ajouterai que le fils de Méhémet, Ibrahim, ce prince que recommandent son génie militaire et de beaux faits d'armes, censure aussi dans le même sens que moi l'administration de son père.

Le noyau de l'armée de Méhémet-Ali fut, dans le principe, composé de volontaires; il en réunit un certain nombre en payant leur engagement de ses propres deniers; ensuite il força les cantons à faire les frais des engagemens. Une première masse de quinze mille hommes se trouvant réunie de la sorte, il passa au système des réquisitions forcées. Son armée se compose maintenant de vingt-cinq à trente mille hommes; on la porterait plus haut en cas de besoin, et si l'état du trésor le permettait. Méhémet habille et nourrit ses soldats, et leur donne vingt paras par jour.

Lors des dernières révolutions, les prêtres musulmans perdirent leurs biens et leurs dîmes, que l'on ne paraît pas disposé à leur rendre. Leurs moyens d'existence se réduisent à un très petit reste de propriétés et à la charité des fidèles. Cependant le grand-muphti reçoit du divan du Caire un traitement honorable et proportionné à sa dignité.

CHAPITRE III.

ALEXANDRIE.

Situation d'Alexandrie. — Premiers pas en Égypte. — Aspects nouveaux. — Les ânes. — Les porte-faix. — Conseils aux Européens. — Chancelleries. — Consulat. — Présentation au pacha. — Les firmans. — Préparatifs d'une excursion. — Maladies. — Conseils hygiéniques. — Les chiens. — L'ophthalmie. — Les insectes, etc., etc.

ALEXANDRIE est le port vers lequel se dirigent ordinairement les Européens qui se proposent de visiter l'Égypte. Les abords de cette ville ne sont pas sans dangers; l'on n'éviterait pas toujours les écueils dont la côte est semée, sans l'assistance des pilotes que l'on rencontre à quelques lieues du rivage : mais la préférence que les navigateurs accordent à ce lieu d'atterrissement est justifiée par sa situation, par ses relations étendues, et par les ressources qu'il offre particulièrement pour y vivre ou pour les ravitaillemens. C'est aussi par Alexandrie que j'ai pénétré en Égypte; et c'est à la grande ligne qui joint cette ville à la ville de Syène, aux frontières de la Nubie, que se rattachent les lignes secondaires que j'ai dû parcourir pour explorer cette contrée d'une manière complète. Ceci n'exclut pas du bénéfice de mes observations et de mes conseils les voyageurs qui viendraient selon une direction différente de la mienne, aux lieux que j'ai parcourus : du moment que mes divers itinéraires touchent en un point tous les itinéraires possibles, je deviens pour l'Africain et l'Asiatique un guide aussi utile que pour mes compatriotes.

Les navires en destination pour Alexandrie sont reçus dans le vieux port, mouillage spacieux et assez sûr. Aucune formalité ne s'opposant à ce que l'étranger descende sur-le-champ à terre, l'on reconnaît déjà que le régime européen n'exerce plus ici son empire : à chaque pas que l'on fait, l'aspect des lieux et de la population, l'air que l'on respire et les sons qu'il transmet, tout en un mot achève de manifester un autre système de choses, et comme une autre nature. Alexandrie n'offre d'accès que par des rues étroites et tortueuses. Au milieu de ces rues, semblables à de longs couloirs bordés d'échoppes, se presse une population d'hommes de toutes couleurs, de femmes, d'enfans demi-nus, et de quelques cavaliers montés sur de superbes chevaux. Le voyageur reconnaît qu'il a touché le sol de l'Orient, au costume des habitans, à leurs habitudes singulières pour lui, et à ces longues files de chameaux qu'il rencontre de distance en distance.

A peine est-on débarqué, qu'il se présente une foule de conducteurs d'ânes, proposant leurs services pour le transport des bagages et même des personnes. L'âne est la monture ordinaire du pays : cet animal a le pas sûr; il supporte bien la fatigue, et l'on s'en sert avantageusement dans les excursions que l'on peut faire aux environs d'Alexandrie. On emploie aussi pour les transports de simples porte-faix. Ces gens parlent en général plusieurs langues étrangères, facilité qu'ils doivent à leurs relations journalières avec les Européens, et avec les navires qui font la caravane. Le turc, le grec, le français et l'italien, leur sont également familiers. Bien que ces divers dialectes soient étrangement altérés dans leur bouche, on parvient cependant bientôt à les comprendre; mais, chose bizarre, la langue anglaise est peut-être celle pour laquelle ils montrent le plus d'aptitude. Comme ils sont habituellement employés par tous les voyageurs, on obtient près d'eux les premières informations dont on a besoin. Ils connaissent les consulats des diverses nations, les principaux comptoirs européens ; ils savent les formalités à remplir à la douane, à l'administration civile de la marine. Leurs connaissances locales sont précieuses ; mais il faut être en garde contre leur disposition querelleuse et leur mauvaise foi, et commencer toujours par fixer le prix que l'on veut mettre à leurs services.

L'étranger qui n'est recommandé à aucune maison de commerce trouve dans le quartier franc des auberges où il reçoit, pour un prix modéré, la nourriture et le logement. Qu'il n'espère pas toutefois y jouir des commodités de l'Europe : en visitant l'Égypte, il faut renoncer aux habitudes du luxe et même de l'aisance ; et le séjour à Alexandrie n'est, pour ainsi dire, que le premier pas dans le désert. Ces premiers arrangemens terminés, le voyageur doit s'empresser d'aller présenter ses devoirs au consul de sa nation, et réclamer sa protection. Dépositaire de l'autorité du souverain qu'il représente, un consul est le surveillant de ses conationaux, le juge de leurs différends, le défenseur de leurs droits. Il y a d'ordinaire d'utiles informations à recueillir dans les chancelleries, mais on n'en doit faire usage qu'avec prudence. La plupart des consuls n'ont jamais quitté le lieu de leur résidence; s'ils ont tenté quelques excursions, ce n'est qu'accompagnés d'une suite nombreuse, à grands frais, et environnés de la protection que leur garantit le caractère dont ils sont revêtus; ils n'ont donc pu connaître les nécessités auxquelles un simple voyageur est exposé, ni juger les ressources du pays et les précautions à prendre. Cependant la protection d'un consul est souvent utile vis-à-vis des autorités étrangères, et l'accueil que l'on en reçoit est toujours obligeant. Le souvenir de MM. Saint-Marcel, Roussel, Pilavoine, Tedenat du Devant, Asselin de Cherville, le brave M. Tournau, et de M. Sourout, à Damiette, est encore cher à tous les Français qui les ont connus. L'estime publique les récompensa dans le cours de leurs fonctions; d'unanimes regrets les ont suivis dans la retraite.

Ses devoirs accomplis envers le consul de sa nation, l'étranger se fait présenter au pacha, s'il se trouve à Alexandrie. Cette présentation se fait par l'intermédiaire du chancelier et du drogman du consulat; elle n'est accompagnée d'aucun appareil, et s'il arrive que le pacha vous adresse quelques questions, la meilleure manière d'y répondre est d'être précis et laconique. L'objet essentiel de cette visite étant d'ordinaire l'obtention d'un firman pour voyager à l'intérieur, la demande en est faite par l'organe du chancelier du consulat. Le pacha accorde sans difficulté le firman, qui est écrit en langue arabe, et scellé du grand sceau du pacha. Muni de cette pièce, on parcourt toute l'Égypte avec sûreté. En passant d'une province à une autre, on se présente chez le pacha à deux queues et le bey qui gouvernent cette dernière, et sur l'exhibition de son firman, l'on en obtient un particulier pour le territoire soumis à leur autorité. Lorsque le pacha dont on doit solliciter un firman se trouve séjourner au Caire, c'est par l'intermédiaire du consul de cette ville que le firman est obtenu. Voici comment cette pièce est conçue :

Contenu du Firman de Méhémet-Ali-Pacha pour voyager dans ses États.

De notre Divan, l'an de l'ère de Mahomet, le....

Notre ancien ami français, M. N., se rendant dans nos domaines pour visiter les lieux d'antiquités, et autres lieux curieux et utiles à ses recherches, il nous a été présenté par son consul, en foi de quoi nous lui avons délivré notre Firman pour lui servir et valoir pendant son voyage dans l'étendue de nos domaines. Les Bachas, Beys, Cachefs, Agas, et tous magistrats civils et militaires à qui ce Firman sera présenté, ne doivent pas négliger de lui accorder les égards, les soins et les services qui pourront lui être agréables, afin qu'aucune plainte ne nous soit portée par le voyageur. Nous vous recommandons qu'aucune insulte ni tort ne lui soit fait par les fellahs et autres, et de lui procurer tout ce dont il pourra avoir besoin, en ne payant qu'au taux du pays, pour les montures, barques, provisions, etc., etc.; et tous les services que vous lui rendrez, ce sera comme à moi-même.

(*Le sceau du Pacha est apposé sur ce firman comme le timbre sur nos passe-ports.*)

L'autorité des firmans délivrés par les pachas est grande sans doute, mais elle ne saurait être comparée à celle des firmans que le grand-seigneur accorde. A leur exhibition, les pachas, ainsi que le peuple, sont saisis d'un respect qu'ils manifestent en s'inclinant et en portant les deux mains à la tête. Le porteur de ce passe-port privilégié reçoit l'accueil le plus empressé; les égards, les prévenances, les marques de distinction, lui sont prodigués; chaque pacha annonce dans son firman particulier que ce voyageur est porteur d'un grand firman de Sa Hautesse, et par là témoigne de la grande faveur dont il jouit et des égards qui lui sont dus. Les firmans des pachas sont écrits en arabe, sans quoi les chefs arabes et les malems (secrétaires) des gouverneurs ne les sauraient lire. Celui de la

Porte est en langue turque; il est écrit sur grand papier lustré et cartonné, d'une encre noire et mordante, que l'on sèche avec de la poudre d'or, qui s'y attache et ne s'en sépare jamais. Le sceau du grand-seigneur, qui est très long, y est apposé.

L'état de maladie ayant beaucoup plus d'inconvéniens pour les voyageurs que pour l'habitant sédentaire d'un pays, je ne remettrai pas à parler plus tard des maladies particulières à l'Égypte, et du système hygiénique le mieux approprié à son climat.

Les fièvres intermittentes sont fréquentes en Égypte à l'époque des grandes chaleurs, et souvent même elles sont pernicieuses. La goutte sereine y fait des ravages, ainsi que la syphilis compliquée et diverses espèces d'ophthalmie. On voit beaucoup d'hydrocèles, et quelquefois la lèpre; mais cette dernière maladie me paraît simplement le résultat de la malpropreté des Égyptiens. Pour compléter cette triste énumération, il faut y ajouter la peste.

Quelques voyageurs ont pensé que l'atmosphère de l'Égypte était insalubre, à cause de la quantité de cadavres d'animaux que l'on jette à la voirie; ils ont supposé que la putréfaction répandait le principe de toutes les maladies auxquelles les Égyptiens sont sujets. L'exposition hors des villes des cadavres des animaux a lieu dans tout l'Orient, et plus souvent encore en Égypte; mais la putréfaction n'a pas le temps de se développer de telle sorte qu'elle devienne dangereuse. Une multitude incroyable de chiens errans trouve dans cet usage sa principale nourriture; ils se jettent avec une extrême avidité sur chaque nouvelle proie qui leur arrive. Lorsque cette proie outrepasse les besoins de leur faim, ils se reposent en la gardant, comme leur propriété, contre les attaques des chiens étrangers, après quoi ils recommencent à la dévorer. Après huit ou dix heures, il ne reste à la place d'un cheval ou d'un chameau, que le squelette tellement dépouillé des chairs, que le plus habile naturaliste ne ferait pas mieux en aussi peu de temps, et avec les meilleurs instrumens. Ces chiens sont assistés de milliers d'oiseaux de proie et de corbeaux, qui profitent de l'instant de leur repos pour se rassasier à leur tour. Les oiseaux attaquent de préférence les parties internes des cadavres, et souvent on les aperçoit prenant leur vol munis d'un intestin qu'ils tiennent dans leurs serres, et qu'ils vont dévorer au loin. D'ailleurs le soleil dessèche promptement ce qui échappe à ces divers agens de destruction, et ne laisse aucune matière à la putréfaction. Il est évident que l'immersion des animaux morts serait suivie des inconvéniens que l'on évite par leur exposition; et l'auxiliaire des chiens est garanti pour toujours à ce pays par le principe superstitieux que tout ce qui possède la vie doit vivre.

C'est ordinairement au commencement ou dans le courant du mois de mars que l'on s'aperçoit, dans la Basse-Égypte et au Caire, du nouveau germe de la peste, lorsque cette maladie doit régner durant le cours de l'année. Les autres maladies endémiques au pays font aussi leur apparition à la même époque. Le voyageur qui ne veut pas être entravé dans sa marche doit tâcher de se trouver éloigné des points que je viens de nommer, lors du moment où le pronostic de ces divers fléaux est attendu, car il serait soumis à une quarantaine souvent nuisible à ses projets; et s'il s'est proposé de visiter la Haute-Égypte et la Nubie, une excursion de ce côté aura le double avantage de ne lui pas faire perdre de temps, et de le placer à l'abri de la contagion; car je n'ai jamais vu, pendant le long séjour que j'y ai fait, qu'elle y pénétrât, et les vieillards du pays m'ont assuré qu'ils en avaient été toujours exempts.

L'ophthalmie nécessite d'autres précautions, et l'on ne saurait s'astreindre avec trop de rigueur, soit aux préservatifs, soit aux moyens de guérison indiqués par l'expérience contre cette maladie. D'abord il ne faut jamais s'exposer au soleil que la tête bien couverte; on évite de coucher au serein, et l'on ne se livre au sommeil que dans les habitations ou sous l'abri d'une tente. On doit s'être pourvu d'un manteau à la turque ou à l'arabe, dit *bernous*. Ces manteaux ont un capuchon, et sont très amples : on s'en enveloppe de la tête aux pieds, s'il y a nécessité que l'on repose en plein air. Le mirage et la poussière agissant continuellement sur les yeux, l'on ne tarde pas à y ressentir de la démangeaison, et ensuite de la cuisson. Alors il faut les bassiner avec de l'eau saturée de vinaigre rosat, ou de rum, ou d'eau-de-vie, ce qui suffit ordinairement pour apaiser l'incommodité que l'on ressentait. Lorsque l'ophthalmie est déclarée, il faut se tenir enfermé dans un appartement où ni l'air ni le jour ne pénètrent. On baigne la partie malade avec une décoction de fleurs de sureau et de camomille, et l'on y applique des compresses de vieux linge de lin imprégnées de la même décoction. Deux ou trois purgations sont d'un bon effet pendant le cours de la maladie. L'inflammation ayant perdu de son intensité, l'on peut appliquer sur le globe de l'œil, comme résolutif, et pendant la nuit de préférence, une pâte composée d'un morceau d'alun broyé dans un blanc d'œuf, et l'on couvre toujours l'œil avec des compresses imbibées d'eau de sureau. Atteint d'ophthalmie à quatre reprises différentes, je me suis guéri par ce traitement. Les compresses et la pâte de blanc d'œuf et d'alun se renouvellent de deux en deux heures, et même plus fréquemment si l'inflammation les a privées de leur humidité. Des collyres légèrement spiritueux sont utiles à la fin pour rendre plus promptement aux organes extérieurs de l'œil leur force première. Vers une certaine période de la maladie, les naturels du pays ont recours à des insufflations de sucre raffiné avec l'eau de chaux, et même de sucre d'orge. Enfin il faut, pendant toute la durée du traitement, observer strictement la diète, et ne se nourrir que de végétaux et de riz cuit simplement à l'eau et au sel.

En général, en arrivant en Égypte, que l'on se tienne en garde contre tout genre d'excès, du moins pendant quelque temps. Si l'on n'abuse ni de la nourriture ni des spiritueux, si l'on suit préférablement un régime végétal, mais en se privant de fruits, et qu'en même temps on prévienne la plénitude de l'estomac par des purgatifs convenables, on sera dans les meilleures conditions pour être préservé de l'ophthalmie, de la dysenterie, des fièvres et autres maladies particulières à ce climat. S'il arrive que l'on monte des dromadaires, il faut avoir une ceinture qui lie bien les reins, et porter un suspensoir; par là l'on évitera des incommodités sujettes à devenir chroniques et incurables lorsqu'on manque de soins, et qui d'ailleurs sont très douloureuses, à cause de la chaleur, et à cause des secousses des montures. Que l'on prenne garde aussi à la piqûre du scorpion, à la morsure de la vipère. Si un accident de ce genre arrive, il faut avaler sur-le-champ quelques grains de sel ammoniac étendus dans un verre d'eau, et placer sur la partie blessée des compresses imbibées d'une quantité suffisante d'eau fraîche, dans laquelle on a versé douze à quinze gouttes d'acide sulfurique. Par ces moyens, l'action du venin s'arrête, et la douleur est bientôt calmée. Dans le cas où la blessure est au bras ou à la jambe, on l'isole par une ligature, et l'on peut donner des coups de lancette ou de rasoir à l'entour. Les Arabes pratiquent des ventouses, ou sucent la partie piquée ou mordue, après quoi ils cautérisent avec de l'amadou en feu; d'autres font l'application d'ail pilé; en général, les acides énergiques sont des spécifiques en pareil cas. Le nombre des reptiles est immense en Égypte, et leur présence est accompagnée de fréquens malheurs. Il ne faut pas oublier qu'ils séjournent plus volontiers dans les terrains bas et humides que dans les lieux secs et élevés, et particulièrement pendant la durée des vents de nord. Que l'on ne se couche jamais à terre, surtout dans la Haute-Égypte et en Nubie; que l'on s'isole autant que possible du sol, au moyen d'un lit de bagages; et malgré ces précautions, l'on n'est pas à l'abri de tout danger; car j'ai vu de ces reptiles atteindre des endroits qui, par leur élévation, semblaient inaccessibles pour eux.

CHAPITRE IV.

Alexandrie. — Sa population. — Monumens. — Antiquités. — Colonne de Pompée. — Catacombes. — Canal d'Alexandrie, etc., etc.

Alexandrie se compose de deux parties distinctes : la ville moderne et l'ancienne ville. Les constructions modernes excitent d'abord la curiosité; mais l'irrégularité de leur distribution, le mauvais entretien des rues et leur malpropreté, inspirent bientôt un extrême dégoût au voyageur accoutumé aux cités régulières et bien administrées de l'Europe. Alexandrie a deux ports : le port neuf et le port vieux, qui est préférable au premier, à cause de sa sûreté. Ses environs sont, d'un côté, la mer, et de l'autre, une plaine de sable, nue, stérile, sans maisons, et limitée vers le sud-est par une ligne de palmiers qui suit le cours d'une branche du Nil.

La population d'Alexandrie est très mêlée, et ressemble à celle d'une colonie; on l'évalue à vingt-cinq mille âmes environ. On y parle un arabe beaucoup moins pur qu'au Caire, surtout parmi le peuple; mais les porte-faix, les employés et ouvriers de la marine, tels que les charpentiers, calfats, etc., comprennent suffisamment les Européens, par les rapports qu'ils ont avec eux. Une chose dont on ne peut manquer d'être frappé, c'est le changement de mœurs dans les Européens qui habitent l'Égypte depuis plusieurs années : la noblesse et l'élégance de leurs manières ont disparu, et sont remplacées par la souplesse et la servilité qui appartiennent au caractère de toutes les races arabes. Cette remarque s'applique à la classe peu nombreuse, à la vérité, de ces vrais renégats que l'on rencontre à Alexandrie. Ces hommes affectent de mépriser les mœurs des Européens, et se conforment sans le moindre scrupule aux usages égyptiens; on dirait que tout ce qui rappelle leur patrie éveille en eux un souvenir importun. Que l'étranger évite tout commerce avec cette sorte de gens, car il n'y rencontrerait que des dégoûts. En Égypte, comme dans tout l'Orient, il faut savoir se suffire à soi-même; les charmes de la société sont une des premières privations que l'on doit s'y imposer.

Quoique, par elle-même, la ville d'Alexandrie offre peu d'alimens à la curiosité, on y trouve des restes d'antiquités qui méritent quelque attention. Ainsi l'on peut visiter :

1°. La colonne dite de Pompée;

2°. Les aiguilles de Cléopâtre;

3°. Les restes de l'église Saint-Athanase et de l'église Sainte-Catherine;

4°. Les restes de l'ancienne Bibliothéque;

5°. Le camp de César, et quelques points extérieurs où l'on fait des fouilles pour enlever les matériaux;

6°. Les ruines qui sont sur le chemin de la Tour des Arabes, et, du côté opposé, celles de l'ancienne Canope, sur le chemin d'Aboukir;

7°. Les Catacombes, etc.

Je n'ai rien trouvé de fort extraordinaire à la colonne de Pompée. Elle repose sur un massif composé de débris antiques et de fragmens égyptiens, parmi lesquels un savant antiquaire prétend avoir reconnu le cartouche de Psamméticus. Cette circonstance ne serait, à tout hasard, qu'un pur accident, et l'inscription grecque qui dépend de la colonne porte bien le nom de Dioclétien. On remarque à la partie inférieure du fût une dégradation assez profonde, mais le reste de sa surface a conservé tout son poli. Le chapiteau, ainsi que la base, n'ont pas reçu la dernière main. Ce monument a éprouvé, vers la partie du sud, une inclinaison d'environ sept pouces sur sa hauteur totale.

On vérifie cette observation en se plaçant à la partie opposée de la grande cassure intérieure. Enfin le piédestal a été restauré récemment. Je donnerai à la fin de ce chapitre les diverses dimensions de cette colonne.

Des deux aiguilles de Cléopâtre, l'une est encore debout, et elle a été donnée au roi de France par le pacha d'Égypte; l'autre, qui est renversée, appartient aux Anglais. Ces obélisques à trois colonnes de caractère sur chaque face, furent, d'après l'opinion des savans, érigés primitivement par le roi Mœris, devant le grand temple du Soleil, à Plempalu. Suivant cette opinion, les inscriptions latérales seraient de Sésostris; mais deux autres inscriptions très courtes de la base ne remonteraient qu'au successeur de Sésostris. Le dé antique sur lequel chaque obélisque avait été placé existe encore, et repose sur un socle de trois marches, qui est de construction grecque ou romaine. Il résulte de la comparaison des superficies que ces deux monumens n'étaient pas parfaitement égaux. La base de celui qui est renversé a 2 mètres 21 centimètres, sur 2 mètres 42 centimètres, tandis que celui qui est debout présente très peu de différence dans ses dimensions. Ces monumens sont dépolis, et comme rongés par l'action du temps.

L'église Saint-Athanase, consacrée d'abord au culte catholique, puis convertie en mosquée, n'est aujourd'hui qu'une ruine; on n'y voit plus qu'une niche fort délabrée, et un sarcophage de grandeur colossale, qui sert d'abreuvoir. Les matériaux de cet édifice furent, en 1814, employés à construire la grande douane du port vieux. Les ruines de l'église Sainte-Catherine sont peu intéressantes.

Non loin de là, une vaste citerne mérite l'attention des voyageurs. Le pourtour est formé par un double étage d'arceaux et de colonnes d'un marbre blanc parfaitement conservé. Les arceaux supportaient les chemins qui conduisaient jusqu'au niveau de l'eau, ce qui permettait aux bestiaux de s'y venir abreuver. Le sol de la citerne est pavé de marbre blanc. L'ensemble de ce monument souterrain n'annonce pas qu'il remonte à une antiquité bien reculée. On y pénètre aujourd'hui par une pente étroite, et au moyen d'entailles pratiquées dans ses parois. Les citernes se rencontrent fréquemment en Égypte, et la plupart méritent d'être examinées.

Le camp de César n'est autre chose qu'une vaste enceinte déterminée par un mur en briques à demi ruiné. Les restes de l'ancienne Bibliothèque d'Alexandrie se réduisent à une mosaïque en marbre. Les Catacombes sont d'un plus grand intérêt, quoique l'on n'ait sur leur destination première que des conjectures dénuées de preuves. Elles se composent d'une réunion de vastes salles creusées dans le roc. On entre dans la première salle par une porte assez étroite, en face de laquelle se dresse un énorme pilier destiné à unir la voûte, arrondie en berceau. Au haut de cette voûte, l'image du soleil est tracée en rouge : on esquissait ainsi par avance, dans l'ancienne Égypte, les objets qui devaient être sculptés. Dans la même salle, on remarque aussi un frontispice triangulaire, dont une partie a été taillée, tandis que l'autre est demeurée tracée en rouge; le fond est occupé par un croissant, et j'ai jugé que ce devait être un accessoire exécuté après coup, et qui ne remontait pas au-delà de l'ère mahométane. Ce frontispice couronne la porte d'entrée de la vaste salle circulaire où viennent aboutir les diverses galeries des Catacombes. Ces galeries, soutenues de distance en distance par d'énormes piliers, conduisent à d'autres grandes salles soutenues de la même manière. Les décombres entassés ne permettent d'avancer qu'avec peine; le plus souvent on n'y pénètre qu'en rampant, et au risque de rencontrer des animaux dangereux. L'air de ces Catacombes est rare et malsain ; on ne saurait aller loin sans le secours de flambeaux, ni retrouver la sortie, si l'on n'a pris la précaution de dérouler un fil qui sert de guide au retour. Quoique voisines d'Alexandrie, ces ruines ont été rarement visitées ; cependant tout porte à croire que des fouilles y seraient fructueuses.

En revenant des Catacombes à Alexandrie, on passe par un lieu appelé Nécropolis, *la ville des morts ;* c'est un rocher étendu à pic sur le bord de la mer, dans lequel on avait creusé un nombre considérable de petites cellules destinées à recevoir des cadavres humains embaumés.

En suivant le bord de la mer à partir d'Alexandrie, et en se dirigeant à l'est, on gagne les ruines de Canope et d'Aboukir, lieu célèbre dans les fastes militaires de la France. Cette excursion est variée par l'aspect de diverses maisons, de mosquées et de citernes. On remarque un ouvrage romain en ruines, les restes de redoutes élevées par les Français, et le lieu de la coupure faite par les Anglais, afin d'inonder le lac Maréotis. Si l'on continue à suivre le rivage, la route de Rosette se présente proche un caravansérai, dit la maison carrée, à l'est de l'embouchure du lac d'Edkou. En sortant d'Alexandrie par le quartier arabe, et en allant du côté de l'ouest, on trouve des puits d'eau douce, d'anciennes carrières, et des ruines que je n'ai pas encore signalées, entre autres celles de Topolis. Quelques îles du lac Maréotis laissent voir aussi divers vestiges, et, de même que le rivage de la Méditerranée, les bords du lac Maréotis sont une composition de grès et de calcaire. Quand on atteint la *tour des Arabes*, une route se présente, qui conduit au sud-est; c'est celle que prennent les caravanes qui vont au Caire : on tourne la partie méridionale du lac Maréotis, et l'on passe par Rechat et Kouech, ainsi que par plusieurs vallées couvertes de verdure, et où l'on peut recueillir beaucoup d'insectes.

Le canal de Mamoudieh suit la direction générale de l'ancien canal d'Alexandrie, mais avec moins de détours, et tend plus directement au Nil, passant entre le lac Maréotis à droite, et celui d'Edkou à gauche. Son embouchure se trouve au-dessous de Fouah.

C'est à Deskou que le consul anglais, M. Salt, est mort en 1827.

COLONNE DE POMPÉE.

	p.	p.	l.	m.	mill.
Hauteur totale de toutes les parties de la colonne.	88	6	0 ou	28	748
Hauteur du piédestal.	10	0	0	3	248
Hauteur du socle et de la base. .	5	6	3	1	793
Hauteur du fût.	63	1	3	20	499
Hauteur du chapiteau.	9	10	6	3	208
Socle du piédestal.	2	4	0	0	758
Piédestal.	4	2	0	1	353
Socle inférieur de la base.	2	9	6	0	907
Socle de la base.	1	5	0	0	460
Diagonale du tailloir.	16	3	0	5	278
Diamètre du tailloir.	9	2	0	2	978
Diamètre intérieur du chapiteau.	7	1	10	2	579
Diamètre supérieur de la colonne.	7	2	8	2	346
Diamètre du fût à la base.	8	2	4	2	660
Au renflement du fût.	8	4	0	2	707
Diamètre intérieur du fût. . . .	8	2	2	2	657
Largeur du socle de la base. . . .	11	0	2	3	834
Largeur du piédestal.	11	10	0	3	844
Largeur du socle du piédestal. . .	13	6	0	4	385

La hauteur totale est de 114 pieds; le fût est de 88 pieds 6 pouces; le diamètre, de 9 pieds; le piédestal, de 10 pieds 10 pouces en carré, et la plinthe, de 14 pieds.

CHAPITRE V.

Instructions générales et préparatifs pour voyager à l'intérieur. — Les fonds du voyage. — Les monnaies. — Prix du pain, de la viande, etc. — Prix des services d'hommes. — Poids et mesures. — La bastonnade. — La perte du nez. — Le costume. —Théorie du costume oriental. — Les couleurs du turban, etc. — Les modes. —L'art de ne pas démentir son costume. — Le baracan.

Dans tous les pays du monde, mais plus particulièrement en Égypte, les voyageurs doivent se ménager des fonds disponibles par portions, et sur divers points. Alexandrie et le Caire offrent le plus de facilités pour les dispositions à prendre sous ce rapport. Un moyen très sûr, et qui n'expose à aucun retard, consiste à faire déposer par l'intermédiaire d'un banquier, dans le trésor du divan, la somme présumée nécessaire pendant un voyage et un espace de temps déterminé; en échange de ce dépôt, le pacha délivre un ordre pour *toucher* à volonté, et selon les besoins que l'on éprouve, chez les shérafs des provinces. Le shéraf écrit au dos de l'ordre de crédit qu'on lui montre la somme qu'il débourse, et on lui fait un reçu qu'il présente ensuite au grand-divan. L'ordre de crédit du pacha sert ainsi de shéraf en shéraf, jusqu'à ce que les rentrées successives égalent la totalité du dépôt.

En fait de monnaies, il ne faut pas en montrer de plus fortes que le sequin de Venise ou de Constantinople, et des gourdes d'Espagne. Les pièces d'or, et même le talari, sont sujettes, par l'effet de l'agiot, à n'avoir cours qu'au-dessous de leur valeur. La piastre d'Égypte[1] est composée de 40 paras; on la subdivise en $\frac{1}{2}$, $\frac{1}{4}$ et $\frac{1}{8}$ de piastre, qui valent 20, 10 ou 5 paras. Les Égyptiens nomment la piastre *groux* ou *gerche*; la demi-piastre, *acherim-fata*; le quart, *achera-fata*, et le huitième, *cramce-fata*. Il y a aussi des pataques de 90 paras, qu'ils nomment réal; mais ces pièces sont rares. Le talari vaut 16 piastres de 40 paras; et lorsqu'on le change contre des pièces de 20, de 10 et 5 paras, et même de simples paras, on perd toujours quelque chose. Les shérafs juifs d'Alexandrie et du Caire font le change des monnaies étrangères, en même temps que celui des monnaies du pays; et leur ministère est d'autant plus nécessaire,

---

[1] La piastre de 40 paras contient un mélange considérable d'alliage, et n'a cours aujourd'hui que pour 8 sous de France.

que pour la moindre chose que l'on demande, il faut avoir quelques paras à la main.

Les monnaies que je viens de désigner étant celles qui servent à régler toutes les dépenses, je ne les puis faire mieux apprécier qu'en ajoutant ici le prix de plusieurs choses de nécessité première. Le prix du pain est de 2 paras les 6 ouquies, environ 6 onces. Pour le même prix on a deux pains de maïs, autrement deux *bétaves*. La viande de boucherie varie de 8 à 9 paras la livre; cependant j'ai payé le bœuf 7 paras, et le mouton 6. Le prix de la volaille varie selon les lieux: une poule, qui se paie 60 paras à Alexandrie, 50 et 60 au Caire, n'en coûte dans la Haute-Égypte que 20, 15 et même 12. Il y a des endroits où l'on a trois œufs pour 1 para; mais communément on en a deux. Avec un seul para, on avait autrefois jusqu'à huit à dix œufs. La paire de pigeons vaut 15 ou 20 paras; celle de pigeons ramiers, qu'ils appellent pigeons sauvages, est de 10 paras. La variété blanche, parmi ces derniers, se vend jusqu'à 40 paras. Les dattes valent, suivant la qualité, de 60 à 100 paras le mède, grande mesure. Le mède est la huitième partie de l'ardèpe; deux ardèpes font la charge ordinaire d'un chameau, environ quatre quintaux. Le prix des légumes est en proportion du reste. Le beurre est à 60 paras la livre; l'huile de laitue à 20 et 24. Cette même huile coûte au Caire 50 et 60 paras la livre. Un fromage salé, 1 para; ceux de 2 paras sont plus gras, plus fins, et d'ailleurs d'un volume double. On vend aussi le beurre par petites tartines de la grandeur d'un écu de 6 livres, à raison de 1 para la tartine. Si le beurre est fait avec du lait de buffle, on a deux tartines pour 1 para. Le poisson est à bon marché dans la Haute-Égypte; on le vend au poids ou au lot, et le prix dépend de l'abondance et de l'espèce. L'eau-de-vie vaut de 40 à 60 paras la bouteille. L'on peut avoir un domestique pour 15 à 20 piastres par mois : on le nourrit, et, en outre, l'usage est de lui donner tous les trois mois une paire de souliers et un caleçon en toile de coton. Ces deux objets coûtent une dizaine de piastres; mais on n'est tenu de les donner qu'autant que l'on a pris à son service un says ou palefrenier. Les gages des says sont quelquefois de 25 à 30 piastres, en raison de ce qu'ils sont bien entendus dans leur partie, et très actifs. La journée d'un fellah (homme qui travaille à la terre) est de 20 paras; les enfans de dix à douze ans ont 10 paras, et au-dessous de cet âge, 5 : tels sont du moins les prix que j'avais établis partout où j'ai fait faire des fouilles. L'enlèvement des pièces nécessitant beaucoup de force et d'adresse, je payais 40 paras les ouvriers de choix qui en étaient chargés, et mes surveillans recevaient 60 paras aussi par jour. Ces prix m'ont paru satisfaire tout le monde.

Le *rote* et l'*oke* sont les mesures principales de pesanteur chez les Arabes : il y a le grand rote et le petit. Le grand rote se compose de 14 ouquies; on donne à ce poids les noms de *mouqaquat, arbatèche,* etc. Le petit rote, qui est de 12 ouquies, se nomme *acras, éténacha*. L'oke est un poids de 2 livres et $\frac{1}{2}$. Les poids égyptiens ont la forme d'anneaux aplatis; ils portent, conformément au règlement du divan, la marque de leur valeur. Les marchands sont passibles de diverses peines lorsqu'ils se servent de poids non poinçonnés, de même qu'en faisant leurs pesées avec des pierres et des cailloux, ce que d'ailleurs on est en droit de refuser. Les contraventions de cette sorte sont punies, la première fois, par la bastonnade; en cas de récidive, il en coûte le nez ou un poignet, selon la gravité du délit. On remarque dans la population du Caire beaucoup de malheureux qui ont été mutilés pour ce motif, ou pour d'autres causes semblables.

Malgré l'empire de l'habitude et la commodité de leur costume, les Européens qui visitent l'Égypte feront toujours bien d'adopter, dès leur arrivée, le costume du pays. Le turban et la pelisse à la turque mettent à l'abri de beaucoup d'inconvéniens, que l'on provoquerait avec l'habit le mieux taillé à la mode de Londres et de Paris : on ne court pas seulement le risque d'être un objet de dérision, on s'expose aussi à de véritables dangers, surtout dans le Désert, faute d'avoir satisfait aux convenances locales sur le point en question. Suivant les idées des Orientaux, la dignité de l'homme exige qu'il porte des vêtemens très amples et la barbe. Chez eux, le costume est modifié en raison de la position sociale et des opinions religieuses; en voyant un homme, on sait, à la couleur de son turban et de sa chaussure, s'il est esclave ou maître; chrétien, juif ou musulman. Par exemple, les *rayas*, c'est-à-dire tous ceux qui paient contribution au pacha, sans être musulmans, portent le turban bleu; et ces rayas reconnaissent entre eux, à la manière dont leur turban est roulé et posé, s'ils sont du rite copte ou du rite grec; s'ils sont maronites ou d'une autre secte de syriens, arméniens ou juifs.

Le turban des Musulmans est blanc ou rouge. A certaines modifications de ce turban, on juge de la qualité de celui qui le porte; car il y en a à *la militaire*, à *la marchande*, à *la marinière*, à *la turque*, à *l'albanaise*, à *l'arnaute*, à *la cadi*, à *la moufti*, à *la derviche*, etc. Les Francs ont le droit de porter le turban rouge ou le turban blanc, à la manière militaire ou à la mode marchande. Du reste, ils adoptent la pelisse et les babouches jaunes ou rouges, comme les vrais Musulmans. Moyennant 7 ou 800 piastres, on se procure un costume turc simple, mais bien assorti. L'essentiel est de faire en sorte que les diverses parties de l'habillement soient en harmonie entre elles; qu'on ne paraisse pas être militaire par une extrémité, tandis que l'on décelerait un marchand dans l'autre. Le mieux pour ceci est d'observer ce qui est de convenance, plutôt que d'adopter un costume par fantaisie ou commodité particulière. Le costume à la mamelouk est plus élégant et plus commode pour les cavaliers que le pur costume turc; rien n'empêche les Francs de le choisir. Chacun est autorisé à porter telles armes qu'il veut; mais parmi les Turcs, l'usage est de n'avoir qu'un sabre, à moins que l'on soit en voyage, auquel cas on joint au sabre des pistolets et un candjar (poignard). La pipe est un accessoire obligé du costume à la turque; mais elle n'est pas de mise lorsqu'on s'habille à la manière des Bédouins, ce qu'il est prudent de faire dès qu'on s'aventure dans le Désert. Quel que soit le costume qu'on ait adopté, il faut s'appliquer à bien dissimuler le travestissement : on doit montrer de l'aisance et de la dignité sous la pelisse des Turcs; on doit, en s'habillant comme les Bédouins, ne pas paraître embarrassé dans l'ampleur de leurs pantalons, et savoir aussi-bien qu'eux draper autour de soi le *milay* et le *baracan*. Le baracan est une espèce de couverture en laine; le milay est un tissu de coton à petits carreaux blancs et bleus : il y a aussi des milays en soie et en filoselle. Avec le costume et la tournure locale, avec de l'assurance et quelque peu d'arabe, le voyageur en Égypte jouit de plusieurs avantages particuliers; il peut fraterniser avec les honnêtes gens du pays; les marchands le surfont beaucoup moins que s'il était en frac; les fanatiques ne l'injurient pas, et il est moins en vue pour ceux qui font métier du pillage.

Je vais maintenant conduire le voyageur

d'Alexandrie au Caire. Le Caire est le marché le plus vaste et le mieux approvisionné de toute l'Égypte ; sa population est considérable, et composée des élémens divers de toute la population : c'est donc là qu'il convient le mieux d'observer les mœurs égyptiennes, et d'achever les dispositions d'un plus long voyage.

CHAPITRE VI.

Itinéraire d'Alexandrie au Caire et dans le Caire. — Prix des montures. — Le teskelé. — Le Mouski. — Population du Caire. — Les ânes *à la course.* — Les magasins. — La peste. — Les cafés. — Les jardins. — Station de la Vierge. — Les fellahs au marché. — Monopole des boucheries. — Fruits. — *Avanies.* — Vestiges de la vieille Égypte. — Mosquées. — Citadelle. — Puits de Joseph. — Caraffa. — L'iman Schaffi. — Grottes. — Synagogue. — Grecs, Francs, Coptes. — Filles publiques. — Impôt prélevé sur elles. — Gardes. — Eunuques. — Prudence recommandée, etc.

On se rend d'Alexandrie au Caire par terre ou par eau. Par terre, on se sert des dromadaires et des chameaux, et la durée du trajet est de trois jours avec le dromadaire, ou de cinq avec le chameau. La route traverse le Désert jusqu'à Ouardan, où commencent les terrains cultivés, à une journée environ du Caire. On passe les nuits sous des tentes : il faut avoir emporté une quantité suffisante de vivres, et même des armes, quoique la province que l'on traverse, le Béhéréh, soit assez sûre. Le prix de chaque monture est 1 talari *par jour,* et non pour tout le voyage; on peut encore les avoir pour 8 à 10 piastres *du pays* par jour; cela dépend des occasions : on peut également prendre des baudets. Arrivé à Boulaq, on traverse le Nil, et l'on est au Caire.

Le voyage par eau se faisait autrefois en gagnant, par terre ou par eau, Rosette, d'où l'on allait remontant le Nil jusqu'à Boulaq. Depuis que le canal de Mamoudieh existe, on prend au port de Mamoudieh, proche le port vieux d'Alexandrie, des barques qui vont jusqu'au Caire. La location d'une cange de huit à dix hommes d'équipage coûte 60 piastres d'Égypte. C'est par un drogman que l'on fait arrêter les conditions du transport, afin d'éviter toute espèce de malentendu. Le marché conclu, on paie un à-compte, et l'on se munit d'un *teskere*, permis de la douane. Le paiement ne doit s'achever qu'à l'arrivée; sans cette réserve, on s'exposerait à être maltraité pendant la route.

L'Européen qui arrive au Caire se rend directement au quartier franc, ou *Mouski* en arabe. Le Mouski comprend deux rues parallèles; celle du sud, qui est le quartier français, et l'autre rue, dite le quartier impérial. Deux couvens catholiques, le couvent de *la Propagande* et celui de *la Terre-Sainte*, y sont ouverts aux voyageurs moyennant sept ou huit piastres par jour, tant pour le couvert que pour la nourriture. Il y a aussi dans le même quartier des auberges tenues par des Européens, où l'on vit très bien avec une dizaine de piastres par jour.

Le voyageur qui n'apporte avec lui aucune denrée qui soit taxée par la douane, n'a rien à démêler avec les autorités locales; mais, de même qu'à Alexandrie, il doit se présenter au consulat de sa nation avant de s'occuper de ses affaires ou de se livrer à sa curiosité. Cette démarche n'est pas obligée, mais elle procure la ressource d'une protection et d'un appui, ce qui n'est pas indifférent au milieu d'une ville aussi considérable que le Caire. La population de cette ville ne s'élève pas à moins de 450,000 âmes. Lors de son passage, la caravane de la Mecque y fait affluer jusqu'à 30,000 âmes de plus. Le vieux et le nouveau Caire occupent ensemble un espace dont la circonférence a six ou sept lieues. On met trois heures à en faire le tour, avec des ânes de place qui vont à l'amble, et très vite. Faute de fiacres et de cabriolets au Caire, on court la ville avec des baudets; le prix de la course est de 5o à 6o paras. On loue aussi des chevaux pour le même usage; mais les baudets sont préférés, à cause de leur force et de leur agilité, qui égale celle des mules. Les rues du Caire sont étroites, tortueuses et non pavées, ce qui fait que tout autre mode de transport y serait souvent impraticable. La capitale de l'Égypte ne se reconnaît pas à la belle ordonnance de ses quartiers divers; rien ici ne révèle les travaux d'une administration qui s'inquiète du bien-être des habitans, et jalouse de la bonne opinion de l'étranger : c'est le plus grand amas de maisons du pays, avec une citadelle où réside le pacha.

Si l'on excepte quelques mosquées, le reste des édifices publics ou particuliers du Caire n'a rien de bien recommandable. Les habitations n'annoncent pas officiellement à l'extérieur l'opulence ou l'autorité des propriétaires; elles sont très hautes, fréquemment à trois étages, et d'un aspect triste et monotone, à cause de leurs portes basses et des fenêtres étroites et grillées qui sont pratiquées sur rue. Les magasins sont simples au-dehors comme au-dedans, et n'attirent nullement par l'artifice des étalages; les femmes n'y ont pas d'emploi et en sont exclues. Le mouvement de la population commence à six heures du matin, et s'arrête de midi à trois heures. Lorsqu'une affaire n'est pas conclue dans la matinée, on la renvoie après le *bad de la séré,* la sieste. Les portes de la ville se ferment à onze heures, et celles des magasins à la nuit. Les rues deviennent désertes, et ne sont plus éclairées que par quelques lampes destinées à faciliter la surveillance des gardiens des magasins particuliers. On passe la soirée en famille ou dans un café voisin. Ces cafés sont des salles simplement garnies de nattes, avec des banquettes qui règnent tout autour, où l'on ne prend guère que la liqueur dont ils tirent leur nom, et cela moyennant 2 paras la portion. La population du Caire n'est point unie par l'intérêt de la chose publique ou celui de ses plaisirs; elle n'a point de journaux, de bourse, d'académies, de spectacles. Un jardin dépendant du consulat de France offre cependant aux Européens un point de ralliement. Il en est un autre dans le quartier impérial, dit jardin Rosette. Les catholiques qui tiennent à remplir les devoirs de leur religion se réunissent aussi dans une chapelle d'un couvent copte, au vieux Caire. C'est, dit-on, un des endroits où se reposa la sainte Vierge lors de la fuite en Égypte.

Il y a marché tous les jours au Caire, et chaque matin les fellahs apportent la quantité de légumes, fruits, beurre, volaille et œufs nécessaires à la consommation. La boucherie est sous la direction du pacha, qui s'en est approprié le monopole. En fait de légumes, on trouve des choux, pois, lentilles, haricots, ognons, topinambaus, etc. Les fruits sont, selon la saison, du raisin, des pêches, des figues, des bananes, des grenades, des oranges, des citrons, des melons, des fraises, des pastèques, etc., et le tout à un prix on ne peut plus modéré. Un Arabe qui gagne vingt paras par jour au Caire, peut satisfaire à ses besoins et à ceux de sa famille. Un voyageur y vivrait une semaine avec la dépense d'un seul jour à Paris, toutefois en s'accommodant au régime du pays. Avec un revenu de 2,500 francs de France, on jouit d'une grande aisance au Caire; mais l'ostentation des richesses n'est pas le défaut des sujets du pacha, car il sait mettre aussi à contribution par des *avanies* ceux qu'il ne peut taxer en qualité de fellahs ou de marchands.

Les vestiges de la vieille Égypte sont rares dans sa capitale moderne, et celle-ci semble déjà déchue de sa splendeur primitive. Lorsqu'on va jusqu'au pied du mont Mogattam, on trouve fréquemment des buttes de décombres, et les restes d'anciennes murailles en pierre renforcées par des tours. Il y a de ce côté deux grandes portes qui méritent l'attention du voyageur. C'est par celle dite *Bab el Moussar* que le sultan Sélim fit son entrée solennelle au Caire. Plus au midi, il y a une autre porte en pierre brute, flanquée de deux tours, et d'une grande magnificence; on l'appelle *Bab el Soutoub*, la porte de la Victoire. La mosquée du sultan Hassan, au pied de la citadelle, est un monument remarquable : elle est de forme carrée, et très haute; une grande corniche règne tout autour, et présente, du côté de la façade, des bas-reliefs grotesques. C'est encore une très belle mosquée que celle de *Loub el Ozab*. C'est un carré de soixante pieds de côté; sa coupole est magnifique; le marbre et le porphyre sont employés partout, et avec beaucoup de goût; les panneaux sont sculptés et dorés; des sentences en lettres d'or arabes et en caractères coptes sont tracées sur les frises. Cette mosquée a dans ses dépendances quantité d'appartemens destinés à loger les vrais croyans qui se rendent à la Mecque. La citadelle du Caire est située à la pointe du Mogattam. On la doit visiter, et en même temps les puits de Joseph. Deux portes conduisent à la citadelle; l'une au nord, qui est étroite et taillée dans le roc, que l'on nomme la porte des Arabes; l'autre, la porte des Janissaires, tournée à l'orient, plus large, et flanquée de tours. Par sa position, cette citadelle ne pourrait résister aujourd'hui au moindre siége. De sa partie orientale, à un point élevé qui est au-dessus de la salle de Joseph, on domine sur tout le Caire, et l'on a en vue les pyramides de Gizeh. Les puits de Joseph, qui sont superposés l'un à l'autre, ont en tout soixante-dix pieds de profondeur; une machine à roue et à chapelet, que deux bœufs font mouvoir, élève l'eau du puits inférieur jusqu'au niveau de l'autre; et par le même moyen, l'eau arrive dans celui-ci jusqu'au niveau du sol. L'eau des puits de Joseph est saumâtre, ainsi que celle de tous les puits de l'Égypte. Dans la direction du sud-ouest du château est une espèce de faubourg qu'ils appellent *Caraffa*, et à l'entrée de ce faubourg sont deux beaux tombeaux recouverts de dômes, que le peuple considère comme étant ceux des califes de la famille de Mahomet qui firent la conquête de l'Egypte. A la droite, et sur la hauteur, on voit la mosquée de l'iman Schafi, l'un des quatre grands docteurs de la loi musulmane. Les restes qui sont à la partie méridionale du mont Yébuzi, et les grottes creusées au penchant et le long du mont Douèse, méritent également d'être visités; d'ailleurs c'est de ce point que l'on jouit du plus beau coup d'œil de l'Égypte. Le réservoir qui entretient d'eau la citadelle est un monument intéressant, et qui frappe par ses grandes dimensions : on le visite en allant au vieux Caire ou au retour. On va au vieux Caire pour les greniers dits vulgairement les greniers de Joseph. Ce sont des cours carrées dont les murs en briques ont quinze pieds de hauteur. Ces cours renferment des tas de blé d'une hauteur prodigieuse; on croit voir des montagnes recouvertes avec des nattes. Les greniers sont au nombre de sept, et fermés avec des serrures en bois, sur lesquelles est un cachet de limon du Nil empreint du sceau du divan.

Plusieurs quartiers du Caire se distinguent les uns des autres par la population qui leur est spéciale. Le quartier des Juifs contient vingt mille Israélites, que le gouvernement tolère, tout en les tenant sous son bâton. Leur synagogue passe pour être bâtie depuis 1625 ans, et ils croient qu'à cette place même le prophète Jérémie prêcha autrefois. Dans le quartier copte, le voyageur trouve dix mille hommes exclusivement occupés du travail de l'administration et du commerce. Personne ici n'exerce de métier manuel, excepté un petit nombre qui s'occupe de l'orfévrerie, du tissage et de la menuiserie. Les Grecs ont, ainsi que les Francs, les Juifs et les Coptes, leur quartier particulier. On compte au Caire de deux à trois mille filles publiques, qui ont un chef à leur tête, et qui paient contribution au pacha. Ces filles sont tenues de loger hors la ville, et sur différens points. Lorsque le pacha n'est pas dans un de ses châteaux, c'est à la citadelle du Caire qu'il réside. Il n'y a guère que deux cent cinquante hommes de garde auprès de sa personne. On a compté dans son sérail jusqu'à cinq cents femmes, tant en femmes légitimes et concubines, qu'en esclaves, et en outre des eunuques et des vieillards pour le service extérieur. Le pacha admet volontiers les étrangers en sa présence. Ceux qui veulent jouir de cette faveur font présenter leur demande par le drogman du pacha, ou, ce qui vaut mieux, par le drogman du consulat de leur nation.

Sous le rapport de la religion, les étrangers n'ont rien à craindre. L'armée du pacha est d'ordinaire dans ses cantonnemens, mais la garnison du Caire n'est jamais de moins de cinq mille hommes, ce qui offre de la sécurité pour le maintien de l'ordre politique du pays; ensuite des patrouilles font la police de nuit, et suffisent à la tranquillité de la cité, vu que beaucoup de rues sont interceptées par des portes que l'on ferme tous les soirs. Les autorités locales sont attentives aux réclamations qui leur sont adressées; à leur défaut, les consuls des puissances de l'Europe savent les faire valoir. Dans tous les cas, le voyageur qui peut prendre sur lui de temporiser, et de s'en tenir au recours aux autorités légales, agit avec plus de prudence que s'il faisait usage de sa propre force, et voulait se rendre justice lui-même.

CHAPITRE VII.

Préparatifs pour voyager. — Drogman. — Courriers. — Montures. — Location de montures. — Le grand mot ou bachis. — Les Romelles. — Embarcations de voyage. — Cayasses. — Cadeaux. — L'à-propos. — Les réis. — Bandar. — Tabac. — Cadeaux des femmes. — Les voleurs. — Provisions. — Ustensiles. — Alimens. — Médicamens. — La tente du voyageur. — Les halles. — Le courgi. — Les précautions. — Les armes, etc.

Il y a des arrangemens particuliers et des préparatifs de voyage que l'on ne peut faire qu'au Caire, ou que du moins l'on fait là plus avantageusement que partout ailleurs. Après avoir jeté un coup d'œil général sur cette ville importante, je vais compléter le chapitre des renseignemens à ce sujet.

Étrangers aux usages du pays, et rarement au fait du langage vulgaire qu'on y parle, la plupart des voyageurs ne sauraient se passer d'un drogman. Un drogman est nécessaire à celui qui reste au Caire, du moins pendant le commencement de sa résidence; et dès que l'on quitte la capitale pour aller dans les provinces, il faut prendre de nouveau près de soi cet intermédiaire indispensable. Un drogman doit savoir parler le turc et l'arabe : il s'en trouve au Caire qui, en outre de leur ministère spécial, s'engagent comme intendans, et même comme domestiques; d'autres, et ce sont toujours les meilleurs, ne veulent pas sortir de ce qui est de leur compétence. Un bon drogman se montre engageant et poli; il parle aux Turcs avec le ton qui leur plaît, et à chacun selon les convenances; sa fermeté avec les indifférens et son air sévère avec les Arabes, achèvent de le rendre précieux, surtout en voyage. Malheureusement ces bons drogmans sont assez rares; presque tous ont des emplois. A défaut d'un sujet pourvu de talens distingués, on s'arrange d'un drogman qui ait de la pratique, et les maisons de commerce établies depuis long-temps dans le pays, ainsi que les drogmans des consulats, en ont presque toujours sous la main. Le salaire d'un drogman est, en raison de ses capacités, la nourriture non comprise, de 100 à 120 piastres pays par mois.

L'administration actuelle de l'Égypte n'a pas de service régulier pour le transport des lettres et paquets, à l'exception du Caire, d'Alexandrie et de Damiette, où des postes sont établies pour ces points-là. Ce genre de communications n'a lieu qu'au moyen de courriers, avec lesquels chacun est obligé de faire un accord particulier. Le voyageur qui a besoin d'un mersal, ou courrier, s'adresse, n'importe où il se trouve, à l'autorité locale, qui le lui procure et en répond. On confie aux courriers des dromadaires, ou bien ils vont à pied; l'époque convenue de leur départ et de leur arrivée est inscrite sur le message dont ils sont porteurs. L'on fait bien de ne leur payer d'avance que la moitié du salaire promis; au retour, ils reçoivent le complément de ce salaire et le *bachis*, la gratification. Le *bachis* est un grand mot pour ces gens, et en général dans ce pays. Si vous avez l'intention de leur donner 60 piastres, promettez-en 55 en paiement, et 5 en *bachis*, et vous les verrez beaucoup plus satisfaits que si vous eussiez dit 60 tout court. Les dromadaires vont plus vite que les piétons, mais lors de l'inondation, ceux-ci ont de l'avantage. Un courrier à pied met trente jours pour aller et revenir de Sienne à Alexandrie. Le prix de ce double trajet est de 60 à 70 piastres égyptiennes. Les mersals prennent par le Désert, lorsque cela abrége le chemin; lorsqu'ils longent le Nil, ils profitent des bateaux qui le descendent; ce passage leur est accordé gratis, en qualité de mersals; le soir, les caravansérais les reçoivent, et ils y soupent aux frais des cheikbalettes. Quelques courriers chaussent des sandales, d'autres vont nu-pieds. Leurs dépêches sont dans un sac de peau, dans une outre. Arrivés à la destination, ils retirent les dépêches du sac, les posent sur leur tête, les présentent ensuite, et demandent leur bachis. Souvent un courrier vous apporte, sans s'en douter, deux à trois mille piastres en or, ce qui ne demande que de la précaution de la part de celui qui envoie. Comme ils sont accoutumés à porter au besoin vingt livres pesant en menus objets, tels que crayons, plumes, papier, on peut aisément glisser dans les enveloppes des pièces d'or et des billets à ordre sur les shérafs, et par cette précaution, assez inutile en général, les rendre dépositaires de valeurs plus considérables qu'ils ne pensent.

La ville du Caire est aussi le marché de l'Égypte le mieux fourni en montures de toute sorte. Vous vous adressez aux maquignons qui vous ont été recommandés, et vous avez affaire quelquefois à d'honnêtes marchands, le plus souvent à des fripons. On trouve au Caire des chevaux du Dangoulan, de belle taille, bien

dressés, sans défaut, pour le prix de 1,000 à
1,500 piastres; des chevaux arabes pour 5, 6 et
700 piastres. Un chameau irréprochable, d'une
force de dix quintaux au besoin, mais d'une
force de six seulement pour un long trajet,
revient, terme moyen, à 300 piastres. Les dromadaires sont plus chers que les chameaux; la
bonne espèce coûte de 800 à 1,000 piastres
chaque. Les baudets de la Haute-Égypte ont
les qualités des mules d'Espagne; ils sont grands,
agiles et robustes. Les Coptes et les rayas, auxquels l'usage du cheval est interdit, en font
leur monture usuelle. Il y a des baudets depuis
400 jusqu'à 1,500 piastres. Celui qui peut les
acheter sur lieu est plus sûr de la pureté de
leur race; mais les Coptes en livrent de très
bons au Caire. Le dromadaire est la meilleure
monture en Égypte, et cet animal porte aisément les provisions nécessaires, pendant quatre
jours, pour lui et le voyageur qui le monte, et
en outre quelques bagages. On tire plus de services du dromadaire que du chameau, et son
entretien n'est pas plus dispendieux. Méhémet-
Ali en a possédé un avec lequel il a fait en
vingt-quatre heures le trajet de Suez au Caire,
environ cinquante lieues; il lui avait coûté
6,000 piastres. Les voyageurs qui font acqui-

sition de montures doivent se tenir sur leurs gardes. Les maquignons leur accordent trois jours d'épreuve après le marché; c'est à eux d'en bien profiter pour reconnaître les défauts cachés de leur cheval ou de leur dromadaire, et même pour s'assurer si leur poil n'est pas teint, si les nuances de leur robe ne sont pas artificielles. L'argent compté, les ventes qui s'effectuent au marché sont sans recours. Rien ne me paraît plus propre à donner de la réserve dans ce dont il s'agit, que l'adage suivant : *Jamais*, dit-on au Caire, *un bon cheval ou un bon dromadaire n'a été exposé aux Romelles*. Or, les Romelles sont le marché aux chevaux de cette ville.

On prend des montures en location au Caire, ainsi que dans les provinces; dans la Haute-Égypte elles coûtent moins cher que dans le Fayoum et le Charqièh, à cause des fréquens transports qui partent de ces provinces pour se rendre au Caire, au lac Natron et dans les Oasis. C'est aussi par l'intermédiaire des cheiqs et des gouverneurs des cantons que se fait la location des montures; ils font appeler ceux qui en ont, et l'on conclut le marché en leur présence. Ordinairement la journée d'un cheval est de 5 francs, ou 16 piastres; celle d'un chameau, de 8 piastres; d'un dromadaire, de 14 à 16; d'un baudet, de 3 à 5 piastres. Il y a un conducteur par chaque couple de montures; on donne 1 piastre par jour à ce conducteur, mais sa nourriture et celle de ses bêtes le regardent seul; c'est à lui de calculer la longueur du chemin, et de faire ses provisions en conséquence. Le prix des montures de louage ne change jamais. C'est pour aller au bout du désert de Barca, comme pour parcourir le pays le mieux cultivé; quelquefois les conducteurs exigent un salaire plus fort. Le voyage terminé, on leur fait un petit cadeau conformément à l'usage; à moins qu'ils ne vous aient donné des sujets de plainte, auquel cas vous avez recours à la justice, et leur faites infliger la punition qu'ils ont encourue.

On ne trouve nulle part aussi aisément qu'au Caire des embarcations propres à la navigation du Nil, soit que l'on veuille parcourir les canaux divers du Delta, soit que l'on se propose de remonter jusqu'à la première cataracte, à Sienne. Les *canges* sont des bateaux commodes, mais susceptibles de chavirer à cause de leur finesse; leur construction légère les expose aussi à se crever au moindre choc. Les *cayasses* sont plus solides, plus sûres et portent mieux la voile. Une cayasse du port de 200 à 250 ardèpes coûte 500 piastres par mois. L'accord fait avec le *réis*, le maître du bateau, on n'est tenu à rien autre chose qu'à le payer selon les termes du marché, car sa nourriture et celle de son équipage ne vous regardent pas. Cependant lorsqu'on rencontre un brave réis, on peut le gratifier de temps en temps d'un peu de tabac et de quelques verres d'eau-de-vie. Le réis est à vos ordres, ainsi que le *noutti*, l'équipage; leur escorte a plus d'une sorte d'utilité dans les explorations qu'il arrive de faire sur les bords du fleuve. Lorsqu'on stationne devant un bandar, ou ville de la Haute-Égypte, ils demandent de la viande et du tabac à fumer. Du moment qu'ils se sont bien comportés, il faut accueillir cette demande, qui ne se renouvelle que tous les huit ou dix jours, et par un petit sacrifice de 3 ou 4 piastres vous leur donnez l'occasion de se régaler de buffle, viande à bas prix, mais qui, accommodée à leur manière, leur paraît excellente. Avec peu de chose on rend ces marins obéissans et attentifs; et s'ils s'écartaient de leur devoir, on a vis-à-vis d'eux de prompts moyens de répression. Il y a dans toutes les villes qui bordent le Nil des capitaines de port, auprès desquels on est admis à réclamer. L'essentiel est que l'on puisse produire devant ces officiers le marché, par écrit, qui a été passé avec le réis devant le capitaine de port de Boulaq, et qui porte son cachet. Les conditions de ce marché servent de règle au juge que l'on invoque. L'usage est de payer aux réis de quinzaine en quinzaine ce qui leur est dû; alors on appelle des témoins de ce paiement, et l'on se fait délivrer une note attestative par le cadi ou malem de l'endroit : de cette manière les contestations relatives à l'argent sont évitées. Les réis sont aux ordres des voyageurs, ils doivent aller où l'on veut, et partir dès qu'on le demande; mais les voyageurs ne doivent pas exiger avec dureté leur obéissance, ni repousser par des menaces les prétextes qu'ils donnent pour retarder les départs. La supériorité que l'on a sur eux dans les villes, ils la reprennent au milieu du Nil; et c'est là que cette supériorité pourrait devenir funeste. Cependant que l'on ne souffre jamais qu'ils prennent leurs stations de nuit dans des endroits déserts, et si le manque de vent empêchait d'atteindre où l'on devait aller, que l'on se replie sur le plus prochain village; on y est moins exposé à être pillé; et si ce malheur arrivait, vous avez du moins un recours en indemnité contre le village sous la protection duquel vous vous êtes mis. Les bandes de voleurs sont bien éclaircies sur le Nil, depuis le règne de Méhémet-Ali; mais il en subsiste encore plus qu'il ne faut pour l'entière sûreté de cette navigation.

Le sentiment des convenances, la susceptibilité personnelle et le besoin de l'opinion publique, rendent très difficile en Europe l'art de faire des cadeaux. La même chose n'a pas lieu parmi les Orientaux : ici le bénéfice des présens entre dans l'apanage de ceux qui ont du pouvoir, et les faibles calculent ce qu'ils devront offrir en présent, de la même manière que s'ils étaient soumis à une taxe légale; d'ailleurs l'échange réciproque de cadeaux y marque la continuation des rapports d'amitié, et les pauvres qui n'ont rien à donner diminuent le prix de leurs services, afin qu'il soit complété par un *bachis*. L'empire de ces coutumes n'a pas d'exceptions pour les étrangers; le mieux pour eux est de s'y conformer après s'en être instruits. On fait des cadeaux aux pachas, beys, cachefs, caïmacans et cherkbalettes, que l'on rencontre en province, en raison des honnêtetés et des services que l'on en reçoit. Les cadeaux doivent avoir une valeur proportionnée à la position des personnages qui les reçoivent. Ceux que l'on offre aux pachas ne sauraient être d'une valeur de moins de 5 à 600 francs; mais on leur donne l'apparence du double en les faisant en produits des manufactures de l'Europe. Un beau fusil, une belle montre, une pendule; quelque instrument de musique, comme une serinette, un orgue de Barbarie; un cabaret avec la cafetière en argent; une lunette d'approche; une toilette garnie de flacons d'essence de rose, de musc et d'ambre gris: tels sont les objets qui flattent le plus un pacha. Ces mêmes objets, mais en qualité inférieure, conviennent également aux beys et aux cachefs, gouverneurs de canton. Comme rien n'ajoute tant à un cadeau que son à-propos, on s'informera des habitudes et des goûts de ceux à qui l'on en veut faire, et l'on agira en conséquence. Un fusil du prix de 100 francs et un peu historié, est un cadeau distingué pour un caïmacan; d'autres objets tels que pipes, turbans à la turque, sabres, poignards, pistolets à la turque ou à l'albanaise, tabac à fumer, bols en porcelaine pour prendre le café, sont aussi très bien accueillis dans le cas en question. On fait ses libéralités aux cherkbalettes avec un *tarbous* (bonnet) maugrabin, un turban en laine rouge, un milaï en soie, une pièce de percale, du tabac à fumer; de même que les caïmacans, ils reçoivent volontiers aussi des pierres à fusil, de la poudre et du plomb. La hiérarchie des cherkbalettes ayant trois degrés différens, on fera bien d'avoir trois taux dans les cadeaux qu'on leur destine.

Les voyageurs qui se proposent de visiter la Nubie trouveront, à meilleur marché, au Caire que dans les villes de la Haute-Égypte, les objets propres à faire des cadeaux et aussi des échanges, car dans ce pays l'argent se remplace volontiers par la marchandise. Les cachefs ou cherkbalettes nubiens reçoivent volontiers du savon, du tabac, du natron qu'ils mêlent avec leur tabac à priser. On leur porte des bonnets rouges à la turque, et de plus ordinaires et plus petits pour leurs enfans, ainsi que des turbans en laine rouge du prix d'une vingtaine de piastres. Avant la prohibition des armes parmi eux, ils recherchaient les sabres droits d'Allemagne. Leurs femmes s'accommodent de petits miroirs montés en carton, de 5 à 6 piastres la douzaine, et de verroterie de Venise, qui leur sert à se faire des colliers, des bracelets, des ceintures, et à orner leur chevelure. Un milaï de 20 piastres et seulement de 10, est un beau cadeau pour ces femmes; d'ailleurs hommes et femmes estiment beaucoup la toile de coton d'Égypte, et plus encore la mousseline des Indes. Les Nubiennes recherchent la toile bleue pour se faire des robes; avec deux pièces de toile, l'une bleue et l'autre blanche, et coûtant ensemble 35 à 40 piastres, on flatte un cachef nubien au point de devenir son ami et celui de sa maison. Que l'on soit pourvu aussi, à cause des femmes, de bijoux en cuivre et en étain, de petits anneaux en même métal, pour la main, les oreilles, le nez, et de plus grands qu'elles se passent au-dessus de la cheville du pied, ou dont elles font des bracelets. Le café en grain et le sucre leur font plaisir; mais rien ne les flatte autant que la possession de six madras en pièce, de la couleur la plus voyante; elles y adaptent des franges et en font leur plus chère parure. On se procure de ces madras à 16 ou 18 piastres la douzaine; les grands anneaux en étain coûtent 40 ou 50 paras la livre.

Le voyageur qui, dès son arrivée en Égypte, a pu adopter la nourriture des naturels du pays, se trouve avoir un avantage incalculable sur ceux qui ne savent que vivre à la manière des Européens. Ces derniers sont continuellement à la recherche de ce que le pays ne produit pas, et ils manquent de tout au milieu de l'abondance commune; cependant les grandes résidences, comme le Caire et Alexandrie, font exception à cet égard. Pendant les voyages, les besoins de la vie demandent bien plus de prévoyance que dans aucune autre circonstance. Il faut avoir tout prévu si l'on traverse quelque partie du désert; les précautions sont encore indispensables dans les lieux habités. On y trouve bien les choses de première nécessité, telles que mouton, volaille, œufs, beurre, légumes, pain de bazar; de l'eau-de-vie de dattes, qui, coupée d'eau, remplace le vin; à la rigueur on s'y procurerait du café, du sucre, et d'autres articles indispensables à la sensualité européenne; mais tout cela est à un prix plus élevé que dans les marchés du Caire, de sorte que c'est ici qu'il faut, autant que possible, faire d'avance ses provisions. Je compare les voyageurs en Égypte aux marins qui entreprennent une traversée, et qui embarquent à bord tout ce qui leur sera nécessaire, en raison de la force de l'équipage, et de la durée présumée de leur navigation. En conséquence, je vais entrer dans l'énumération des divers articles de provision que l'expérience m'a fait reconnaître indispensables.

Une tente est l'habitation la plus ordinaire

du voyageur en Égypte; les bagages en sont les meubles : parmi ces bagages sont plusieurs ustensiles propres à tenir un ménage nomade. Ainsi l'on a une plaque ronde en tôle destinée à servir de four; une ou deux gamelles en bois pour pétrir le pain, et dont on se sert en guise de plat; une ou deux marmites en cuivre pour faire la cuisine; les couvercles de ces marmites servent aussi de plats. Le sable que la tente recouvre sert à la fois de table et de siége. Le dîner étant préparé on s'accroupit autour, et chacun en prend sa part avec des cuillers en bois, ou, à défaut, avec les doigts. L'usage est de ne faire la cuisine qu'une fois toutes les vingt-quatre heures, entre le coucher du soleil, et une ou deux heures du matin. Les haltes de dix à deux heures après midi sont exclusivement consacrées au repos des transports et des guides. Les pélerins de la Mecque ont tous un meuble qui m'a paru très commode; il consiste en une peau de cuir préparé, dont les bords sont percés de trous dans lesquels passe un cordon; le jeu du cordon ferme cet appareil comme un sac, on le déploie comme une nappe, selon le sens dans lequel on agit; ils y laissent toujours quelque mets tout préparé et du pain, de sorte que c'est un garde-manger portatif, ou bien une table servie d'avance pour la prochaine halte. Je recommande aussi les sacs et les outres de peau tannée et apprêtée, pour le sel, les épices et le beurre. Les outres se conservent mieux, et l'eau qu'elles contiennent se rafraîchit très bien, lorsqu'on les suspend à des chevalets sur le devant des tentes; que l'on joigne donc un ou deux chevalets aux divers ustensiles dont je viens de parler.

C'est dans des outres que l'on conserve et transporte, lorsqu'il y a lieu, sa provision d'eau. Ces outres se ferment au cadenas; on puise dans les trous pour les remplir avec des seaux en cuir. On s'attache à ce qu'elles soient bien conditionnées, et plutôt petites que grandes, parce qu'en cas d'accident le dommage est plus facile à supporter. Afin de n'être pas obligé d'ouvrir trop fréquemment ses outres, on a des bouteilles en peau de la contenance de trois ou quatre pintes, que l'on remplit le matin avant le départ, et qui suffisent à la consommation de la journée : on les porte pendantes au-devant de sa selle. Pour les autres choses dont le besoin se renouvelle aussi fréquemment, on a un *courgi* (espèce de bissac en laine) qui les contient, et qui par sa forme se maintient presque de lui-même sur le dos des bêtes de somme.

Les grosses provisions de bouche sont le riz,

la farine, les lentilles et le beurre; des œufs durs, des ognons, des dattes; on joint à cela de la viande fumée ou séchée au soleil, mode de préparation préférable aux salaisons. Les marchands du Caire font avec le mouton, la volaille et du beurre, des conserves assez semblables aux conserves d'oie de la Gascogne; mais ils substituent l'outre portative du pays, à la terrine française. Je recommande ces préparations, qui sont en grand crédit parmi les pélerins qui vont du Caire à Médine; les outres qui les contiennent sont on ne peut mieux préparées, et ne leur communiquent aucun mauvais goût. Le vinaigre, le rhum, l'eau-de-vie, le sel citrique et les tablettes de bouillon, sont des articles très utiles; il est bon d'avoir du café, du sucre, du thé, du chocolat. Ces substances ne sont pas familières aux naturels du pays, et on les garde pour soi, excepté le café, qu'ils aiment beaucoup, et dont une tasse le matin au moment du départ, leur fait le plus grand plaisir. Les Arabes sont naturellement sobres, quoique de bon appétit; avec du biscuit, du fromage et des ognons pendant le jour, le soir de la soupe aux lentilles ou de la bouillie de froment, on les satisfait toujours. Les combustibles sont rares en Égypte, de sorte que le charbon est souvent compris dans les provisions du voyage. Pour le ménager on ramasse des broussailles aux lieux de stations, s'il y en a, et l'on recueille pendant le chemin la fiente de ses chameaux.

Les instrumens propres à la dissection et à la préparation des objets d'histoire naturelle, doivent être apportés d'Europe, ainsi que les pharmacies portatives que certains voyageurs sont dans la coutume d'avoir toujours avec eux. Aux médicamens qui leur sont familiers, ils feront bien d'ajouter le vinaigre rosat du Fayoum. Ce vinaigre, qui est salutaire dans l'inflammation des yeux, se vend au Caire 100 paras la bouteille. La malveillance et le brigandage sont des maladies endémiques parmi les Égyptiens, et contre lesquelles il faut aussi se tenir en garde; en conséquence, je conseille aux voyageurs de ne jamais se mettre en marche sans avoir sous la main des armes sûres, et toutes préparées pour la défense.

CHAPITRE VIII.

Considérations sur les voyageurs en général, et sur les voyageurs d'Égypte en particulier. — Quelques mots sur un plus grand ouvrage. — Mœurs. — Population. — Races. — Turcs. — Flatterie. — Succès du caractère français. — Arabes. — Mouftis. — Cadis. — Malems. — Effet des exactions du gouvernement sur les fellahs. — Maladresse. — Imprévoyance. — Incapacité pour la sédition. — Superstition. — Anecdotes. — Le voyageur pris pour un sorcier. — Belzoni. — Le mauvais œil. — Adresse des voleurs. — Mystification des savans. — Les Coptes. — Les schismatiques d'Égypte. — Les Bédouins. — Campement de Bédouins. — La tribu des Ouladalis. — Bysars. — Ababdes. — Avouazem. — Barbares. — Les femmes turques. — Sorbet. — Café. — Les harems. — Sort des femmes. — Les esclaves nourrices. — Jalousie orientale. — Avantage de la peau blanche. — Courtisanes. — Carême et carnaval. — Galanterie. — Sortiléges pour le mariage et l'amour. — Tatouage. — Agrémens de la mode. — Musique. — La grosse caisse. — Poésie. — Bayadères. — Règles de conduite, etc.

Les relations de voyages sont précieuses lorsqu'elles ajoutent de nouveaux faits aux faits déjà connus de la géographie et de l'histoire naturelle des pays éloignés; mais le plus grand charme de ces récits est dû à la peinture qu'ils font des mœurs et des usages d'hommes nouveaux pour nous. L'observation des habitudes sociales d'un peuple étranger cause d'abord une surprise pleine d'intérêt; la comparaison de ces habitudes entre elles devient ensuite la meilleure leçon de scepticisme, de tolérance et de philosophie. Une section importante de mon grand ouvrage sur l'Égypte contient tout ce que j'ai recueilli pendant un séjour de plus de vingt ans, sur la vie privée et sur la vie politique des Égyptiens. Ce travail est beaucoup plus complet que ceux qui ont été faits jusqu'à ce jour; les dessins nombreux qui l'accompagnent représentent fidèlement les choses, et ne doivent rien laisser de vague et d'indécis dans mes descriptions. Cette publication exige plus d'une année, et d'ailleurs son étendue et son volume seraient, dans beaucoup de cas, un obstacle à ce qu'elle entrât dans le mobilier portatif de la plupart des voyageurs. La connaissance des mœurs d'un peuple ne s'acquiert bien qu'aux lieux mêmes où ces mœurs sont vivantes et pratiquées; pourtant, je l'ai moi-même éprouvé, beaucoup de renseignemens utiles sont à prendre de ceux qui nous ont précédés dans la carrière. Cette considération me détermine à consigner ici les esquisses suivantes.

J'ai vécu dans les villes et dans la partie agricole de l'Égypte; j'ai aussi vécu dans ses déserts. Les voyageurs d'un rang élevé, qu'une forte escorte accompagne et qui sont pourvus des meilleurs dromadaires et chevaux, ne voient les choses que de la position commode et particulière qu'ils ont choisie : moi, j'ai tout vu, et de toute manière. J'étais acclimaté, la langue du pays m'était familière, une robuste santé me permettait de résister à la fatigue et aux privations. L'orgueil humain ne m'a jamais fait reculer devant une occasion de m'instruire; en voyage, et selon l'occasion, je mangeais d'aussi bon cœur avec un chamelier et le premier fellah venu, que si j'eusse été dans la meilleure compagnie du monde. Au moment du départ, j'ai souvent prêté la main pour charger les bagages; ensuite j'ai supporté l'ardeur du soleil avec la même résignation que mes guides. Le soir avec des hôtes arabes, je me contentais de leur bouillie à l'eau et au sel, de leurs dattes et de leur fromage; j'évitais de demander l'hospitalité comme étranger, car alors on eût tué un bouquetin ou un chevreau, on m'aurait fait rafraîchir avec du lait de chamelle; mais aussi l'on agissait sans gêne, on parlait sans réserve devant moi, et par là j'ai saisi une foule de renseignemens qu'une dignité intempestive m'aurait nécessairement fait perdre.

La population de l'Égypte se compose de Turcs, d'Arabes, de Coptes, de Grecs, de Juifs et de diverses tribus indigènes, ou des contrées limitrophes. Les Turcs sont au premier rang de cette population, non par le nombre, car on exagérerait en le portant à quinze mille, mais par leur autorité et leurs richesses. Les meilleurs emplois civils et militaires leur sont dévolus; la carrière du commerce est préférée par quelques uns; ils peuvent s'y enrichir sans danger, car les vexations et les avanies ne sont jamais dirigées contre eux. Cette classe privilégiée ne cache ni son orgueil, ni ses exigences; elle aime à être flattée, et la flatterie est le plus sûr moyen d'en obtenir ce qu'on veut. « Parle de la manière qui nous plaît, disent-ils, et nous ne saurons jamais rien te refuser. » Le caractère français réussit mieux qu'aucun autre auprès d'eux; les Arabes qui habitent le Désert disent aussi que les Français ont des manières avenantes, et la parole douce et agréable; dans leur langue : *el Fransis calam eloi.*

Les Arabes forment la masse principale de la population égyptienne; on les trouve, sous la désignation de *fellahs*, appliqués à la culture ou bien exerçant les arts industriels. Aux premiers temps de leur présence en Égypte, ils passaient pour être instruits, civilisés et doués de vertus guerrières; aujourd'hui, c'est un peuple misérable, ignorant, superstitieux, sans loyauté, enfin dégradé, avili. L'oppression constante de leur gouvernement explique ce changement. Comme ils n'ont aucun intérêt à bien faire ou à faire mieux, ils sont dans tout d'une maladresse et d'un entêtement incroyable. On les irrite lorsqu'on les conseille, et leur amitié est le prix certain d'une aveugle approbation. Les plus éclairés, ou plutôt les moins stupides d'entre eux, sont les *mouftis*, les *cadis* et les *malems*, c'est-à-dire, les prêtres, les juges de paix et les écrivains; mais, à la moindre question en dehors de leur routine et de leur compétence, ils se montrent aussi ignorans que les autres. L'artisan arabe ne fait que ce que son maître lui a appris, et n'en veut pas savoir davantage; si l'on essaie de modifier ses procédés, il vous répond: « C'est ainsi que faisaient nos pères; ce serait une témérité à nous que vouloir être plus sages qu'eux. »

On aurait tort de s'attendre à trouver parmi les cultivateurs les qualités qui manquent aux artisans égyptiens; les fellahs n'ont pas même celles qui appartiennent le plus communément à leur profession, la prévoyance et l'esprit d'amélioration. Sans doute qu'il n'en serait pas ainsi sous une administration moins dure, et s'il leur était possible de se livrer à l'amour de la propriété. Un travail plus constant et mieux dirigé ne devant avoir d'autre résultat que d'offrir une plus grosse proie aux collecteurs du pacha, le découragement ou l'inertie devient leur état habituel. Plusieurs fois, cependant, je les ai vus décidés à secouer le joug qui les opprime, et se livrer à un commencement de révolte. Alors ils se réunissent en foule, ils crient *hiala! hiala!* et jettent au vent du sable et de la poussière. Leur premier mouvement est de se livrer au meurtre et au pillage; mais, irréfléchis dans la rébellion comme dans tous les autres actes de leur vie, ils n'ont jamais amassé ni provisions de bouche ni munitions de guerre; de sorte qu'avant même de s'être engagés dans une lutte sérieuse et décisive, la révolte est dissipée, chacun regagne au plus vite la chaumière qu'il avait abandonnée imprudemment. Les fellahs sont accoutumés à une vie frugale, et ce n'est pas de cela qu'ils se plaignent; ce sont les attentats continuels au droit de propriété contre lesquels ils se récrient, et qui font leur malheur ainsi que celui de toute l'Égypte. L'existence de ce pays est due à la lutte non interrompue de l'industrie humaine contre les causes destructives qui lui sont spéciales; les sables du désert y marchent derrière la tyrannie, et tous deux le menacent simultanément de stérilité et de mort.

Les faits suivans prouveront que je suis fondé à accuser la population arabe de l'Égypte d'être superstitieuse et d'une intelligence bornée. Étant un jour à herboriser, et me sentant fatigué, je m'assis à l'ombre des *douras* (maïs). En consignant dans mon carnet diverses remarques que je venais de faire, j'y trouvai un papier écrit des deux côtés; ce papier ne m'était plus utile, je le déchirai et j'en jetai les morceaux, que le vent emporta dans un champ voisin. Bientôt une rumeur inattendue excita mon attention, et j'entendis le gardien du champ dire à d'autres Arabes qu'il avait appelés, que depuis une heure j'écrivais des charmes, et que je voulais ensorceler sa récolte. Mon domestique se donna inutilement beaucoup de peine pour leur faire comprendre que j'étais voyageur et non sorcier; il est probable que si je n'eusse été connu de quelques uns d'entre eux, ils m'eussent fait un mauvais parti. Cependant le gardien, qui était un vieillard à barbe blanche, se mit à ramasser soigneusement les fragmens du papier, et s'éloigna, en m'adressant des menaces, pour les aller brûler. Quelques jours après cette aventure, j'avais dirigé mes recherches au milieu des ruines de Thèbes; le hasard me fit arriver à l'endroit où, dans ce moment, M. Belzoni faisait faire des fouilles. Une pierre énorme s'opposant aux opérations de M. Belzoni, il s'agissait de la déplacer; quinze Arabes réunissaient leurs efforts sans y réussir, sur quoi deux autres Arabes s'élancèrent sur la pierre et s'y démenèrent selon leur fantaisie. Je ne saurais peindre l'étonnement stupide de ces gens, lorsque je leur dis que le surcroît d'environ deux cent cinquante livres en pesanteur, causé par les deux derniers Arabes, augmentait la difficulté pour les quinze autres. Au moyen d'une manœuvre que je dirigeai, l'obstacle finit par être en mouvement. Par ma prévoyance j'avais empêché que l'un de ces Arabes n'eût une jambe brisée; quelques instans après cet homme se fit écraser la main de manière qu'il fallut l'amputer. Voyez, disait-il, pendant l'opération du docteur Ricchi et en parlant de moi, voyez ce malicieux Français; son coup d'œil m'avait prédit que j'allais me casser la jambe; eh bien! son funeste coup d'œil m'a fait écraser la main.

Dans un chapitre précédent, j'ai eu occasion d'insister sur les précautions à prendre dans les conventions et marchés que l'on fait avec les Arabes. Il faut toujours, avec eux, pouvoir invoquer des témoignages et des écrits, et retenir jusqu'à l'accomplissement de leurs promesses, le salaire qu'on leur a promis. Que l'on se tienne en garde aussi contre les voleurs. L'Arabe qui cherche bénévolement à vous être en aide, et qui se montre prévenant et désintéressé, est presque toujours un voleur. La dextérité des Arabes dans le vol est très grande; à défaut de la main, ils volent avec les pieds, et le sable a promptement recelé les objets qu'ils sont parvenus à saisir. Il n'est aucune friponnerie à laquelle les Arabes ne participent; leur industrie va jusqu'à tirer parti du goût des Européens pour l'archéologie et l'histoire. Il n'est pas étonnant qu'ils aient dupé de simples curieux, mais cela leur est arrivé aussi avec des savans. Le moyen de se douter qu'une brute de la Thébaïde va vous présenter pour des *an-*

tiques des figurines faites d'hier, et qu'un Bédouin colporte des camées du temps des pharaons, fabriqués par les sujets du pape? Voilà pourtant ce qui arrive encore tous les jours.

Simplement tolérés par les Turcs, les Juifs et les Grecs restent toujours distincts du peuple égyptien ; leur industrie s'exerce de préférence dans les grandes villes, et les étrangers qui visitent l'Égypte n'ont de rapports avec eux qu'autant qu'ils le veulent bien. Il n'en est pas de même des Coptes. Descendans des anciens propriétaires du pays, et, à l'exception de quelques villages de la Haute-Égypte, dépouillés à jamais de l'héritage de leurs pères, les Coptes ont trouvé un refuge dans l'administration turque, dont ils remplissent les divers emplois sous le titre générique d'*écrivains*. Ils professent le christianisme selon le schisme d'un moine qui s'appelait, je crois, Eutychès, et ils portent une haine profonde à tous les autres chrétiens. La fausseté, la perfidie, le penchant à la délation et une honteuse vénalité, composent le fond du caractère d'un Copte. Les Turcs s'en servent pour espions, et les méprisent encore de reste sans cela ; enfin les étrangers doivent les éviter avec soin, ou bien user d'une grande circonspection si leur abord était inévitable.

A l'est et à l'ouest du Delta, ainsi que dans les plaines adjacentes à la vallée du Nil, le voyageur rencontre les Arabes indépendans, les *Bédouins*. Dispersés par familles ou réunis en tribus, ces Arabes campent dans le désert ; quelques uns habitent des cavernes ou des ruines : ils vivent de leurs troupeaux, quelquefois aussi du pillage. L'entretien de leurs troupeaux rapproche ou éloigne du pays cultivé ceux qui sont pasteurs ; le retour ou la fin de l'inondation règle ces émigrations périodiques. Un certain nombre de ces Bédouins est devenu justement redoutable à tout ce qui ne fait pas partie de leurs tribus ; mais il en est encore beaucoup qui ont conservé dans toute leur pureté leurs mœurs primitives. On les trouve encore pleins de courage, hospitaliers, fidèles à la foi promise ; ils sont entre eux comme les enfans d'une même famille, et ne connaissent pas les humiliations de nos hiérarchies sociales ; les bonnes mœurs sont un héritage qu'ils veulent conserver intact ; aussi punissent-ils par le bannissement ceux qui les osent outrager. La plupart des Bédouins livrés au brigandage sont des enfans chassés de la tribu paternelle. Parmi les tribus adonnées au pillage, il en est qui concertent des attaques auxquelles il est difficile de résister. Entre Syout et la grande Oasis, par exemple, on les a vus souvent s'avancer au nombre de deux ou trois cents, et ravir en un instant aux habitans leurs filles, leur bétail, et tout ce qu'ils possédaient. Le retour de ces désordres est moins à craindre maintenant à cause des mesures que le gouvernement a prises, et les voyageurs doivent participer à la sécurité qu'ont retrouvée les habitans. Les Bédouins se font quelquefois la guerre entre eux; mais, dans ce cas, leurs rencontres ont presque toujours lieu au-delà de la chaîne libyque. C'est un tableau aussi singulier que frappant pour l'étranger qui parcourt l'Égypte, que celui d'un camp de Bédouins posé à la lisière du désert; la rencontre de leurs corps de cavalerie ne cause pas moins d'étonnement. Le *barakan*, sorte de manteau en laine blanche tissu par eux-mêmes, le barakan, dis-je, est drapé avec élégance autour de leurs corps bien conformés; l'exiguité de leurs selles favorise l'aisance de leurs mouvemens; un sabre, un fusil et des pistolets complètent l'équipement de chaque cavalier; et, comme je l'ai reconnu plusieurs fois, la masse de ces cavaliers paraît toujours aussi imposante que pittoresque.

Plusieurs tribus de Bédouins sont en possession de fournir les guides les plus sûrs et la meilleure escorte aux voyageurs qui doivent traverser les déserts de l'Égypte. Faut-il se diriger à l'ouest vers la Libye, vers l'oasis de Jupiter-Ammon et celle de Thèbes, la tribu des *Ouladaly* est celle à laquelle on a recours. Les campemens de ces Arabes sont épars dans l'espace qui sépare Alexandrie de Syout; on en trouve aussi beaucoup dans le Fayoum. Tous sont bons cavaliers, et pourvus de bons chevaux; ils se serviraient de dromadaires si cette sorte de monture était préférable dans un cas spécial. D'anciennes haines fermentent entre eux et les habitans de quelques oasis; mais elles ne vont pas jusqu'à faire éclater des hostilités. Dans tous les cas, les Ouladaly sont bien armés et braves. Les voyageurs ne doivent traiter avec eux qu'en présence de leurs chefs et du gouverneur de l'endroit.

La tribu des Bysars fournit des guides pour les déserts de l'est et jusqu'au mont Sinaï. Les Bysars connaissent tous les lieux intéressans de ces parages, et l'un et l'autre bord de la mer Rouge. Malheureusement ils ont de fréquens différends avec la tribu des *Héjouatats*, et leur disposition à la rapine nuit aux bonnes qualités qui les distinguent comme guides.

On se sert des *Abadi* pour voyager vers la Nubie; ces Arabes font aussi le transport des marchandises. Leurs campemens s'étendent jusqu'à la hauteur de Thèbes, et c'est là qu'on les rencontre vivant en pasteurs. Les Abadi ont depuis long-temps la réputation d'être des pillards: la recommandation que j'ai faite à l'occasion des Ouladaly subsiste particulièrement pour eux. Cependant, à l'est de Thèbes, la tribu des *Avouazem* ne compte que des Arabes honnêtes, bons, braves et hospitaliers. Les bords de la mer Rouge, depuis Cosséir jusqu'à Bérénice, leur sont parfaitement connus; avec eux rien n'échappe au voyageur, les mines, les carrières, les ruines, les anciennes stations, les ports détruits, etc. Les naturalistes tirent en particulier un excellent parti des Avouazem, à cause de leur habileté à la chasse.

La plupart des domestiques, au Caire et dans les villes de la Basse-Égypte, sont des *Nubiens* qu'on appelle aussi des *Barbarins;* la fonction de portier, *bouabè,* et celle de palfrenier, *says,* leur sont exclusivement affectées. Les Nubiens sont très doux et très dociles partout où la justice turque est agissante; lorsqu'ils en sont éloignés, il leur prend des accès de leur férocité native. Cependant les voyageurs en peuvent tirer un bon parti, par la raison qu'ils sont agiles, robustes et sobres, qu'ils résistent à la fatigue, et supportent la plus intense ardeur du soleil. Quand on les choisit bien, ce sont de bons guides et de bons chameliers en Égypte; en les conduisant avec soi au-delà de Dongola, ils deviennent pour vous des interprètes très précieux, car la langue arabe cesse d'être connue dans ces contrées. Toutefois, qu'on les prenne au Caire de préférence à Sienne, aux frontières de leur pays : leur séjour dans la capitale de l'Égypte les a du moins rapprochés un peu de la civilisation des Européens.

Les Égyptiens qui ont de la fortune ou des places lucratives vivent d'une manière délicate et recherchée; mais tous, à l'exception des Turcs, sauvent les apparences de l'aisance dont ils jouissent. Ils font trois repas dans la journée; leur dîner est à midi, leur souper est au coucher du soleil. Ils ne prient personne à dîner ou à souper; lorsqu'on arrive à l'instant de leur repas, ils vous y invitent; et dans ce cas, ils tiennent le refus pour affront. Les femmes mangent à part, dans leurs logemens particuliers. Les Égyptiens mangent quelquefois avec leurs femmes ; mais l'usage n'est pas qu'ils y mangent toujours.

Les voitures bourgeoises n'entrent pas dans le

luxe des Égyptiens : le pacha seul en a deux ou trois, et cela depuis peu de temps. Les grands comme les riches ne sortent qu'à cheval; les mules et les baudets sont la monture préférée de quelques uns d'entre eux. Ils ont toujours une suite, ne fût-elle que d'un simple palfrenier à pied. Les gens du peuple se contentent de la nourriture la plus simple, la plus grossière; leur meilleur repas est celui du soir, après les travaux auxquels ils sont tous despotiquement condamnés. La plupart ne mangent de la viande que deux fois l'an, aux fêtes du *Béiran* et du *Courbéiran*. L'eau du Nil est leur boisson habituelle; les riches boivent du sorbet et du café. Le sorbet se fait avec de l'eau, du sucre et des fruits secs, tels que dattes, raisins, figues, etc. Ils usent aussi fréquemment de la limonade, et secrètement, ne se refusent pas l'esprit réconfortant qu'on extrait des dattes.

L'usage de la pipe est général en Égypte; l'Égyptien se délasse en savourant sa pipe, l'excitation de la vapeur du tabac lui est nécessaire toutes les fois qu'il a besoin de réfléchir; il cause, agit, et plaide même sans interrompre son besoin continuel de fumer. Cette passion augmente la misère de la classe pauvre. Un Arabe qui gagne vingt paras dans la journée, s'empresse d'aller acheter du tabac avant de songer aux besoins de sa femme et de ses enfans, et cette dépense lui coûte le tiers de ce qu'il a gagné. Le besoin de fumer prend sur le temps de leur sommeil, et l'état de marasme dans lequel on en voit beaucoup doit être attribué à cette funeste habitude.

Un autre usage général en Égypte, est de se reposer deux heures après le dîner, repas qui a régulièrement lieu à midi. Maîtres ou esclaves, pauvres ou riches, tout le monde dans ce pays fait la sieste. Les chaleurs de l'Égypte, autrement ardentes que celles de l'Inde et de l'Italie, nécessitent un repos intermédiaire entre le matin et le soir. Lorsque j'en ai pu profiter, j'ai toujours retrouvé, après la sieste, ma vigueur et mon activité naturelle, tandis qu'en voulant l'éviter j'étais bientôt atteint d'une langueur très incommode jusqu'à la fin du jour.

Les Musulmans peuvent avoir jusqu'à quatre femmes légitimes, et en outre autant de concubines et d'esclaves que leur fortune le permet. Les Turcs se marient entre eux, ou s'allient dans les familles des mamelouks. Pour avoir des concubines et des esclaves, ils vont, comme les autres Égyptiens, dans les marchés du Caire, ou bien leurs pourvoyeurs affidés leur en amènent des autres villes de l'Orient. Presque toutes les esclaves viennent de l'Abyssinie; la Géorgie et la Circassie fournissent les concubines les plus recherchées. Une jolie petite négresse de l'âge de dix ans coûte de 6 à 800 piastres au Caire; une Géorgienne de dix à quinze ans s'y vend 6,000 piastres et plus. Le sort des femmes, dans un sérail, dépend de la qualité sous laquelle elles y entrent. Les femmes légitimes n'ont rien à faire, et sont servies. Les concubines sont assujetties à diverses fonctions; mais ces fonctions se rapportent exclusivement aux plaisirs du maître : les unes sont musiciennes, danseuses; d'autres sont chargées de la confection des sorbets, du café. L'entretien des pipes leur est confié, et quelquefois celui du linge et de la garde-robe. Tout ce qui est ouvrage de fatigue est fait à l'intérieur par les esclaves africaines. Ce sont aussi des esclaves qui allaitent la plupart des enfans. Les enfans restent jusqu'à sept ans avec les femmes; passé cette époque, on les confie à un moufti, qui les instruit dans la religion et dans la lecture.

Les femmes du peuple sont les seules que l'on voie en Égypte circuler librement et sans compagne. Elles sont cependant toujours enveloppées dans les plis de leur milaï. Les fellahs les emploient à la vente dans les marchés ; mais elles y sont en moindre nombre que les hommes. Les femmes de la classe aisée ont occasion de sortir pour aller au bain ou pour visiter leurs parens : on les rencontre à pied ou montées sur des baudets ; mais elles sont toujours suivies par un ou plusieurs domestiques.

Les Orientaux sont excessivement jaloux de leurs femmes ; cette maladie règne également en Égypte et en Nubie. Que l'on ne s'informe pas de ses femmes, lorsqu'on est avec un Arabe ou un Nubien ; que l'on ne fasse jamais l'éloge de leurs charmes, car une froideur subite succéderait à l'air amical qu'il vous aurait montré ; ses meilleures dispositions seraient à l'instant remplacées par une aversion souvent redoutable. Les caresses que l'on fait à leurs enfans les flattent; les cadeaux que ces enfans reçoivent sont accueillis avec plaisir ; mais on agira prudemment en ne faisant attention ni aux agaceries de leurs femmes, ni à la nudité de leurs filles. Les Européens plaisent beaucoup aux Égyptiennes par la blancheur de leur peau ; ceux qui se laissent croître la barbe, et qui adoptent le costume du pays, ajoutent encore, aux yeux de ces femmes, au mérite de leur belle carnation. A la vérité, les nuances délicates du teint sont promptement altérées sous le ciel de l'Égypte; on devient par degrés d'un rouge pourpre, et ensuite d'un brun foncé. Cependant on n'arrive jamais au ton particulier de la peau des naturels. En Égypte, les principes religieux se mêlent, relativement aux femmes, aux droits positifs de la propriété; de sorte que l'attrait de la galanterie y est doublement scabreux. On a bien, à la vérité, la ressource des *almés*, comme ailleurs celui des courtisanes; mais le contact de ces femmes n'est pas sans inconvéniens pour la santé. On a remarqué que les maladies vénériennes deviennent plus rares à mesure qu'on s'écarte du Nil, et plus on avance vers le sud. En Nubie, elles sont inconnues ainsi que les prostituées.

Le goût de la parure et de la coquetterie règne parmi les Égyptiennes comme parmi les femmes de toutes les autres parties du monde; elles trouvent aussi le moyen de satisfaire leur penchant à la galanterie, en dépit de la jalousie des hommes et de la tyrannie des mœurs. Ce n'est pas dans les mosquées et les théâtres qu'elles nouent des intrigues et donnent des rendez-vous à leurs amans; c'est dans les cimetières. Les Égyptiens prennent un grand soin de leurs sépultures, les arbres qu'ils y entretiennent en font un lieu de promenade très ombragé et fort agréable. La fréquentation des cimetières n'est pas refusée aux femmes; les motifs religieux qui sont censés les y conduire les exemptent de la surveillance de leurs maîtres, et favorisent des rencontres qui seraient impossibles ailleurs. Les fêtes du *Béiran* sont une époque privilégiée dans l'histoire de la galanterie égyptienne. Alors il est permis aux femmes de passer trois jours sous les tentes disséminées dans l'enceinte des cimetières; leurs maris n'ont garde de les y venir troubler, les uns parce que l'usage le défend, les autres parce qu'ils croiraient commettre un sacrilége; mais les hommes que le goût du plaisir attire, ne manquent pas d'y pénétrer. On les reconnaît sous l'habit d'un porteur d'eau, d'un portier, d'un domestique; ils se laissent deviner sous le vêtement emprunté du sexe. Ces entreprises ne sont pas sans dangers, mais les femmes secondent à merveille ceux qui s'y hasardent, tandis que le labyrinthe des nécropolis leur laisse toute facilité pour s'évader. Les cimetières de l'Égypte ne sont pas clos de murs, malgré la prescription du Prophète à cet égard, et cette disposition les a fait adopter par les amans, et en même temps par les voleurs.

On peut vérifier l'exactitude de ce que je viens d'avancer, au Caire et à Alexandrie, à Rosette et à Damiette; mais la connaissance de la langue du pays est nécessaire pour cela, ainsi que l'intervention de quelque matrone intéressée.

Les noueurs d'aiguillettes sont en crédit parmi les Égyptiens, et l'on entend parler fréquemment de l'effet de leurs maléfices. Peut-être que ce préjugé est entretenu par l'usage établi parmi tous les Orientaux, qui veut qu'aussitôt le mariage consommé, le nouvel époux présente aux témoins de sa noce un mouchoir taché de sang. Par le sacrifice d'un pigeon ou d'un poulet, les maris s'empressent ordinairement de mettre à l'abri leur honneur et celui de leurs femmes; quelquefois cependant, pour ce qui concerne le mari, on a recours au sorcier. Quelques mots de cabale prononcés sur un verre de liquide composent la potion qu'ils prescrivent, et opèrent, dit-on, la guérison ardemment désirée.

La mode du tatouage est très répandue parmi les femmes arabes et coptes, et les Nubiennes; il n'est aucune partie de leur visage et de leur corps, qui soit exempte de cette étrange parure. Les musulmanes mêlent des étoiles et des croissans aux autres figures qu'elles affectionnent; les coptes préfèrent des images de la croix et des saints. Comme toutes ces femmes sont épilées, le tatouage remplace, dans certaines parties, le voile capillaire dont on les a privées. L'art du tatouage est exercé par des femmes qui s'en vont par les rues, criant à qui veut se faire tatouer; ces femmes vendent aussi la substance avec laquelle les Égyptiennes noircissent le bord de leurs paupières. La nudité d'une femme tatouée, déplaît en général aux Européens, mais les naturels du pays lui trouvent beaucoup de charmes; quelques femmes se font percer le cartilage du nez pour y passer de grands anneaux, ce qui, au goût de quelques uns, est un agrément de plus.

On ne sera pas étonné d'apprendre qu'en Égypte, les arts et les sciences ne jouissent que d'une considération très secondaire. Cependant les Arabes cultivent la musique et la poésie. Leurs chants m'ont paru monotones et d'un caractère lugubre; ils ne sont jamais soutenus par des accords et une harmonie régulière. C'est toujours dans le diapazon le plus élevé, qu'ils se plaisent à faire chanter les voix et les instrumens. Ils n'ont qu'un petit nombre d'instrumens à vent, quelques instrumens à corde, le tambour turc, la grosse caisse, des cimbales, des hautbois. La musique égyptienne est un art sans principes, et qu'une imitation mécanique transmet des uns aux autres. M. Rosetti, consul général de Russie, fit venir un corps de musique au Caire, du temps de Murad-Bey, l'un des plus grands beys qu'aient eus les Mamelouks. Quand Murad eut entendu ces artistes étrangers, il se prit à dire d'abord qu'ils ne valaient pas les artistes arabes; lorsqu'il voulut ensuite les gratifier pour la peine qu'ils avaient prise, c'était à la grosse caisse que, selon lui, le plus beau cadeau appartenait. Il ne put jamais concevoir que le chef d'orchestre, qui ne tenait à la main qu'une clarinette, fût aussi généreusement récompensé que celui dont l'instrument assourdissant l'avait charmé. Les Arabes et les Nubiens ont des dispositions naturelles pour la poésie; leur langue paraît favorable à ces dispositions, car ils improvisent sans peine des strophes régulières et nombreuses, sur tous les sujets qui viennent les frapper. Ils chantent les produits de leur sol, et font à ce sujet des rapprochemens singuliers; les bateaux qui parcourent le Nil, sont un thème poétique qu'ils abordent souvent; tantôt leurs vers sont satiriques, tantôt érotiques. Les poètes du Caire ne doivent pas être confondus avec les poètes illétrés dont je viens de parler. Les poètes du Caire sont dans l'usage de faire douze chansons par an, une par mois ; ces chansons sont apprises par des bayadères, qui les chantent d'abord chez les grands et les riches à l'occasion de cérémonies, telles qu'un mariage, la circoncision, etc. Le peuple les apprend à son tour, et comme partout ailleurs, lorsqu'elles courent les rues.

Ce n'est point dans un ouvrage de la nature de celui-ci que je puis traiter à fond des mœurs des Égyptiens ; je le ferai plus tard. J'ai négligé beaucoup de traits qui auraient ajouté au mérite du tableau qui précède : ceux qui intéressent le plus les voyageurs n'ont pas été omis. Être réservé sur l'article des avances d'argent, ne jamais contracter que devant témoins et par écrit, ne pas inquiéter les maris, et se montrer disposé à repousser la violence par la force, telle doit être au résumé la base de la conduite des étrangers en Égypte.

CHAPITRE IX.

Indifférence des possesseurs du sol. — Fouilles. — Firmans d'autorisation. — Journaliers arabes. — Ce qu'ils pensent des entrepreneurs de fouilles.

Les maîtres du sol égyptien n'ont pas encore compris quel intérêt s'attache aux anciens monumens et aux ruines qui le couvrent. Après des siècles de possession, cette contrée est traitée comme une conquête récente; ils s'inquiètent peu de ce qu'elle a été, et ce qu'elle sera; ils ne lui demandent que de produire au jour le jour. Les Coptes dégénérés n'ont ni assez de lumières, ni assez de patriotisme pour songer à la conservation des débris accumulés dans Karnac, dans Éléphantine : l'histoire de leurs ancêtres ne leur donnerait d'ailleurs que de vaines leçons, si par hasard cette histoire renfermait de hauts exemples de courage et de vertu. L'Égypte centrale, le Caire, ou Djizé, sont privés de sociétés savantes, sinon entretenues, du moins tolérées. Ce n'est qu'au-delà de la Méditerranée que l'on s'occupe de la civilisation accomplie sous les Lagides et les Pharaons.

Malgré l'indifférence du gouvernement pour les anciens monumens, les Européens ont cependant besoin d'être autorisés pour les étudier librement, et pour y pratiquer des fouilles; il leur faut pour cela un firman du pacha du Caire, et secondairement les firmans des gouverneurs des provinces : ces dernières permissions vous accréditent auprès des autorités inférieures, auprès des cachefs, caïmacans et cherkbalettes, qui protégent vos entreprises et vous procurent les ouvriers nécessaires. Voici la teneur du firman du pacha du Caire :

> Le nommé *tel*, notre ancien ami, se rend dans nos domaines pour y visiter les antiquités, et faire des recherches archéologiques; il doit faire faire des fouilles sur les points qui lui paraîtront les plus convenables; mais il respectera les terrains cultivés et les sépultures. Nous vous commandons de lui fournir tout ce qu'il demandera en payant, et de ne permettre qu'aucune insulte lui soit faite de la part des fellahs et autres; et ce que vous ferez pour lui sera comme si c'était fait pour nous-même. Les pachas, beys et cherkbalettes sont invités à suivre les intentions de notre divan à l'égard du voyageur porteur du présent.

Les firmans des pachas à deux queues et des beys sont conçus de la même manière; il y est toujours fait mention du firman supérieur dont on est muni, du firman du pacha ou de celui de la Porte. Les agens inférieurs du gouvernement se conforment ordinairement aux injonctions des pachas; dans le cas contraire, ces derniers écoutent les réclamations qu'on leur adresse, et savent contraindre leurs subordonnés à l'obéissance passive qui est due au moindre de leurs ordres. C'est l'indolence, la maladresse et la méchanceté des journaliers arabes qui apportent le plus de difficultés dans les fouilles que l'on fait en Égypte; il faut avec eux une surveillance minutieuse et de tous les instans : l'on n'en trouve point qui soient capables d'exécuter quoi que ce soit, en se conformant ponctuellement à ce qui aurait été dit d'avance. C'est particulièrement dans l'enlèvement des antiquités qu'il faut souffrir de leur extrême maladresse; et, dans ce cas, à la moindre égratignure qu'ils se font, on les entend dire : Il est nécessaire que nous versions un peu de notre sang pour que l'on parvienne à l'enlèvement de ces pièces. Ils se rient des faiseurs de fouilles; les peines et les dépenses qu'il en coûte leur paraissent absurdes, et chacun explique à sa manière les entreprises des antiquaires européens. Quelquefois ils les prennent pour des païens, qui poussent l'infamie jusqu'à caresser des statues. Ils ont vu mouiller ces statues avec la langue, dans le but de reconnaître la pierre dont elles étaient faites, d'où ils ont conclu qu'on leur donnait des baisers. Selon quelques uns, les marbres que nous leur enlevons renferment de l'or, que nous seuls avons le secret d'extraire. Ils ont observé aussi que nous n'entrions jamais dans les anciens monumens sans nous découvrir la tête. Le plaisir d'éprouver la sensation du frais nous y porte naturellement; mais les Arabes y voient bien autre chose : c'est, selon eux, le respect et l'adoration qui nous font ôter nos chapeaux, ou nos turbans si nous avons adopté le costume du pays. Les mots que la surprise nous arrache quelquefois sont des prières ou des invocations à l'oracle du lieu, afin d'obtenir qu'il révèle l'endroit secret où sont les trésors. Aucun geste, aucun mouvement d'un Européen ne leur échappe. Ceux qui pensent que la dévotion nous amène au milieu de leurs ruines, nous désignent, surtout au retour de la Nubie, comme les pélerins qui vont à Jérusalem, par le nom de *adji*, pélerins. Une idée, qui est la seule véritable, ne peut leur venir à l'esprit; il leur est impossible de concevoir que l'amour de l'histoire et des arts attire de si loin, et fasse braver autant de fatigues et de dangers.

CHAPITRE X.

Collections d'histoire naturelle. — Dessins. — Manuscrits. — Précautions pour leur conservation. — Accidens irréparables, etc.

Les explorations scientifiques, en Égypte, ont chacune leur genre particulier de difficultés: si ce ne sont pas les naturels du pays qui vous contrarient, c'est le climat, et souvent l'un et l'autre à la fois. J'ai déjà conseillé d'apporter d'Europe les instrumens dont on a besoin pour la dissection et pour la préparation des objets d'histoire naturelle. La prompte décomposition des corps organisés sous le ciel de l'Égypte rend de bons instrumens très précieux, et réclame la faculté de s'en servir avec dextérité; ensuite la conservation des collections exige des précautions locales et des soins continuels. Les insectes, et notamment les fourmis, détruisent en peu de temps tout ce qui est à leur portée; il faut fermer hermétiquement les caisses de botanique, d'ornithologie et d'entomologie. Si, avant la fermeture de ces caisses, on ne les visitait pas avec soin, on risquerait de trouver plus tard leur contenu dévoré par la fourmilière qui s'y serait établie. Les préparations conservées dans l'esprit de vin courent des risques aussi lorsqu'on ne renouvelle pas le liquide de temps en temps. La trop grande accumulation de sujets dans le même vase accélère également leur détérioration. Il y a quelque chose de bien préférable aux tonneaux ordinaires, pour la conservation de ce qui se met dans l'esprit de vin : ce sont des vases en potin, de forme carrée, de diverses grandeurs, dans le fond desquels on place le liége; et une fois ces boîtes remplies par les insectes que l'on y a piqués, on place un morceau d'éponge imbibé d'essence de térébenthine, ou autres préservatifs renfermés, pour éviter la casse, dans des caisses en bois. Cette manière est plus dispendieuse sans doute, mais je lui suis redevable d'avoir pu apporter, des points extrêmes de l'Égypte jusqu'en Italie, des pièces parfaitement conservées et intactes. L'humidité est également funeste aux collections, et l'on n'y saurait assez prendre garde dans les magasins, aux bords du Nil, comme en Europe dans les lazarets. On doit tenir enfin les dessins et les manuscrits dans des boîtes en fer-blanc; ils y sont moins froissés, et sont en outre plus aisés à transporter.

Les conseils que j'adresse ici aux naturalistes méritent qu'ils y aient égard; je pourrais, s'il était nécessaire, produire à l'appui les pertes nombreuses que des voyageurs imprévoyans ont éprouvées. Je citerai pour exemple ce qui est arrivé à M. le baron de Sack, chambellan de S. M. le roi de Prusse. Ce voyageur avait recueilli beaucoup d'insectes, des poissons du Nil, enfin des sujets de zoologie de tout genre. Chemin faisant il ne lui vint jamais à l'idée de faire ouvrir les tonnaux précédemment fermés; cette visite n'eut lieu qu'à Alexandrie, avant son départ pour la Prusse. M. de Sack trouva ses collections dans un état complet de décomposition; les parties solides des animaux s'étaient même disjointes. Certes, ce désappointement fut cruel pour M. de Sack, et le fruit de ses recherches est une perte réelle pour sa patrie. Deux naturalistes suédois, MM. Humbert et Imbrek, ont éprouvé un malheur semblable; mais ce sont les vers et les fourmis qui, cette fois, détruisirent des collections vainement promises à l'Europe. Je n'ajouterai pas de nouveaux faits aux faits précédens; mais je répète que la visite fréquente des collections est un des principaux devoirs de ceux qui les ont formées, et qui tiennent à les conserver.

CHAPITRE XI.

Météorologie.

L'étude physique d'une contrée serait incomplète si l'on négligeait les phénomènes météorologiques. Le génie et la perspicacité font deviner bien des choses ; le temps seul fait connaître la nature d'un climat : ce n'est rien ici que de bien observer, si l'on n'observe long-temps. J'habitais l'Égypte depuis plusieurs années; l'époque où je la pourrais quitter était encore fort éloignée; je ne crus donc rien faire de mieux que de me mettre à tenir un journal météorologique. Ce journal, qui fait partie des matériaux considérables que j'ai rassemblés sur l'Égypte, embrasse une période de quatre ans. Les principaux lieux d'observation sont Thèbes, le Fayoum et la Basse-Égypte; les temps ont été de midi à trois heures, de huit heures à minuit, de minuit au point du jour, et cela sans y manquer un seul jour. Mes observations portaient sur l'état de l'atmosphère, la direction des vents et la température; dans l'intervalle j'ai aussi éprouvé la température des grottes sépulcrales, des monumens, des fours d'incubation, des sables du désert et de l'eau du Nil. Ce journal entrera dans la composition du grand ouvrage que je dois publier; l'extrait que j'en donne ici a pour objet spécial de mieux préciser les notions que j'ai placées en commençant sur la température de l'Égypte. Les observations ont été faites à l'air libre et à l'ombre; par les lettres R et F, j'indique les thermomètres de Réaumur et de Fahrenheit.

THÈBES.

Juillet 1823.

1er. De midi à trois heures. R. 35°. F. 112°. } Vent de N.-O.
    La nuit............... 28°. 95°. } et N.
    Dans la journée, sous la tente............... 35°. 112°. }

15. De midi à trois heures. R. 31°. F. 102°. { Vent N.-O. très fort.
    La nuit............... 24°. 86°. | Id.   Id.

31. De midi à trois heures. R. 31° ½. F. 105°. | Vent S. modéré.
    La nuit............... 25°. 88°. | V. N.-O. fort.

Observation. De midi à trois heures, le thermomètre de Réaumur s'est élevé : six jours à 35°, six jours à 33°, sept jours à 32° et 32° ½, onze jours à 31° et 31° ½; un jour à 29°.

Décembre 1823.

1er. De midi à trois heures. R. 16°. F. 68°. | Vent N. et N.-O.
    La nuit............... 8°. 50°. | faible.

15. De midi à trois heures.. R. 13°. F. 62°. | Vent S., S.-E.
    La nuit............... 5°. 44°. { Nuit fraîche et humide.

31. De midi à trois heures. R. 13°.   F. 62°. } Beau ciel.
    La nuit................   5°.   44°. } Nuit fraîche.

Observation. Le point le plus bas du thermomètre de Réaumur, de midi à trois heures, a été 11°, le plus haut a été 17° le 2 décembre.

FAYOUM.

Janvier 1824.

1er. De midi à trois heures. R. 12°. F. 60°. | Vent variable.
    La nuit................   5°.   44°. | Un peu de pluie.

15. De midi à trois heures. R. 12°. F. 60°. { Vent N., N.-O.
                                                  sous la tente.
    La nuit................   6°.   47°. | Sous la tente.

30. De midi à trois heures.. R. 13°. F. 62°. { Vent N., beau
                                                  temps.
    La nuit................   7°.   49°. | Calme.

Observation. Le point le plus bas, de midi à trois heures, a été, deux jours, 9° Réaumur; le plus haut, 18°.

Juillet 1824.

1er. De midi à trois heures.. R. 23°. F. 83°. { Vent N. fort.
                                                   Ciel couvert.
    La nuit................ 16°.   64°. | Vent N.

15. De midi à trois heures. R. 32°. F. 104°. | Calme parfait.
    La nuit................ 18°.   73°. | Calme.

30. De midi à trois heures.. R. 32°. F. 104°. { Calme. Beau
                                                   temps.
    La nuit................ 25°.   88°. | Idem.

Observation. Pendant trois jours, le thermomètre de Réaumur s'est élevé, dans le jour, à 35°.

CHAPITRE XII.

Le Delta. — Difficulté d'un itinéraire. — Sépultures des voyageurs. — Maisons de fellahs. — Leur ménage. — Rosette. — Tantah. — Saïd le Bédouin. — La chronique de ce saint musulman. — Le trésor. — Les miracles. — Les cures merveilleuses. — Foires de Tantah. — Le puits *Serig*. — Architecture. — La mosquée. — Cimetière. — Indications de villes ou villages. — Lac de Burlos. — Descriptions, etc.

Les itinéraires de l'Égypte ne peuvent avoir la régularité ni la fixité de ceux qui sont destinés à guider les voyageurs, soit en France, soit en Angleterre. La nature des routes entre en partie dans les causes de cette différence. Chaque année les routes se renouvellent en Égypte, soit à cause du mouvement des sables, soit à cause du travail des eaux lors de l'inondation. Dans le désert on ne se dirige d'un lieu à un autre qu'à l'aide des points caractéristiques du chemin, comme de petites éminences, des buissons, et surtout des puits. Chaque voyageur suit la ligne qui lui convient, mais toutes ces lignes se réunissent de temps en temps aux points qui déterminent la ligne essentielle de direction. Quand les signaux naturels de reconnaissance viennent à manquer, les caravanes, afin de retrouver plus aisément les puits, placent de distance en distance des tas de pierres. Ces tas de pierres indiquent aussi le lieu de sépulture des voyageurs qui meurent en chemin, et sollicitent de la piété de ceux qui leur succèdent des prières utiles à leur salut. Il n'y a pas plus de chemins permanens dans les terrains cultivés; tous les ans après l'inondation, les traces de ceux de l'année précédente sont effacées. Plusieurs digues du Delta, destinées au maintien et à la conduite des eaux, servent en même temps de chemins, et subsistent toujours. Les autres chemins sont des sentiers qui se pratiquent à vue de pays dans la direction d'un village à l'autre, et c'est tout ce qu'il faut dans un pays où les transports s'opèrent avec des montures, et non comme chez nous à l'aide de chariots et de voitures. Des bornes milliaires, régulièrement plantées, n'annoncent ni le chemin parcouru, ni celui qui reste à parcourir; les distances sont évaluées d'après le nombre de jours de marche qui sépare le lieu d'arrivée du lieu du départ.

Le Delta est la partie la plus féconde de l'Égypte, mais aussi nulle part les irrigations ne sont pratiquées avec plus de soin, et la culture mieux entendue. Les principaux produits sont en riz, blé, maïs, coton, chanvre; l'indigo et la canne à sucre réussissent mieux dans l'Égypte supérieure. Les bords des canaux et des conduits d'irrigation sont ombragés par des platanes, des saules, des abricotiers, des pêchers; les grenadiers, les citronniers et la vigne en treille ajoutent à cette masse de verdure; le Delta conserve même de la végétation, et le feuillage de beaucoup de ses arbres, pendant les deux mois qui précèdent le retour périodique de l'inondation. Les habitations des fellahs sont des chaumières [1] en briques crues ou cuites; les toits forment terrasse. Plusieurs sont entourées de murs de quatre ou cinq pieds de haut, et ces enclos servent de bergeries. Des jardins potagers occupent souvent le devant des habitations. Quant à l'étendue du terrain en culture dépendant de chaque ferme, elle varie en proportion du nombre d'hommes qui se trouvent dans la famille du fellah : la répartition s'en fait à raison de six *faidans* par tête d'homme. La filature du coton est l'industrie la plus répandue dans le Delta; les principaux éta-

---

[1] Malgré cela, ce sont celles qui ont le plus d'apparence, et qui sont le mieux construites de l'Égypte.

blissemens de ce genre sont à Damiette, Mansoura, Mahalé, El-Kébir, Fouah, Bénélasal, à Mitcamere, etc.

Partant du Caire et se dirigeant vers la partie où sont Alexandrie et Rosette, on rencontre d'abord Terranèh, et plus loin le canal de Beiheirah; le canal qui se présente ensuite, et qui conduit à Damanhour, fait passer près de *Esdibi*, *El-Achrak*, *Der Counes*, *Quaraqes*, *Kabou*, *El-Kebir*. Le canal de Damanhour ayant un point de jonction avec celui d'Alexandrie, de là un moyen de gagner ce dernier lieu. Allant ensuite d'Alexandrie à Rosette par la route qui longe le canal, on passe à *Tell el Genan*, et à peu de distance du canal, est le *Com el Arab*; ensuite *El-Beidah*; sur la partie nord, *Kafre Salim*, et selon la même direction *El-Akrich*; au sud on a *Eloka*, village inhabité, et du même côté *El-Kerioum*; après vient *El-Malafièh*, et au nord un autre village inhabité; en face, à la partie du sud-est, est une hauteur où sont des ruines; ensuite on atteint le village d'*Aboudonné*, auprès du coude que le canal forme en se dirigeant vers le nord-est, et l'on arrive à *Berket-Gitas* et ainsi de suite.

Au Charq, c'est-à-dire à l'est de Rosette, on a à visiter des ruines qui sont au bord de la mer, entre le lac Bourlos et des buttes voisines, puis divers autres lieux, tels que *Sheik*, *Al-Gamat*, *Gedièh*, *Moheli*, *Mahalé*, *Elamir*, *Shekoniah*, *Bermeiad*, *Bainat*, et autres petits endroits voisins. C'est auprès de Bourlos que l'on récolte de si grosses et de si bonnes pastèques, qui s'expédient en Chypre, où elles sont très recherchées. Les eaux du lac Bourlos communiquent avec la mer, de sorte qu'on y trouve une grande variété de poissons et des plus délicats. C'est aussi dans cette partie du Delta que l'on fait de grandes chasses au sanglier; on y trouve en outre du gibier de toute sorte en quantité. Quand de ces parages on remonte le Delta, tantôt en inclinant à droite, tantôt à gauche, on observe partout un beau sol, de belles récoltes, et l'on ne rencontre que des gens laborieux, affables et hospitaliers. On peut aller par Fouèh en visitant Hermopolis, et suivre la branche du Nil qui conduit à Lycopolis. Passant ensuite à Athribis, on vient visiter Méhalem el Kébir, où domine une vaste butte. Mais parmi ces divers endroits, il n'en est pas qui mérite plus que Tantah l'attention des voyageurs. Ce lieu est en grande vénération parmi les musulmans; on y voit une superbe mosquée, avec deux beaux minarets; du reste, Tantah doit à plusieurs souvenirs historiques et à la foire qui s'y tient annuellement, la plus grande partie de l'intérêt qu'il inspire. Autrefois Tantah n'était qu'un méchant village du Delta, avec une petite mosquée en briques cuites, qui renfermait le tombeau du Bédouin Saïd, protecteur du village.

Un bey mamelouk, commandant la province, eut un jour un songe, dans lequel il vit un homme qui lui disait : Je suis Saïd le Bédouin. Va à tel endroit, fais-y creuser la terre, et tu trouveras un trésor considérable; avec ce trésor fais-moi bâtir une superbe mosquée à Tantah, et que mon tombeau y soit transféré. Le lendemain, le bey se mit en route; arrivé dans l'endroit indiqué, il fit fouiller, et il trouva effectivement un trésor considérable. De retour chez lui, il s'occupa à réunir des ouvriers et des matériaux; bientôt les travaux de la mosquée commencèrent, et deux ans après elle fut achevée. Le jour de la fête de Saïd le Bédouin approchait; les cheiks qui desservaient la nouvelle mosquée songèrent à rehausser le crédit de leur patron et à s'attirer des aumônes plus abondantes, par quelque miracle; voici ce qu'ils firent. Ils placèrent au haut du minaret de la mosquée des hommes chargés de chaînes aux pieds, aux mains et par tout le corps. Ces hommes ne devaient commencer à annoncer leur présence par des cris qu'à un signal convenu. Le jour de la fête, dès que le peuple remplit l'enceinte de la mosquée, un des cheiks monta à la tribune et se mit à prêcher la vie de Saïd le Bédouin; vers la fin de son discours, il annonça que Saïd était parti pour Malte afin de délivrer deux fidèles musulmans qu'on y retenait dans les fers, et qu'au retour il les déposerait tout chargés de leurs chaînes au haut du minaret. Le peuple se mit alors en prière, demandant à Dieu de donner à Saïd la force nécessaire dans son entreprise. Leurs vœux furent exaucés, car à la fin de la prière des cris d'allégresse partirent du haut du minaret, et tout le monde de crier : Ils sont arrivés! ils sont arrivés! On fit descendre les prétendus prisonniers, que l'on débarrassa d'abord de leurs chaînes. Leurs vêtemens étaient en lambeaux que l'on se disputa pour faire des reliques, après quoi on les habilla à neuf de pied en cap, et ils furent conduits en triomphe dans la mosquée pour faire leur prière et rendre grâce à Dieu de leur délivrance. J'ai assisté à une de ces jongleries : j'étais parmi la foule considérable d'hommes et de femmes que la solennité avait attirés; ce n'est pas l'audace des voleurs faisant main basse sur tout ce qui était à leur portée dont j'ai pu être étonné en Égypte, mais bien de la résignation avec laquelle les femmes supportent les attouchemens hardis des hommes. On m'a dit que leur complaisance avait pour cause la crainte de désobliger par hasard le saint du lieu, vu qu'il se plaît quelquefois à se mêler parmi les assistans.

Il y a trois foires à Tantah, dans l'année : celle à laquelle j'assistai se tient au mois d'avril, et c'est la plus considérable; elle dure un mois. On y trouve tout ce qu'on peut désirer : les étoffes, les épices et les parfums de l'Inde; les tissus de Kachemire et les produits de l'Europe. Les marchands qui la fréquentent m'ont paru beaucoup plus nombreux que ceux qui se réunissent à Beaucaire; les barraques, construites sur deux rangs, s'étendent dans la plaine sur une longueur de quatre lieues. Presque toute l'Égypte vient à la foire de Tantah, et le caractère particulier qu'elle doit à l'affluence des femmes, provient de ce que le penchant des Égyptiennes à la galanterie, contrarié constamment partout ailleurs, se satisfait librement ici sous la sauvegarde de la religion. Les femmes qui tardent trop à avoir des enfans, ou qui sont menacées de stérilité, demandent ordinairement à leurs maris la permission d'aller à Tantah faire des prières à Saïd le Bédouin. Le mari ne peut refuser; la femme se met en route accompagnée de son père, ou de sa mère, ou de quelque voisine vouée au même pélerinage. Arrivées au terme du voyage elles commencent par faire dresser leur tente, puis elles vont à la mosquée lire le fata (la prière), sur le tombeau de Saïd. Le séjour d'un mois à Tantah, l'entremise du saint patron et celle de quelque domestique affidé, concourent à la réussite du pélerinage; presque toutes reviennent enceintes, et montrent par leur empressement et leurs caresses, sinon le plaisir de revoir leurs maris, du moins la satisfaction qui leur est restée du voyage.

Saïd le Bédouin fait plus que de consoler les femmes négligées; il guérit aussi beaucoup d'infirmités et de maladies. Non loin de là se trouve un petit lac qui reçoit les égouts et les immondices de la mosquée; à l'entour sont disposées des lampes que l'on a soin d'allumer la nuit, et alors ceux qui ont des plaies ou des affections cutanées, s'y viennent plonger pendant une heure. Si une immersion ne suffit pas, on recommence jusqu'à parfaite guérison. Cette méthode curative réussit presque toujours; mais, quoique bien décidé à en laisser le mérite à Saïd, je regrette de n'avoir pas été à même de faire l'analyse des eaux du lac miraculeux.

La mosquée de Saïd le Bédouin, ou comme ils disent de *Seïde Mamet el Bedauvi*, est bâtie tout en pierre de taille, et dans un style plutôt gothique que mauresque. Des angles et des cônes biais la privent de régularité. Elle a quatre grandes portes d'entrée, dont l'une, celle de l'ouest, conduit au réservoir où l'on se lave, aux latrines, aux cuisines et au puits dit *setig*. Au fond de ce premier cloître est une petite porte conduisant dans le cloître de la mosquée, où l'on voit diverses colonnes en marbre, surmontées de chapiteaux grecs bien conservés et d'un beau style. Plusieurs de ces chapiteaux sont composites. La deuxième porte est du même côté, vers le sud-ouest, aussi grande que la précédente et ornée de la même manière. Cette porte conduit droit à l'intérieur de la mosquée ou du dôme. La troisième, la porte du sud, ne diffère pas des précédentes, et conduit aussi à l'intérieur. On se rend également au lieu de la prière par la quatrième porte, celle du nord-est. Le lieu de la prière est une vaste enceinte soutenue par deux rangs de colonnes en marbre, surmontées de très beaux chapiteaux; c'est là qu'aboutit le concours de tous ceux qu'attire la cérémonie religieuse. Un superbe dôme couronne cette enceinte. A sa partie sud est le tombeau du santon, entouré d'une belle balustrade de bronze en forme de grillage. Ce tombeau est surmonté d'une caisse en bois rectangulaire et allongée; quatre montans sont aux angles; il est recouvert d'un tapis de soie rouge, et par-dessus celui-ci, d'un tapis vert un peu moins grand, qu'ils nomment *quisane*. Ces tapis se renouvellent tous les ans à la foire du mois de *chaban*, ou à la foire secondaire, qui a lieu au mois d'avril; et les cheiks font leur profit de ceux qui ont été offerts au tombeau. Tel est le lieu vénéré par la piété des fidèles, et où la foule des hommes, des femmes et des enfans, demande à Saïd le Bédouin sa miséricorde et des miracles.

Le dôme de la mosquée est recouvert en plomb à l'extérieur, et couronné par un croissant en bronze qui pose sur plusieurs boules de même métal. Les deux minarets entre lesquels est le dôme sont très élevés, et de forme octogone. L'un est orné de palmettes et surmonté d'un beau croissant; l'autre de boules en bronze. Ces minarets ont deux galeries; quinze colonnes de marbre blanc sur trois rangs, soutiennent la couverture du réservoir, lequel forme un carré long. Autour sont les privés, où tout le monde, hommes et femmes, vient faire ses ablutions. Ce lieu semble voué à une puanteur perpétuelle quoique l'eau en soit renouvelée chaque matin. Les chapiteaux des colonnes des minarets ont été tirés de monumens grecs et juifs, et sont en général très beaux et bien conservés; il y a des colonnes en granit rose, en marbre blanc, d'autres en pierre calcaire, et le tout d'un seul fût.

A la partie gauche du puits, qui se trouve en entrant par la première porte de la mosquée, à l'ouest, on voit une superbe grille en bronze, qui clôt la fenêtre par laquelle on distribue l'eau aux *saccas* (porteurs d'eau), par le moyen d'un grand entonnoir qui s'emplit à l'intérieur et se vide au-dehors dans les outres des saccas. Deux hommes font mouvoir les roues d'un appareil qui porte l'eau dans un bassin en pierre de cinq pieds et demi de diamètre et autant de profondeur, situé proche la grille de séparation; là sont postés des hommes qui livrent l'eau aux saccas. Ce service est parfaitement conduit. La cuisine et le four de la mosquée sont à gauche du puits. On voit dans la cuisine deux grandes chaudières suffisant ensemble à la cuisson de trois bœufs : elles servent à préparer ce que les dévots apportent pour la nourriture des pauvres et des aveugles. Les offrandes y sont précipitées à mesure qu'elles arrivent, si telle est la volonté des donateurs. Cette macédoine de bœuf, de buffle, de mouton, de beurre, riz, blé et légumes, se distribue sur des plats à ceux qui en réclament leur part. Les chaudières ne bougent jamais de place, mais ceux qui en ont la surveillance retirent les morceaux à mesure qu'ils viennent à point, et les découpent aussitôt par portions. Les fours de boulangerie répondent pour la grandeur aux chaudières, et sont comme celles-ci dans une activité continuelle, qui dure huit jours à l'époque dont je parle.

La mosquée de Saïd le Bédouin est une des plus belles de l'Égypte, elle est même une des plus riches; mais on n'en juge pas ainsi au premier coup d'œil, à cause de son défaut de symétrie. Ses fenêtres sont comme des mosaïques de petits carreaux de verre de couleur liés entre eux par un mortier très fort. Le faîte des murs est orné par une espèce de crénelure en forme de trèfles. Quant aux deux minarets, ils sont de toute beauté, et on les aperçoit à une grande distance, à cause de leur élévation et de leur blancheur. La ville est bâtie sur une élévation dirigée du sud au nord-est. La mosquée est sur un plateau qui en occupe presque le centre; et je compare les rues aboutissantes aux rues inégales et tortueuses du Caire. La rue du Bazar pour la soierie, et autres rues de ce genre, sont comme le *Besestin* de Smyrne, mais moins longues, quoique assez larges et bien alignées; on les ombrage avec des nattes en roseaux. Tantah renferme aussi de grandes *hauquelles*, ou camps qui sont bâtis avec solidité. Une de ces hauquelles est spécialement affectée à la soierie; une autre l'est aux toiles de tout genre : celle-ci est au sud de la mosquée. Plus bas, en face, est celle des toiles peintes, mouchoirs, etc. Pendant la durée de la foire, on vend dans le cloître de la mosquée des jouets d'enfans en fer-blanc, en bois, en poterie; la plupart du temps, ce sont des tambours de diverses grandeurs, de divers genres. C'est dans les hauquelles que les marchands étrangers déposent leurs marchandises, et l'on en voit venir de la Turquie, de l'Anatolie, de la Perse, des Indes, et de plusieurs parties de l'Afrique. Ceux-ci apportent des plumes d'autruche, du tamarin, des nègres et négresses, etc. Lorsque le pays est tranquille, Tantah offre, à l'époque de la foire, un concours immense et diversifié à l'infini. Un pacha et quatre beys, accompagnés de quatre mille hommes et de quatre pièces de canon de campagne, viennent former un cordon autour de la ville, et veillent au maintien du bon ordre. Les beys ont leurs tentes aux quatre points cardinaux de son enceinte, à l'extérieur; le pacha (c'est un pacha à deux queues) réside à l'intérieur; la cavalerie fait le service au-dehors et l'infanterie au-dedans. Malgré ces précautions, les voleurs et les filous exercent encore leur dangereuse industrie; on en saisit toujours bon nombre, que l'on conduit à la chaîne jusqu'au Caire, où ils sont punis. La fermeture des portes d'enceinte, pendant la nuit, donne de la sécurité à Tantah. Outre cela, toutes les rues ont des portes particulières. Les maisons, en brique crue ou cuite la plupart, ne manquent pas de solidité; et la clôture de murs dont elles sont entourées ajoute encore à la difficulté de leur accès pour les malveillans.

Le cimetière des musulmans est situé à l'est, sur une élévation tenant à celle sur laquelle la ville est bâtie; le grand nombre de tombeaux qu'il renferme le fait distinguer de loin. J'en donnerai la vue ainsi que celle de Tantah dans mon grand ouvrage. La ville est peu distante du cimetière. Au nord de celui-ci est une autre mosquée avec un petit minaret; ils la nomment *Tama-Sidi-Nouvar*. C'est entre cette mosquée et le cimetière que se tient le marché aux bestiaux; chaque espèce de bétail occupe une place spéciale; lors de la foire, la masse en est prodigieuse. Le reste de l'année, il se tient un simple marché aux bestiaux chaque dimanche pour les besoins de la province.

Le lieu où stationnent les malades atteints de maladies chroniques est inhabitable depuis le mois de mars jusqu'à la nouvelle crue du Nil; les environs de ce lieu sont même dangereux jusqu'au moment où l'inondation les débarrasse des eaux croupissantes qui s'y sont accumulées. Pendant la foire, les femmes publiques et les saltimbanques habitent sous des tentes ou des barraques en roseaux, entre le cordon de troupes et la ville; c'est là qu'ils exercent leur industrie, ou bien ils vont en ville ou dans les centaines de cafés qui sont établis au-dehors.

J'ai dit plus haut qu'il y avait pendant le cours de l'année trois foires à Tantah; 1°. la foire *el Chouroun-Balbiè*, à laquelle j'ai assisté au mois d'avril; 2°. vient ensuite la foire qui commence le 27 juillet; 3°. puis celle de *Rajabiè*, qui a lieu au mois de *morabiè*, lequel correspond à notre mois de janvier. Cette dernière est aussi très commerçante et réunit beaucoup de monde. La foire de juillet, qu'ils appellent le *moulet* de

Sidi Adelal, ou *moulet Cebrer*, est en l'honneur du serviteur qui suça une plaie que le cheik Memet Bédauvi avait au bras gauche, ce qui le guérit, et d'où il nomma ce serviteur son fils, *Habenou el Bédauvi*. Memet el Bédauvi était natif de la Mecque ; il vint assez jeune en Égypte, et se fixa à Tantah, où il vécut quarante ans. La régularité de sa conduite et sa modestie furent bientôt remarquées par le peuple ; on ne tarda pas à le considérer comme un envoyé de Dieu et de Mahomet : il fut mis au rang des santons supérieurs ou prophètes, et des miracles lui étaient attribués, aussi fut-il *canonisé* immédiatement après sa mort.

On trouvera dans mon grand ouvrage des observations plus étendues sur Tantah. J'ajouterai seulement ici que cette ville est déjà déchue de ce qu'elle était naguère, et qu'aussitôt la foire finie et le départ des étrangers elle reste comme nue et déserte.

En quittant Tantah, on passe par *Mehallem-el-Kebir* pour aller aux ruines d'*Aphroditopolis*, puis l'on gagne jusqu'à *Menouf*, chef-lieu du Menoufièh. Le retour de Menouf à Fouèh par la rive occidentale de la branche de Rosette donne l'occasion de visiter d'autres endroits intéressans. J'ai observé qu'en cette circonstance il vaut mieux se servir de chevaux que de dromadaires; on trouve partout des vivres et un abri, de sorte que des baudets suffisent pour le transport des bagages. Si l'on préfère étudier cette partie centrale et supérieure du Delta, il faut s'arrêter aux endroits suivans : *Al Kribis*, *Hermopolis*, *Fouèh*, *Mehallem-el-Kebir*, *Mahallatu - Abouali*, *El-Farastac*, *Abousir*, et *Menouf*.

La circonscription qui vient d'être tracée nous a ramenés dans le voisinage du lac Bourlos. Des ruines sont à reconnaître autour de ce lac, d'abord entre *Cum-el-Kebir* et son embouchure. Traversant ensuite le lac dans toute sa largeur, si on veut suivre son bord oriental, on passe successivement à *El-Gaminièh*, à *El-Anberich*, à *Aoula-Séide*, et l'on arrive aux ruines de *Cumal-Hamar*. Après ces ruines viennent celles de *Abou-Chélébi*, près de *Beltim*. On traverse divers canaux qui se trouvent dans cette partie, vers l'est, et deux ruines se présentent dans le voisinage de *Cum-el-Hesseh*. Il y a une autre ruine entre celle-ci et *Cum-el-Fim*. De là, on gagne les ruines de *Cum-Faroueb*, en passant par *Cum-Massar*. A l'ouest de ce dernier lieu sont d'autres ruines, et le groupe d'îles qui est à la partie sud du lac en offre de nouvelles.

De l'embouchure du lac, gagnant vers l'ouest, on rencontre *Maqsabèh*, et *Mastarouèh*, qui possède un puits de bonne eau. Plus à l'ouest, et presque sur la même ligne, on se rend dans une baie nommée *Cherik-Jousef*, et continuant toujours à l'ouest, le sol est couvert de plantes intéressantes, et particulièrement de celles dont on extrait la soude; il s'y trouve aussi, après l'inondation, considérablement d'insectes de différentes espèces. Cet itinéraire conduit à *Beebab*, puis à *Ezbèh*, où le Nil forme un coude. On peut s'embarquer sur le fleuve pour visiter des étangs voisins, et gagner *Borgsogaire*, en face *Mahallet-Amir*. Au-dessous de Rosette, dans le Nil, l'île de *Geriet-Vassi* donne occasion de faire des herborisations et des récoltes productives d'insectes. En quittant *Ezbèh*, on traverse le Nil afin de gagner *El-Hamad*, et de là on va visiter le lac d'*Edkou*. Il y a des plantes locales à recueillir dans la partie déserte qui sépare le lac d'Edkou d'Alexandrie.

Du lac de Bourlos, on communique avec Damiette par une route qui longe la côte de la Méditerranée; et prenant, si on le veut, Damiette pour point de départ, on commence par traverser la branche orientale du Nil, et l'on gagne la langue de terre où se trouve la tour du

Delta, sur la rive occidentale. Remontant le long du fleuve, on rencontre des ruines. Avant d'arriver à celles qui sont en face d'Ezbèh, on a sur sa droite, ou à l'ouest, des terrains sablonneux et déserts. Partant des dernières ruines en question, on atteint à la hauteur d'une île qui est en face d'*Esbet-el-Laham*, où sont deux lacs formés par l'inondation. La route de Damiette à Bourlos passe entre ces deux lacs et suit la côte. Auprès d'un de ces lacs est une grande plantation de dattiers nommée *El-Senaniéh*; mais, à l'entour, c'est un pur désert. A l'ouest des lacs, on rencontre le torrent dit *Abou-Galib*, qui croise proche de la mer le torrent *Bahr-el-Iktoub*, ou *Chtoun-Gammacha*. Ce dernier porte bateau, et traverse le désert de la province de Garbièh en allant se perdre dans la mer. Après ce canal, on en gagne un autre à travers le désert et dans la direction de l'ouest, et l'on va à *Qalibeham*, puis à *Cum-Naqyzèh*. Suivant le cours de ce canal, et la même route jusqu'à la butte d'*El-Andahour*, on peut, afin de gagner Bourlos, prendre le bord de la mer et le suivre jusqu'à Chahabièh, où est un grand nombre de barraques de Bédouins pasteurs. Auparavant, on voit un petit hameau composé de cabanes de roseaux, qu'ils nomment *Aisah*; après vient *Hamad-Chubi*, où la route se divise en deux branches. Le sol de ce canton est un pur sablon, où cependant il y a quelque peu de végétation et des insectes. On peut au contraire s'éloigner du lac Bourlos en se dirigeant au nord-est, et gagner alors le *Cum-Zalad*, les ruines de *Dunès*; ensuite on se rend à *Cum-el-Pagèh* et à *Cum-el-Crari*. Quelques villages apparaissent comme des îlots perdus au milieu des terres incultes, et qu'une croûte de sel recouvre. En se repliant au sud, on arrive au tombeau de *Garenchou*; puis à l'ouest, au lieu dit *Chabia-Nabas*, on trouve aussi des tombeaux.

Sur la partie ouest de la branche de Damiette, proche le village de *Hehit*, on voit les ruines d'un temple d'Isis; on s'y rend, après avoir quitté le Nil, en passant par *Mit-Nabet*, et en suivant le canal dit *Nabarouèh*. Au village de *Mit-Zongar*, on entre dans de vastes plaines incultes. Au village de *Kademillah*, le canal se divise en deux branches, celle qui gagne au nord, et qu'on nomme *Bahr-Dathoun-Gam*; celle qui va au nord-ouest, et qui passe auprès de deux villages, *Belgas* et *El-Maasarah*. Une petite branche va aboutir au quart nord-ouest, passant par *Sainte-Gemiane*. Ces lieux sont presque incultes. La branche principale du canal passe auprès du *Cum-Tava*. On suit aussi le bord occidental du canal de *Taabanièh* pour visiter ces parages; mais il faut traverser le canal si l'on veut venir à *Taabanièh* par *Bechbich*; ou bien en le suivant, on arrive aux villages de *Cum-el-Qualiah*, de *Cum-el-Damiravi*, et à celui de *Cum-Némiri*, où le canal se divise en plusieurs branches.

Revenant à Damiette, on visite sur la même rive du fleuve le village d'*Ezbet*, et au-dessous des ruines, puis une redoute qui défend le *Beau-Gaz* de Damiette. Il faut voir aussi les petits lacs de *Zulaa* et l'extrémité du lac *Menzalèh* entre la mer et le Nil : on trouve des barques pour ces dernières explorations.

En remontant la branche de Damiette sur son bord oriental, on trouve le territoire le plus riche de l'Égypte, *Manssourah-Tunis*; puis viennent d'autres lieux importans à reconnaître; *Abousir*, *Pharbaethus*, *Gandabaste*, etc.

On trouve quelques vestiges d'antiquités auprès de Manssourah; mais ils ne sont que d'une importance médiocre. J'ai habité par là le village de *Maasarah* et celui de *El-Mokdem*, où j'ai fait faire des fouilles qui ont été assez productives en objets en bronze, dans le style grec et juif : j'y découvris aussi un autel de sacrifices et plusieurs troncs de statues égyptiennes.

L'on visite à Manssourah le lieu où Saint-Louis fut mis en captivité; c'est un bâtiment situé sur une petite place faisant face au Nil et à l'est. L'entrée de cette espèce de banquette est une petite porte cochère, le marche-pied est un gros bloc de granit rose. L'appartement dans lequel Saint-Louis fut renfermé est dans le bas, sous une arcade : c'est un appartement carré et obscur, de vingt à vingt-cinq pieds carrés. Il n'y a qu'une seule fenêtre au-dessus de la porte; elle est grillée avec des barreaux en fer; sa hauteur est de deux pieds et dix-huit pouces de large; ce magasin est humide. C'est là qu'on déposait les peaux de bœufs et de buffles. Cette maison appartenait alors au grand cadi de Manssourah. Plus loin, à la partie nord, sont encore les restes de la vaste voûte dite *Bazar-el-Gadim* : ce fut là que tous les généraux furent détenus, et où Saint-Louis signa la paix et la reddition de Damiette après l'invitation que l'on lui fit pour le dîner de fraternisation qui devait avoir lieu dans ce local, et que Saint-Louis n'accepta pas. C'est ce jour-là que les Arabes composèrent une chanson sur l'air de *Marlborough*, qu'ils chantent encore aujourd'hui : *Manssourah el Francis caseuria milliton milliton*, que chacun fait aussi longue qu'il le désire.

Ayant fait une excursion dans le Delta, à partir du village de Maasarah, sur la rive orientale de la branche de Damiette, je crois en devoir ajouter ici l'itinéraire.

De Maasarah, on va d'abord à *Groeyp*, puis à *Furtis* et à *Cafre-Farrès*, ou *Cafre-Farsit*, à la distance de trois quarts de lieue de Groeyp. Au nord de *Cafre-Farsit*, on trouve des buttes formées d'ossemens humains et de lambeaux de linge. Un combat ou une forte peste a sans doute été l'origine de ces buttes: à voir la couleur de la terre, on croirait qu'un incendie a étendu ses ravages dans ce canton. A un quart de lieue de Cafre-Farsit est un autre village du même nom et une ancienne butte nommée *Tale-Chèli*. Au nord de ce *koum* (butte), à un quart de lieue, le village de *Natèh* se présente avec son beau minaret; puis à trois quarts de lieue, vers l'est, celui de *Sandabarte*; et au nord-ouest, celui de *Menchie*; encore à trois quarts de lieue, celui de *Mélanvie* et *Cafre-el-Brè*; à l'ouest, *Cafre-Damanour*, et, plus à l'ouest, *Cafre-Chamaran*, à une demi-lieue de distance l'un de l'autre. A une demi-lieue de la butte qui est en cet endroit, on est entouré de plusieurs villages; cependant on n'y remarque aucun vestige d'antiquités. Entre Cafre-Damanour et Cafre-Dabache, situé derrière le premier village, passe le canal *Natè*. Lorsque les eaux sont favorables, ce canal porte bateau; il s'étend du sud au nord de la province, qu'il traverse entièrement, après quoi il débouche dans le lac *Bourlos*. On peut traverser le canal Natè avec des *madies* (barques) qui stationnent au village dit *Ere-Mélanvie*, situé plus au nord, à la distance de trois quarts de lieue de Cafre-Damanour. A l'est de ce canal, et au pied de la digue, les infiltrations entretiennent toute l'année un étang dont les eaux sont claires et limpides, et qui est couvert de gibier et de plantes aquatiques. Sortant de là, on passe à *Cafre-Gourton*, trois quarts de lieue plus loin à *Cafre-Kelè*, et l'on arrive au canal dit *Bahr-Melig*, et au village de *Yjiafriè* ou *Jafrie*, situé sur le bord occidental de ce canal. Le canal de Melig traverse également le Delta dans toute sa longueur, et débouche dans le lac de Bourlos en s'unissant à celui de Natè. Le canal de Melig porte barque et bateau pendant tout le cours de l'année, et beaucoup de chantiers de construction sont établis sur ses bords.

J'ai vu, au 15 mars, ce canal avoir en certains endroits cent quatre-vingts pieds de large et dix de profondeur : le restant de l'année il a toujours environ sept pieds d'eau. Les barques qui le traversent se dirigent au moyen d'une *draie*, corde, qui est assujettie à l'un et l'autre bord. Le village de Jafrie est au côté ouest du canal ; c'est l'endroit du bac et la résidence d'un cachef ; on y voit un grand jardin de quatre à cinq fédans, ceint de murs, et une belle maison de plaisance. Il serait à désirer que l'on ouvrît au pied du village de Jafrie un canal qui prendrait naissance dans celui de Melig, et viendrait aboutir à Mammondie, en passant par Tantah ; le sol le permet, et ce serait une grande facilité pour le transport à Alexandrie des denrées de cette province ; il épargnerait le chemin plus que double qu'on leur fait faire en prenant le canal de Melig. Dans cette partie du Delta, les dattiers sont clair-semés ; on ne les trouve guère qu'aux environs des villages qu'ils couronnent, et auxquels ils servent de signal. Cet arbre devient plus commun aux bords du Nil, et surtout sur la branche de Damiette. C'est dans le Charqièh qu'il faut aller pour en voir des forêts : son fruit est aussi une des principales ressources du pays, qui l'expédie de tous côtés, confit dans le miel ou en pâte ; mais le Delta possède en revanche un autre végétal très précieux, l'arbre de *hené*, dont les Égyptiens font usage pour se teindre en jaune les pieds et les mains. A trois quarts de lieue de *Jafrie*, et dans la direction du quart nord-ouest, est le koum, dit *Miterazal*, vaste butte de trois quarts de lieue de tour, au milieu des terres. La butte de Miterazal est assez élevée, et elle est jonchée d'affres sur toute sa superficie. Le village de *Miterazal*, à l'ouest d'une autre butte nue comme la précédente, et sans aucun vestige. Cette dernière butte est entourée de villages et hameaux, entre autres *Cafre-Sidimeftah*, à un quart de lieue à l'ouest de Tantah, ville sur laquelle j'ai insisté plus haut.

Quoique déjà très fertile, le Delta est susceptible de le devenir davantage; à cet effet, Méhémet-Ali-Pacha ordonna, en 1825, de construire six mille *saquies* de plus, ainsi que de nouveaux canaux. La sollicitude de l'administration ne peut s'adresser à une population qui le mérite autant que celle du Delta. Tout le monde y travaille, et rien ne peut les détourner de leurs occupations : aux heures de loisir, soit en marchant, soit en faisant paître leurs troupeaux, on les voit, hommes, femmes et enfans, filer du lin, du coton, de la laine; les *chaiks-*

belets même ont sans cesse leur petite quenouille à la main. Leurs maisons, en brique, sont solides et mieux planchéiées avec de simples roseaux, qu'autre part avec le palmier de la Thébaïde. Le luxe des femmes n'est pas d'ailleurs de nature à compromettre la fortune de leurs familles : la pièce essentielle de leur habillement n'est souvent qu'une chemise bleue ou blanche. Le *borgo*, espèce de masque, n'est pas un objet de grande dépense; les vieilles femmes persistent plus que les jeunes dans son usage, qui toutefois ne paraît général que sur les bords mêmes du Nil. On voit souvent de ces vieilles femmes n'ayant que ce morceau de borgo sale qui leur pend sur le bord du nez jusqu'au menton. Le moindre souffle le fait voltiger, et les expose à montrer leur figure aux passans; c'est de ce dont elles se gardent bien. Voici la liste des lieux où l'on peut faire des fouilles dans le Delta : à Sandabaste; au Koum-Talechelli, à une lieue de Sandabaste; à Metrazal et à Sulajor, l'un à quatre et l'autre à sept lieues de Sandabaste.

CHAPITRE XIII.

Charqièh, ou provinces adjacentes au Delta oriental et à la Méditerranée. — Vaste lacune remplie dans la topographie de l'Égypte. — Ruines. — Ruines de Télébaste. — Diverses stations. — Remarques. — Itinéraire établi pour la première fois. — Énumération de lieux, etc.

Dans l'itinéraire précédent, j'ai conduit le voyageur dans le Delta; je vais le prendre de nouveau à Damiette, et le guider vers l'est par toutes les routes que j'ai parcourues moi-même. De Damiette, on se rend au lac Menzalèh; ce lac est très étendu et poissonneux. En le traversant selon sa longueur, on entre, lors de la crue du Nil, dans le canal de *Manès*, au-dessus de celui de *Bénélasal*. Cette direction mène à *Boukobir* et à *San*, en passant par *Télébaste*. En arrivant au canal dit *Barsan*, on passe outre, dans la direction de l'est, afin de gagner *Salayèh*. Des guides que je pris à ce dernier endroit me conduisirent dans les lieux circonvoisins, où je trouvai beaucoup d'anciens vestiges ensevelis en partie dans le sable; ensuite, j'ai visité *Taletrip*, *Télébaste*, *Aboukeleid*, *Tulle*, *Jaodi*, *San*, et autres lieux parsemés aussi de débris antiques. En suivant les bords du Menzalèh jusqu'à *Penloschau*, et là les quittant, on atteint *Faramah*. De Faramah à *El-Arich*, on passe successivement par *Cassir*, *Sihor*, *Stracesri*; on peut revenir d'El-Arich par le désert de *Zéleb*, en dehors de la chaîne arabique.

On va de Damiette à San par terre, en passant par *Cafre-Menauvie*; quand on voyage par eau, on prend aussi des barques à *Sayaly* ou à *Betnasare*, lieu situé près du lac Menzalèh, à la partie nord. Betnasare est réputé pour les salaisons de poisson du Menzalèh. Partant de ce lieu, et traversant toute l'étendue du lac, on arrive au village de *Matarièh*, situé sur une langue de terre qui concourt à former l'embouchure, semée d'îlots, de *Bar-Seydan*. De là, on entre dans le *Bar-Machura*, puis dans celui de *Bar-San*. C'est toujours le même canal; il ne fait que changer de nom à chacun des principaux lieux qu'il traverse. Comme il pénètre une branche du *Bar-Mohès*, pour se rendre dans le lac Menzalèh, il en conserve la dénomination. La branche du Bar-Mohès, dont il vient d'être question, ramène au besoin dans la branche orientale du Nil; on passe par Télébaste, et l'on vient sortir au-dessus de Taletrip.

En parcourant en bateau le lac Menzalèh,

on voit, sur la côte sud-est, *Cafre-Menauvie*, *Cafre-Hebdagdourbi*, *Fatescour*, *Cheresbi*, *Nasaïme*, *Cheraderasi*, *Raandi* ou *Raoudi*, *Legiri*, *Hasafri* et Menzalèh. Passant dans l'embouchure du *Bar-Seydan*, on observe, à droite, *Cafre-Mahadi* et *Malagin*; en face, à la partie est, la butte antique de *Bogo* ou *Bogou* se présente avant que d'arriver à San. La butte de Bogou est vaste et élevée; on y reconnaît d'assez loin des restes de bâtisses, des fragmens de granit de diverses espèces, et quantité de débris de poterie. Du plateau du Bogou, on découvre en tous sens une vaste étendue de terre et d'eau; entre la mer et le lac, on distingue *Cheikchata*, et, dans la partie voisine du lac, beaucoup de petites îles auxquelles les pêcheurs donnent des noms : je me rappelle que les plus considérables sont *Cherquesebi* et *Cherqadalla*. Il faut choisir un beau temps pour naviguer sur le Menzalèh, car les seules barques que l'on y trouve servent à la fois pour les transports et pour la pêche : elles sont larges à la proue; mais leur arrière est étroit et peu élevé au-dessus de l'eau, de sorte qu'on y est toujours mouillé, et surtout l'hiver, époque où les vagues du lac sont aussi grosses que celles de la Méditerranée.

Les lignes d'exploration pour le Charquièh

dépendent du point de départ; et, par exemple, en partant du Caire, au lieu de Damiette, ou de ses environs, comme dans ce qui précède, on peut visiter successivement *Qélioub*, *Belléis*, *Héracléopolis*, *Parva*, *Sile*, *Phagroriopolis*, *Thaubasioï*, *Serapia*, *Heroon*, *Thou*, *Tacasarta*, *Demsis*, *Salmie*, *Télébaste*. Si au contraire le voyageur voulait pénétrer dans le désert d'Éthan, il changerait sa route en conséquence, et je lui recommande, pour visiter cette partie, qui n'est pas sans intérêt à cause de ses antiquités, de se pourvoir de provisions pour une vingtaine de jours, et de prendre pour montures des dromadaires, pour transports des chameaux; car il n'y a à compter sur de l'eau potable qu'au lac Louadi, lequel est entretenu par le Nil lors de l'inondation.

Voici quelques embranchemens de routes. De Suez, on se rend à *Quatièh*, dans le Charqièh, et l'on trouve de l'eau de source avant que d'arriver à *El-Aras*, où la route de Belbéis aboutit à Quatièh. Vers la moitié de cette route est un puits nommé *Bir-Abou-Jouq*, d'où part un autre chemin intermédiaire entre la route de Salhièh à Quatièh, et celle de Quatièh à Belbéis. La route de Salhièh à Quatièh passe à peu de distance du lac Menzalèh; on y rencontre un puits d'eau douce à quelque distance d'une ruine; ensuite vient une autre ruine avant que l'on arrive à un détroit du Menzalèh : en cet endroit, les nombreux canaux du lac forment un archipel parsemé de ruines.

La route de Belbéis à *Bir-Makdal* s'embranche avec celle de Suez à Quatièh. Pour gagner la partie nord du lac *Temsah*, on passe par *Monkfar*, puis à la partie sud-est d'un puits nommé *Bir-Ménaièh*, de là au lieu nommé les *Sept-Puits*. Au bord sud du lac Temsah, et sur un fond marécageux, on voit des ruines, et plus loin ce qui reste de *Serapeum*; *Cherk–Elmedi* et le *Bir-Morrah* sont à l'est du lac, et au nord-est le puits de Thièh. Dans les grandes crues, les eaux du Nil viennent renouveler les eaux du lac Temsah. Des canaux y aboutissaient autrefois, ou longeaient, dans la direction de l'ouest à l'est, la route de Quatièh à El-Arich ; on n'en voit plus aujourd'hui que les ruines. Suivant le long du lac *Sirbou*, il y a, à moitié chemin des montagnes de *Gebel*, quatre puits nommés *Bil-el-Abdou*. A une grande distance, et au bord septentrional du susdit lac, est un autre puits d'eau douce. De là on va à l'embouchure du *Kacaroum*, où sont des citernes encombrées. Au sud passe, dans la direction de l'ouest à l'est, la route de Syrie : deux puits d'excellente eau sont sur cette route; le premier, qu'ils nomment *Bekeireh*, marque la route des caravanes qui vont à Syrante, qui se divise vers le nord en deux autres, dont l'une mène à El-Arich, et l'autre à Gaza.

En parcourant ces contrées, je n'ai jamais pris note du temps que me demandait chaque trajet partiel; et l'on concevra qu'occupé chemin faisant à recueillir des objets d'histoire naturelle, ou à dessiner des monumens, je ne puis proposer mon excursion comme devant servir de règle à un autre voyageur. Cependant je m'applique à donner exactement la position relative des endroits où l'on peut stationner et faire de l'eau, bien persuadé que ces renseignemens sont les plus nécessaires et les plus difficiles à obtenir même sur les lieux : je continue.

A l'autre côté du lac Kacaroum, on voit le cap Straki, où sont des ruines sur un terrain recouvert d'une croûte de sel et de nitre; on croirait marcher sur de la glace. Pour aller d'El-Arich à Gaza, il faut passer le torrent qui traverse la vallée d'El-Arich; on longe un étang, au nord duquel sont trois citernes : auparavant, on a trouvé Karroub, lieu pourvu d'eau, et diverses ruines. A l'est de l'étang d'El-Arich est un endroit dit *Zavi*, résidence d'un santon : un village est là presque enfoui sous terre. Plus loin on atteint Araphia, où il y a un puits et des restes de colonnes; vient plus loin *Khan-Younes* avec une redoute, et auprès un jardin cultivé. La vallée qui succède est coupée par un canal, au bord duquel passe la route d'El-Arich à Suez. A un point élevé où le canal se divise, on voit la route qui va de *Khan-Younes* à Suez, et, plus au sud, les deux routes qui conduisent de Gaza à Suez, et au mont Sinaï.

Sur la route de Quatièh à El-Arich se trouvent les trois *Mécoudias*, et vers le sud un autre puits au débouché du canal de El-Arich; on voit à l'ouest le tombeau d'un santon et deux puits, et à l'est quatre puits signalés par quatre dattiers. Parmi les ruines à visiter dans ces parages, je citerai celles de *El-Nezlèh*, de *Fericat*, *Cheraïd*, *Mechamchi*, *Sedaidèh*; de ces dernières on vient à celles de *El-Mohamdi*, de *Kelcheraidèh*; à celles de *Taïmet*, situées à l'est de *El-Zeiblèh*, dans la plaine de Daqkelièh. La plaine de Daqkelièh est inondée pendant la presque totalité de l'année; à certains endroits, cependant, l'eau ne séjourne que sept à huit mois. Il y a des ruines considérables entre le canal Mouès, ou canal Tamitique et la plaine en question. Quittant ce lieu, on peut gagner les ruines de Tamis et la plaine de El-Mamlik, que le Nil atteint lors de sa crue. Un sable volant et la terre recouvrent la plupart des ruines que je viens d'indiquer. Tellé-el-Arich, où passe la route, est au milieu de ces plaines basses ; dans les endroits où le sol n'est pas recouvert d'une croûte saline, des broussailles seules y végètent : cependant on y recueille beaucoup d'insectes et quelques plantes intéressantes. Tout-à-fait à l'est s'étend *Seban-Benat*, et au sud-est Amn-Maasim avec une mosquée et un santon. Vers la partie méridionale sont les ruines de *Tanis-Oudan*, de *Zavalin*; et celles de *Mehallet-el-Ganam* tout près du canal de Sahlièh. Les ruines de *Thmuis Tmi-el-Emedi*, en arabe *Cheik Emir Abdallah*, gisent à l'ouest, et l'on y remarque un grand monolythe. Ces ruines sont vastes, et l'on y pratiquerait infailliblement des fouilles productives. En suivant au nord-est le canal *Bas Radi*, on atteint dans la plaine de Daqhelièh de vastes langues de terre couvertes de ruines, et que la crue n'atteint jamais. Les ruines sont au nord-ouest du village de *Diarb Emir Tarif*; d'autres ruines, celles de *Mendes*, se trouvent, en passant par *Astenhaie*, à l'embouchure du canal de Tanah. A l'époque de l'inondation on est obligé pour les gagner de revenir sur ses pas, et de suivre le coude que l'eau fait en s'étendant jusqu'auprès du village de Mehallet Dimanah. Non loin de la route de Quatièh, et en se rendant aux puits d'*Abou el touq* et le *Ras el Moïsèh*, entre le canal des deux mers, on arrive à une bâtisse de forme carrée, divisée intérieurement en cellules aussi carrées. Cette construction en briques crues a deux entrées; des débris de murs et un bloc de granit gisent auprès; en arabe on la nomme *mouqfar*.

Salhièh est une espèce de point central pour le Charquièh; de nombreux hameaux l'entourent, et ses vastes plantations de dattiers lui donnent un caractère particulier. Dans la direction de l'est à l'ouest, ce lieu est à la vérité séparé du Nil par un désert assez étendu; mais l'itinéraire que j'ai tracé tant au-dessus qu'autour de la Menzalie le rattache à d'autres principaux points de la Basse-Égypte. D'un autre côté, Salhièh communique au Caire par Belbéis; à la Syrie par Quatièh et El-Arich, et par conséquent avec Suez et la mer Rouge. J'ai encore à retracer plusieurs excursions dans le Charquièh, ce qui mettra le lecteur à même de mieux connaître la topographie de cette vaste province; toutefois, je lui laisserai le soin de coordonner entre elles ces lignes d'excursion selon la spécialité du besoin qu'il en aura, ce qui, du reste, ne présente aucune difficulté. On a vu quelle quantité de lieux j'ai nommés et dont j'ai donné la position relative; si en même temps on a consulté les cartes les plus estimées, on n'y a trouvé que les indices d'un désert inhabité; de sorte qu'une vaste lacune topographique était à remplir pour le nord-est de l'Égypte. Les voyageurs européens ne cherchent l'Égypte que dans la vallée du Nil; sans doute qu'un jour à venir ils l'étudieront partout où elle a existé et où elle existe encore, et sous ce rapport j'espère leur avoir ménagé quelques facilités. Avant de continuer mes investigations, je vais déterminer par journées de marche accélérée l'itinéraire du Caire à Jaffa :

1°. Du Caire à Belbéis, deux jours;
2°. De Belbéis à Salaièh, deux jours;
3°. De Salaièh à Quatièh, deux jours;
4°. De Quatièh à El-Arich, un jour;
5°. D'El-Arich à Gebel Naplé, un jour;
6°. De Gebel Naplé à Ramlèh, un jour;
7°. De Ramlèh à Jaffa, deux jours.
Total onze jours.

Quelioub, au-dessous du Caire, est un endroit

qui est fréquenté à cause du marché aux bestiaux qui s'y tient chaque semaine, et de sa foire annuelle. Or, dans une de mes excursions, et en partant de ce point, j'ai gagné d'abord *Comagfem*, à la partie est; ensuite *Abelaqs*, *El-Menalil*, et au lac des Pélerins, ou *Berket-el-Halgi*. Un fort est à la partie orientale de ce lac; au sud, sont les ruines de *Sibil-el-Mourah*. De là, et dans la direction du sud-ouest, on se rend aux ruines de Héliopolis, où, dans de vastes enceintes ruinées, on trouve des obélisques et d'autres débris antiques. Les fouilles que l'on ferait en cet endroit seraient, selon toute apparence, très avantageuses. El-Matarièh est à la partie est de ces ruines; viennent ensuite, du côté sud, une mosquée en ruines et d'autres débris. En continuant dans cette direction, on rencontre trois autres petites ruines et un monument : ceci est à l'extérieur du territoire annexé au Caire, à *Gabel-el-Ahmaz*, c'est-à-dire la Montagne Rouge. Dans la partie du *Gabel-Giourchi*, à l'est de la citadelle du Caire, sont deux autres ruines. Au-dessus du vieux Caire, il y a à visiter *Dierétin*, puis *El-Basatin*. Dans l'espace qui sépare du *Moqattam*, passe la route qui conduit de *Basatin* à *El-Berket*; une autre à *El-Haggi*; ces routes croisent celle du Caire à Suez. Une route, mais d'un ordre supérieur, part du Caire et se dirigeant au nord, passe au lac des Pélerins et conduit au sud-est de Suez; puis une deuxième, plus au nord-est, conduit aussi selon la même direction à Suez : ils la nomment *El-Bouvil Derb Solatin*. Par cette dernière, on passe près d'un tombeau où se trouve le *Birke-el-Batar*, c'est-à-dire le puits qui ne fut jamais fini. La route principale du Caire à Belbéis passe au bord occidental du lac des Pélerins. Plus au nord, on rencontre les Arabes de la tribu de *Savalhat*. Tournant à l'ouest, un lieu qui mérite l'attention des voyageurs se présente, c'est *Talle Hiaoudi Donion*, où l'on devrait aussi faire des fouilles. C'est là que des Arabes pasteurs trouvèrent un magnifique sarcophage dont je parle dans mon grand ouvrage. Cette direction conduit dans le territoire sablonneux et élevé de *Diz*, et vers le nord-est à la butte de *Tale-el-Gerad*. Beaucoup de canaux sillonnent cette partie du Charqièh. Au nord du lac des Pélerins est le village dit *El-Kangah*, par lequel on passe en se rendant à *Ras-el-Vadi*, à travers le désert intermédiaire.

Voici une excursion de *Maasarah* à *Télébaste* ou *Bubastees Bebeses*. Après avoir gagné le village de *Tafune ta Chorafe*, à deux lieues à l'est de Maasarah, on prend la route au sud qui, une lieue plus loin, passe par le *koum* (la butte) *Cramsir*. Près de là sont deux villages, *El-Amarne* et *Bayoum*. Une lieue plus loin, on passe à *Houde Tarfe*, puis à *Tale Moussanaz* et à *Nicros*. Ici l'on n'est plus qu'à une lieue des ruines de *Telébaste*, et pour s'y rendre on traverse le canal de *Mohese*. Les ruines en question sont à six lieues de Maasarah, dans la direction du sud-est, et à cinq lieues de Koum Mouquedam. A l'endroit où on le passe, le canal Mohese alimente un autre canal de vingt-cinq à trente pieds de largeur, nommé *Tourha Chibe*. Ce dernier sert à propager l'inondation, lors de la crue du Nil, et porte de petites barques dans le canal Mohese, lequel, à la même époque, reçoit des bateaux du port de neuf cents à mille ardèpes.

Les ruines de Télébaste sont comprises dans une vaste enceinte de forme presque ronde. La partie méridionale est la plus basse, et l'on y reconnaît sans peine la distribution qu'avaient d'anciennes maisons. Les briques crues qui y furent employées sont de la même dimension que les autres briques antiques. De loin, Télébaste offre l'aspect d'une montagne qui s'élève au milieu d'une plaine parfaitement horizontale et cultivée de toutes parts. Du côté de l'est et du sud-est, à la distance d'un demi-quart de lieue, il y a une seconde enceinte assez éminente; aussi des blocs de granit rose à moitié ensevelis marquent la place où s'élevait un arc de triomphe. Ce monument faisait face au midi. Plus à l'est, une enceinte rectangulaire et d'autres débris de granit semblent indiquer la place d'un ancien temple. La plupart de ces débris portent encore l'empreinte de caractères et de figures hiéroglyphiques. J'ai remarqué aussi un colosse en granit rose, et des chapiteaux de la même pierre, qui sont du même ordre que ceux qui gisent derrière la pyramide de l'*Avouara Fayoum*. Des fouilles sont à pratiquer en cet endroit, et mettraient en peu de temps beaucoup de monumens curieux au jour. Il est vrai que les habitans ne sont pas aussi traitables que ceux des autres parties de l'Égypte, et cette observation s'étend malheureusement à toute la population du Charqièh; mais la certitude de faire d'importantes découvertes mérite bien quelques sacrifices de plus. Le koum *Toulouli jamouse* a une lieue de circuit et se compose de petites buttes jonchées d'alfes et de fragmens calcaires; c'était vraisemblablement une des dépendances de l'ancienne Télébaste. A une demi-lieue au sud de Télébaste, on trouve le village dit *Alaseloudi*, et ceux de *Ghobeq* et de *Lasebouji* à une distance moindre vers l'est. Voulant se rendre à *Belbéis*, il faut passer par le village *Bourden*, à une lieue de *Metrabya-hené*; ou bien, pour retourner au point de départ, on peut prendre par *Bayoum* la route à l'ouest, et traverser les villages de *Zeble*, *Tatasel*, où est une butte; *Abou crali*, voisin de *Jesfa*; *Seraig*, avant lequel est une ancienne butte, et enfin Maasarah. Dans l'ouest du Charqièh, de même que dans le Delta, les villages sont tout au plus à la distance d'une lieue l'un de l'autre, et tous reposent sur des terrains assez élevés pour que l'inondation ne les puisse atteindre.

D'autres ruines sont à visiter à l'est de Maasarah et au-delà de celles de Télébaste. D'abord il faut dépasser *El-Gimat*, *Four Banayous* et *Cafre Lamam*, hameau qui doit sa dénomination à la grande quantité de pigeons que l'on y trouve; puis *Bichet Gay*, *Chibroven*, *Madrye*, situé plus au nord, et l'on arrive à *Hye*. Tenant à l'est le canal de Hye, on suit presque le cours de celui de Mohese, et à trois quarts de lieue de Hye on arrive à la butte dit *Tale Tour*, butte de plus d'une demi-lieue de tour, et qui, vers le nord, est comme coupée en deux par une gorge parsemée çà et là de débris et de fragmens. On est ici sur le chemin des hameaux de *Abou-Kebir*, lesquels sont réunis au nombre de vingt-quatre dans une vaste forêt de dattiers, et semblent, à cause de leur grande proximité, ne former qu'un seul village. Chacun de ces hameaux a son cherkbalette, mais tous sont soumis à un magistrat principal qu'ils nomment *El-easir*; d'ailleurs, ils ont des noms particuliers qui sont composés d'un mot spécial joint au mot générique *cafre*. Le terrain d'Abou-Kebir est altéré par les sables que les vents apportent des déserts de Salaièh et d'El-Arich; cependant le tabac à fleurs jaunes y vient à merveille. Ce tabac ne sert qu'à la consommation des fellahs. L'eau des saquièh (citernes) est en général saumâtre dans ces parages; on remarque aussi qu'à l'exception des maisons des cherkbalettes, les autres habitations sont construites en terre au lieu de briques. Du reste elles sont faites avec soin, surtout le rez-de-chaussée, partie consacrée au logement des propriétaires. De même que dans d'autres provinces dont j'ai déjà parlé, les murs d'enceinte des habitations sont très élevés.

Partant du hameau de *Zare el Kebir*, et passant par *Cafre Créat*, on trouve au nord une petite butte antique nommée *Tale Benunsie*, puis *Menchie Badouan*, à une lieue au nord-est d'Abou-Kebir; ensuite *Sora* et *Gatauvie* à une lieue de Menchie, et *El-Aurafaye*, situé à la lisière du désert, une demi-lieue au-delà du Gatauvie. Le plus prochain endroit est alors *Senate*; à une demi-lieue de là, vient *El-Bazali*; faisant alors deux lieues dans le sud-est, on atteint *Taquièh Pharaoun*. J'ai trouvé parmi ces vastes buttes un monolythe de granit rose, de forme cylindrique au sommet; il était tourné au sud; j'ai examiné aussi un superbe sarcophage en granit noir, dont les accessoires hiéroglyphiques m'ont paru d'un travail extrêmement précieux. Je parle dans mon grand ouvrage de ce sarcophage et avec tout le détail qu'il mérite. Les buttes de Taquièh Pharaoun s'étendent jusqu'à la route de Salaièh à El-Arich; on y découvre encore des sarcophages en terre cuite avec leur couvercle, de même forme et de même matière que les momies, chargé d'inscriptions grecques et juives. Je signale ce lieu comme un des plus favorables pour faire des fouilles. Il est à regretter que le village qui en est le plus rapproché, *Manaji*, soit encore à la distance d'une lieue; et je préviens qu'il faut l'aller chercher dans un bois de dattiers qui le masque entièrement. Deux canaux passent à peu de distance du côté du sud, l'un nommé *Bahr Bédauvi*, l'autre *Lajure*. Ces canaux forment, sur plusieurs points, des espèces d'étangs remplis de coquilles fluviatiles qui fournissent aux habitans une espèce de lampe et un mode particulier d'éclairage.

Les Arabes pasteurs qui peuplent cette contrée n'habitent que des tentes. Par leur costume et leur manière de porter le turban, ils ne diffèrent guère des fellahs, mais on les reconnaît à leurs armes et à une peau de mouton qu'ils portent sur l'épaule gauche comme un dolman. Cette peau de mouton leur sert de lit, et la plupart n'ont encore que des fusils à mèche. Ils seraient à redouter dans un moment de révolution ; ce sont d'audacieux voleurs de bestiaux, et par leur adresse ils savent mettre en défaut les fellahs les plus vigilans ; on les craint jusque dans la Haute-Égypte. Ils m'ont souvent parlé du général Grenier, et de plusieurs autres officiers supérieurs de notre armée d'Égypte ; les Français ont laissé parmi ces Arabes des souvenirs durables et de sincères regrets. Au point où je suis parvenu, un bois de dattiers, très productif en excellens fruits, forme la lisière du désert ; le blé n'y prospère pas, sa tige s'élève rarement à dix-huit pouces, et l'épi ne donne que de huit à dix grains.

Tandis que l'on est à Taquièh Pharaoun, il faut visiter aussi la butte de *Ehur*, auprès de *Nazele Telarein*. Sa forme est celle d'un pâté très élevé; on y voit beaucoup de débris de matériaux divers. Les plaines voisines sont hérissées de petites buttes antiques qui indiquent les lieux où s'élevèrent jadis des villes secondaires et des villages. *Manazie* est à une demi-lieue au nord de *Salaye*, dont il est séparé par une plaine sablonneuse qui se prolonge jusqu'au désert d'El-Arich. Le minaret d'une mosquée subsiste encore à *Manazie*, tout proche d'un retranchement établi par l'armée française. Aussitôt que le nazir du lieu sut que j'étais dans les massifs de dattiers, occupé à examiner la redoute des Français, il se fit conduire près de moi, et me combla d'honnêtetés et de prévenances ; sans doute qu'un autre voyageur trouverait un semblable accueil. Sous le nom de Manazie, on comprend deux villages qui sont au milieu de la forêt de dattiers; il y a aussi deux *Salaye*; l'ancien, qui est, ou plutôt était auprès du minaret et du retranchement dont j'ai parlé plus haut; le nouveau, qui est à deux portées de fusil de l'autre dans une plaine de sablon qui touche au désert. Le nouveau *Salaye* est entouré de murs flanqués à leurs sommets anguleux de tours crénelées. Ces fortifications sont particulièrement destinées à contenir les Arabes du désert. La distance de cet endroit à Belbéis est de un ou deux jours. J'ajouterai qu'il y a deux puits consacrés aux voyageurs, l'un d'eau saumâtre, et l'autre d'eau douce, mais qui a l'inconvénient de donner la diarrhée. J'ai trouvé à *Manazie el Kebir*, à une demi-lieue au nord-est de *Salaye*, un bloc de granit rose couvert d'hiéroglyphes ; il était presque enfoui dans le sable tout proche d'un cimetière. En somme, les buttes antiques de Taquièh Pharaoun, que je recommande aux investigations des curieux, ont plus d'une lieue de tour. De là on peut se rendre aux ruines de San, et en continuant au nord-est, à la butte antique de *Jemeime*, distante d'une lieue de Taquièh Pharaoun. La route qui conduit à *San* est une lande aride et recouverte en beaucoup d'endroits de substances salines ; il y croît cependant beaucoup d'arbustes qui servent d'abri à des sangliers auxquels on fait aisément la chasse, vu leur grand nombre. A trois quarts de lieue de *Koum tale Ziemen*, et vers le nord, est une autre butte que les Arabes nomment *Zouelem*, puis une autre vers l'ouest dite *Tale el Yeme* ; la première est à une lieue, et l'autre à une lieue et demie de San. Sur la route de Taquièh Pharaoun à San, et à la hauteur de Ziemen, il y a un étang qui prend beaucoup d'accroissement à l'époque de l'inondation; cet étang passe pour servir de repaire à beaucoup d'animaux sauvages et féroces. Mais, pour en revenir à San, je dirai que les buttes qui l'avoisinent offrent de nombreux débris d'obélisques, et de statues colossales en granit noir ou rose. De leur sommet on découvre, à l'aide d'une lunette, la position de Damiette, la majeure partie du lac Menzalèh, et les vastes plaines qui s'étendent du côté d'El-Arich; on distingue aussi, du côté du sud-est, de nouvelles buttes au pied desquelles gisent des blocs de granit et des troncs de colonnes mêlés de coquilles tantôt fossiles, tantôt pétrifiées; les Arabes y découvrent quelquefois des scarabées, de petites idoles antiques et des pierres gravées.

Au bord du canal Mohese, ou plutôt de San, car tel est le nom qu'il prend à cet endroit, Méhémet-Ali fit établir en 1821 une salpétrière qu'il plaça sous la direction du cheik Affendi. On y fit venir des familles de divers points de la Basse-Égypte; aux groupes de barraques qui furent leur première habitation, succédèrent des hameaux de maisons en terre, administrés par trois cherkbalettes. En 1825, cet établissement était abandonné : on avait trouvé le moyen d'employer la chaleur du soleil au lieu de l'action du feu dans la préparation du salpêtre. De manufacturière qu'elle était, la population déplacée devint agricole; elle cultiva les bords du canal et les terrains propres au doura; la qualité saline du sol les a forcés de réduire de beaucoup la culture du blé. Proche de San, la butte de *El-Zouebet* offre beaucoup de fragmens de granit, des débris de poterie; il y a peu d'années, les petites idoles en cuivre et en terre cuite y étaient communes. El-Zouebet est la première butte qu'on aperçoit en venant par le lac Menzalèh. A la distance d'une lieue à l'est le village de *Machera* est en regard d'El-Zouebet; et Machera, le village le plus rapproché de San, en est distant de deux lieues et demie.

De Taquièh Pharaoun on gagne Tale Gourbet à travers un bois de dattiers. Une petite butte dite *Tale Larmas* se trouve à trois quarts de lieue de *Farahon*. De là on passe à *Tale sidi Harmar*, autre petite butte à un quart de lieue ouest de Tale Harmar. Près de cette butte est le tombeau d'un santon, et sept ou huit barraques habitées par des fellahs; de plus, il y a près du tombeau une colonne avec son chapiteau, et plus loin un bloc de granit rose.

Viennent, en continuant, *Met Gazal* et la butte de *Tale Gorbet Lagar*. Après avoir passé de nouveau à Menchie, et à un autre village voisin de la butte de Gorbet Lagar, on aperçoit au nord-est une ancienne bâtisse voûtée en grosses briques crues. Cette construction a de cent à cent dix pieds de long sur douze ou quinze de large; elle représente un vaste corridor où l'on pénètre du côté de l'orient par quatre grandes portes. On prétend que ce fut autrefois des écuries. A leur partie nord il y a une butte de forme oblongue; près de là est un cimetière où gît un gros bloc rectangulaire creux d'un côté, et à moitié enseveli dans le sable. On trouve plus loin beaucoup de bitume et des fragmens de poterie. Le village moderne occupe la partie occidentale de l'ancienne Médine. On est ici à une lieue d'Abou-Kebir vers le nord. *Medine Garbet* est le nom des ruines; Garbet, le village moderne, possède une mosquée avec son minaret. En dehors de l'enceinte de la mosquée on trouve facilement les ruines de l'ancienne Médine, et l'on y reconnaît parmi les alfes qui couvrent le sol, beaucoup de débris, des fragmens de colonnes de granit rose, et des granits gris qui ont conservé parfaitement leur poli. D'autres ruines, et entre autres celles dites *Tale Abou Yasie*, sont dans les mêmes parages, et offrent des vestiges analogues. Après avoir traversé le canal pour retourner au village de Hye, on dépasse le village dit *Chu Che Mie*, lequel est composé de trois petits hameaux. La route décrite plus haut ramène au point de départ. En traversant, si on le préfère, les champs cultivés, au nord du canal Mohese, on passe par le village de *Meserayam*, puis à *El-Modie*, à *Bachier*, à la butte de *Tale Tahayfe* que sa forme carrée rend remarquable ainsi que les alfes qui la couvrent. On rencontre ici des campemens d'Arabes, et il y a comme précédemment des débris de poteries. L'on rentre à Maasarah après avoir traversé d'autres endroits, qui sont *Gatayè*, *Suft*, *Chimbarè*, *Caradès* et le Koum Mouqèdan.

Les limites prescrites à cet ouvrage ne me permettent pas de le grossir avec les détails et descriptions qui se trouvent dans tous les voyages; je renvoie donc à des livres qui sont dans les mains de tout le monde pour les lieux dont tout le monde sait le nom, pour le littoral de la Méditerranée, la branche orientale du Delta où sont Damiette, Mansoura, etc. Les souvenirs historiques sont aussi extrêmement nombreux dans cette partie de l'Égypte, ils rappellent toute l'antiquité et une partie du moyen âge. Il était nécessaire de se restreindre; je me suis donc abstenu de ce que chacun peut faire, pour m'étendre sur les choses véritablement nouvelles que j'ai vues, et pour remplir la lacune topographique que présentait le Charqièh.

CHAPITRE XIV.

PROVINCE DE GIZÈH ou DJIZÈH.

Pyramides de Gizèh et de Saqqarah.

Entre le Caire et les provinces de Fayoum et de Bénisouef, la province de Gizèh se présente avec la célébrité que lui ont acquise les anciens monumens qu'elle possède. Il fut un temps où l'on croyait avoir vu l'Égypte lorsqu'on s'était approché des pyramides de Gizèh. Je conviens que, par leur masse imposante, ces monumens durent l'emporter dans l'estime de la plupart des voyageurs sur des débris à moitié recouverts de sable, et firent nécessairement négliger les produits du sol, ainsi que les phénomènes physiques qui le caractérisent. J'ai visité les pyramides de Gizèh en me rendant du Caire dans le Fayoum et aux lacs de Natron ; mais la réserve que je me suis imposée relativement à ce que d'autres se sont appliqués à décrire, et surtout à ce qu'ils ont bien décrit, ne me permet pas de consacrer de longs détails à l'objet de ce chapitre.

Les pyramides de Gizèh sont à quatre lieues

du Caire, dans la direction de l'ouest au quart sud-ouest. On attribue à la plus grande une hauteur de quatre cent quatre-vingts pieds : cette hauteur est moindre selon d'autres calculs; mais il résulte du terme moyen, que cette pyramide est plus élevée que Saint-Pierre de Rome, et par conséquent que tous les monumens de l'Europe. Chaque côté de la base, qui est un triangle équilatéral, a environ six cents pieds de longueur. Ces pyramides sont assises sur un rocher qui s'élève à quarante ou cinquante pieds au-dessus du niveau de la plaine environnante. La pierre qui forme leur masse est de même nature que ce rocher; c'est une pierre calcaire blanchâtre, d'où l'on conclut que les matériaux dont elles sont composées ont été extraits de la place même, ou de carrières peu distantes, contradictoirement à l'opinion des auteurs qui, par amour pour le merveilleux, les font venir de bien loin. D'après la disposition et les dimensions de leurs chambres intérieures, ces monumens ne peuvent avoir été que des tombeaux; les restes que l'on y a découverts ne laissent d'ailleurs aucune incertitude sur cette opinion. Les documens historiques les plus authentiques font remonter à l'an 900 environ avant Jésus-Christ la construction de la grande pyramide de

Gizèh. Cette origine éloignée donne lieu de s'étonner d'une solidité de construction incompatible en apparence avec un développement de superficie qui laisse tant de prise aux causes de destruction. Au surplus, tout étonne le voyageur dans les pyramides de Gizèh. Lorsqu'on commence à les voir, on en est encore à plus de dix lieues : à la distance d'une heure de leur base, on croit y toucher, parce que leur sommet semble dominer perpendiculairement au-dessus de la tête. On approche enfin, et c'est alors que l'étonnement redouble encore par l'idée complexe que font naître leur ampleur et leur solidité, leur longue durée et les travaux qu'elles ont dû coûter à ces générations humaines dont presque seules elles attestent l'existence sur cette partie du globe.

Les pyramides de Saqqarah sont à environ trois lieues au sud de celles de Gizèh; on s'y rend du Caire en passant par Gizèh, ou bien par un autre chemin qui traverse le couvent de Saint-Georges, et passe par Matrabenny. Ce village est à une lieue de Saqqarah, que l'on atteint après avoir traversé le canal qui en sépare. Quand on vient du Fayoum à Saqqarah, il faut passer par le village de Dachour, et suivre, l'espace de deux petites lieues, un terrain sablonneux, puis le canal, et l'on arrive au village Nemsyèh-Dachour, situé au midi, en face des grandes pyramides. Une pyramide en briques est à la hauteur de Dachour; après avoir franchi un autre terrain sablonneux, on est à Saqqarah même. Ici l'on visite d'abord une butte presque toute d'ossemens, où se trouvent divers hypogées. Toute cette contrée n'est qu'un rocher recouvert de six à sept pieds de sable. A une demi-lieue de la principale pyramide, on trouve d'autres grottes sépulcrales qui renferment quantité d'oiseaux embaumés. Trois autres pyramides sont plus au nord. A une lieue et demie dans cette direction, il y a des catacombes, quelques ruines, et des pyramides de moyenne grandeur, parmi lesquelles on en remarque une dont la base carrée a trente pieds de dimension, et qui est bâtie en degrés extérieurs : sa hauteur est d'environ cent cinquante pieds, et sa façade méridionale offre deux entrées. Près de là, la pyramide dite *Mastabet el Pharoun,* ou *siége de Pharaon*, a deux cent soixante-dix pieds de large sur seulement quarante-huit de hauteur; elle est bâtie en grosses pierres toutes crevassées et empreintes de coquillages. Au nord-ouest il y a une autre pyramide de moyenne hauteur, et plus loin, mais à l'ouest,

est la grande pyramide, large de six cent soixante-six pieds, et haute de trois cent quarante-cinq. Cette dernière paraît aussi grande que celles de Gizèh. En tout, le voyageur peut compter dix-huit pyramides à Saqqarah, et les matériaux dont elles sont formées ont aussi été tirés du sol voisin. Les briques qui entrent dans la construction de l'une d'elles sont d'une terre très noire, mêlée de gravier et de coquillages qui semblent liés ensemble par de la paille; elles ont quinze pouces de long sur sept de large, et quatre et demi d'épaisseur. Au sud de la pyramide construite en degrés, on trouve des catacombes de forme rectangulaire, qui renferment des appartemens divisés par cellules, et entourés de banquettes de deux pieds de hauteur. Les appartemens ont sept pieds de hauteur; le puits des Oiseaux est plus au nord, à la distance d'un quart de lieue. Les ruines de la vaste enceinte construite en briques, dont la plaine de Saqqarah offre encore des vestiges, renfermaient probablement les édifices de l'antique Memphis. C'est ici que M. Caviglia découvrit cette statue de Sésostris, qui, sans les jambes, avait trente-quatre à trente-cinq pieds de hauteur. Le musée de Turin possède aujourd'hui un colosse semblable, en *brèche* siliceuse, qui fut découvert par moi à Thèbes vers 1817.

Le Musée Charles X en possède un second que j'ai trouvé au même lieu; ils pesaient chacun trente-six milliers. Celui de Turin a été trouvé intact et parfaitement conservé. On voit au mont Thorra, près de Memphis, des carrières d'une haute antiquité. Enfin, il ne faut pas quitter la hauteur que nous avons atteinte sans visiter l'île de *Roda*, le *Méquias*, autrement dit le *Nilomètre*, et la salpêtrière que le pacha fit construire en 1815.

CHAPITRE XV.

PROVINCE DE FAYOUM.

Coup d'œil sur l'état agricole et industriel du Fayoum. — Cannes à sucre. — Indigo. — Coton. — Vin. — Oliviers. — Dattiers. — Légumes, fruits. — Industrie. — Mœurs de la population. — Coquetterie des femmes. — La ville des Mamelouks. — Division du Garb et du Charq. — Lac Mœris Tamieh. — Pyramide de Meidoun. — Abousir. — Pyramide d'Ellahoun. — Fiddemin. — Poissons. — Ancienne prospérité du Fayoum.

Le Fayoum est une des meilleures provinces de l'Égypte; quoique située en dehors de la vallée du Nil, au-delà de sa rive occidentale, cette contrée ne participe point à la stérilité des Oasis du sud-ouest, ni à celle du *Bahar Bélâmâ* et des *lacs de Natron*. Je vais bientôt diriger le voyageur parmi les nombreux groupes d'habitations du Fayoum, et lui signaler tous les vestiges anciens qui s'y trouvent; je commence par jeter un coup d'œil rapide sur son état agricole et industriel.

La canne à sucre vient très bien dans le Fayoum, mais elle n'y est pas aussi productive que dans quelques parties de la Haute-Égypte.

On a cependant tenté pour la culture de ce végétal diverses améliorations ; mais elles n'ont pas répondu au résultat que l'on s'en promettait. Les cannes du Fayoum, ainsi que celles de Rosette et de plusieurs autres terroirs de la Basse-Égypte, ne sont pas destinées aux sucreries ; le peuple les recherche pour les mâcher ou les sucer, et c'est pour satisfaire à ce mode de consommation, qu'on les porte avec les autres produits dans les marchés. Le terrain maigre et sablonneux du Fayoum est, au contraire, excellent pour l'indigo ; aussi la culture s'en est-elle accrue de près du double, en même temps que les récoltes sont devenues d'une qualité supérieure à cause des soins qu'on leur a donnés. Le Fayoum possède depuis 1825 une fabrique d'indigo ; les bâtimens en sont immenses ; la macération des plantes s'y fait par l'action du soleil, et de toute manière cette exploitation est aussi avantageuse que considérable. Érigée par l'ordre de Méhémet-Ali, elle produit pour le compte du gouvernement, et figure sur la liste des monopoles qui sont la ruine du peuple égyptien. J'ai pu m'assurer par moi-même, que dans certains terrains on fait chaque année jusqu'à sept coupes d'un indigo dont les feuilles sont bien développées et abondamment chargées de principes colorans. Aux cultures précédentes se joint la culture du lin et du chanvre; celle du premier surtout, qui se montre constamment d'une bonne qualité, a pris un développement tel, qu'en 1826 elle devait occuper une superficie de quatre mille faydans. Le coton réussit également dans le Fayoum, mais ce coton-arbuste ne vaut pas celui qui depuis 1819 est répandu dans le Delta : au reste, ceci est l'affaire de l'abondance plus ou moins constante de l'eau.

La province de Fayoum est riche en rosiers, et l'on y fabrique de bonne eau de rose; son vinaigre rosat est également recherché. Ce vinaigre est extrait du verjus que donnent des vignes en treilles; il devient très fort, et s'emploie en lotions dans les inflammations des yeux. L'on fait aussi dans le Fayoum du vin blanc qui n'est pas désagréable, quoique faible, mais il ne se conserve pas assez long-temps. Parmi les vignes croissent des oliviers dont le fruit, gros comme une noix, donne de l'huile ou se conserve salé. Ainsi que l'huile des Oasis, celle du Fayoum est trop grasse, défaut qui tient, je crois, aux mauvais procédés de la fabrication. Les dattiers sont très multipliés, mais leurs fruits ne sont pas comparables à ceux de la Haute-Égyte, tant à cause de leur grosseur que de leur qualité. Les légumes potagers, tels que choux, haricots, carottes, panais, poireaux, céleri, betteraves, ognons, laitue, chicorée, oseille, persil, cerfeuil, pommes d'amour, concombres, poivre long, artichauts, etc., y viennent aussi à merveille, et je n'ai d'exception à faire que pour les melons d'eau et pastèques, qui sont moins gros et moins succulens que dans les autres parties de l'Égypte. Le Fayoum produit divers genres de fruits, des grenades, poires, pommes, citrons, figues, etc. Les figuiers deviennent très forts et produisent beaucoup; les figues sont très grosses et fort douces; il y en a de trois espèces, des *bernisottes* noires et blanches, et une autre variété connue en Provence sous le nom de *cuisse-des-dames*: celles-ci ont une forme allongée. Les figues du Fayoum ne sont bonnes que fraîches, et sont portées en quantités considérables au Caire, et dans les marchés circonvoisins.

L'industrie des habitans du Fayoum s'applique à la filature du lin et du coton, au tissage des toiles, et particulièrement des toiles d'emballage, à la confection des nattes et des *couffes* (espèce de paniers); ils fabriquent aussi du nitre et de l'indigo. Ces produits et ceux de leur sol fournissent à tous leurs besoins, et aux échanges qu'ils font avec le Caire et les Oasis. La population du Fayoum est sans contredit la meilleure de toute l'Égypte, et la douceur de ses mœurs frappera particulièrement les voyageurs qui la visiteront au sortir du Charqièh. Les femmes de cette province jouissent d'une assez grande liberté; elles aiment la toilette, et passent pour être coquettes; leur luxe et leur élégance se déploient surtout les jours de fête ou de marché, et j'en ai souvent remarqué qui étaient très agréables. *Madinet el Fayoum*, la ville principale du Fayoum, était jadis le séjour de plaisance, ou, pour mieux dire, le lieu de retraite des Mamelouks. Les maisons qu'ils y occupaient étaient vastes et appropriées à leur genre de vie; mais la plupart tombent en ruine. La ville de Fayoum n'est plus peuplée comme elle l'était, l'on n'y compte plus autant de *bonnes bourses* qu'autrefois; selon les uns, elle renferme encore de quinze à seize mille âmes; selon d'autres, elle n'en a plus que dix à douze mille. Du temps des Mamelouks elle était la résidence d'un bey; aujourd'hui le pacha la confie à un cachef qui relève du bey de Bénisouef. Fayoum a près d'une lieue de circuit; elle est mal bâtie, les maisons sont en briques cuites ou crues, les rues sont étroites et tortueuses; on y trouve des *hauquelles* où l'on reçoit les marchandises, et même dans lesquelles les étrangers se peuvent loger.

Voici, sous la simple division du *Garb* et du *Charq*, c'est-à-dire de l'ouest et de l'est, la liste des villes et villages principaux de la province de Fayoum :

GARB (ouest).

1. Cherktayp.
2. Awouara.
3. Demesquin.
4. Hechebé.
5. Cambiché.
6. Nasete ta Neiseba.
7. Toutoun.
8. Varak.
9. Menzele.
10. Chedenou.
11. Minie.
12. Nowara.
13. Aboucandil.
14. Jafre.
15. Hesta.
16. Menchie Halfe.
17. Montour.
18. Herit.
19. Bahr Aboumer.
20. Hatanma Mezara.
21. Manachi Czatib.
22. Jaradou.
23. Touberahn, ou Toubarh.
24. Abou Quoucha.
25. Bechir Rouman.
26. Senorou.
27. Talate.
28. Ajamin.
29. Soumbat.
30. Masera Harfe.
31. Souaféné.
32. Rabé.
33. Dissia.
34. Tatame.
35. Hixha.
36. Defenou.
37. Abousir.
38. Jaifis.
39. Abousir Defenou.
40. Cafre Moutou.
41. Maserah.
42. Ebegig.
43. Azab.
44. Medine-Fayoum.
45. Molra-Benny.

CHARQ (est).

46. Delcour.
47. Douma.
48. Sely.
49. Bar Belami.
50. Sanifar.
51. Michet Hadalla.
52. Zawia Coubay.
53. Béné Magenoun.
54. Senorous.
55. Sebala.
56. Hafeche.
57. Klabegin.
58. Fédémin.
59. Selym.
60. Nacalife.
61. Abaqce.
62. Sanhour.
63. Tersé.
64. Behit-el-Agar.
65. Sonelest.
66. Masera Doude.
67. Tamin.
68. Zerbé.
69. Faras.
70. Rodaa Bahr Acher.
71. Roubayat.
72. El Hamtele.
73. Seyle.
74. Hemiaseloub.
75. Heladoué.
76. Matartares.
77. Daumou Jabel.
78. Lalam.
79. El Cabé.
80. Menchie Roteise.

Le voyageur qui passe de l'Égypte supérieure dans la province de Fayoum, peut profiter de la crue du Nil pour gagner en bateau le pont d'Ellahoun. D'*Achmouneyn* on va en barque dans le canal *Darouth-Cherif*, ou à défaut on entre, en passant par Zeitoun, dans le canal de *Barlafrit*, auprès et au-dessous de Miniéh. Ces deux canaux aboutissent au même point. Arrivé au pont d'Ellahoun, d'autres barques venues de la ville de Fayoum transportent les passagers et leurs bagages. Si ces dernières barques viennent à manquer, on a la ressource des chameaux. Un troisième canal, qui passe au pied de la troisième chaîne Libyque, aboutit également au pont d'El-lahoun, et conduit jusqu'à Gizèh. Mais on ne peut suivre cette direction qu'au temps de l'inondation. Le Nil étant rentré dans son lit ordinaire on pénètre dans le Fayoum par un grand nombre de points divers. Lorsque l'on vient du côté du Caire, l'entrée de cette province est Tamièh, à moins qu'en passant par Gizèh on ne pousse jusqu'à Gizèh, comme en descendant du Saïd.

Les voyageurs qui ne font que passer par la ville de Fayoum, trouvent aisément à y faire leurs provisions; et soit qu'ils aillent à l'Oasis de Jupiter-Ammon, ou qu'ils se soient proposé d'explorer le désert Lybique ou celui de Barca, les Bédouins de la province sont pour eux des guides expérimentés et sûrs. Quant à la province en elle-même, elle mérite sous tous les rapports d'être observée en détail et avec soin. Il faut voir les grottes sépulcrales ou hypogées de Banquis, au nord de la seconde chaîne Libyque, le temple de Qéroun ainsi que les ruines de Ballet-Qéroun situées au sud du Bierk-el-Qéroun, ou lac Mœris. Après avoir tourné la ville par le sud, on arrive au pont de Lahoun, et remontant alors au nord jusqu'à Tamièh, on passe sur les ruines de plusieurs villes anciennes, et l'on voit en même temps les pyramides de Lahoun, Laveira et Meidoun. Le lac de Caroun mérite d'être visité complétement. Les barques qui y naviguent, et dont on se sert pour la pêche, sont d'une construction singulière, et se gouvernent sans le secours d'un gouvernail. Les eaux du Nil viennent, lors de la crue, vivifier celles du lac Mœris; et par un vent soutenu du nord, le lac est quelquefois agité comme l'Océan; mais à la même époque la pêche est très productive, et l'on a le dédommagement d'y prendre du poisson et très bon et très beau.

Le canal de Joseph, qui est la source alimentaire de tous les autres canaux de cette contrée, et la cause secondaire de sa fertilité, passe à travers Fayoum, et lui fournit les meilleures eaux potables qu'elle possède; mais je dois déclarer que ces eaux ne m'ont paru que d'une très médiocre qualité. Les canaux du Fayoum ainsi que le lac Caroun, produisent quantité de plantes aquatiques et de coquilles de diverses espèces. L'on peut également y faire une bonne récolte d'insectes.

Lorsqu'on entre dans la province de Fayoum par la pyramide de Meidoun, on va d'abord au village du même nom, où l'on a l'occasion d'acheter des fellahs quelques objets d'antiquité.

La pyramide de Meidoun est remarquable, en ce qu'elle se compose de deux parties superposées, et par le peu d'inclinaison de ses arêtes, ce qui lui donne une hauteur presque égale à celle de Gizèh avec une masse infiniment moins considérable. Non loin du village de Meidoun est celui d'Abousir, résidence d'un caïmacan dont on peut, en cas de nécessité, réclamer l'utile protection. Abousir était très peuplé jadis, et, de même que les autres villages du Fayoum, plus considérable que de nos jours; il est bâti sur une butte de décombres où l'on trouve de grandes pierres, des morceaux de marbre, des débris de poterie, et parmi les décombres, des médailles des Ptolémées. A plusieurs reprises on a tiré des momies des tombeaux qui l'avoisinent. Le sel gemme est abondant dans les montagnes qui sont auprès d'Abousir, mais le divan du Caire en a décrété et maintenu la prohibition. En se rendant d'Abousir à Ellahoun, on franchit des terrains sujets à l'inondation et qui ensuite nourrissent les troupeaux des Bédouins. La pyramide d'Ellahoun, située sur le prolongement de la première chaîne Libyque, est bâtie en briques cuites au soleil, remarque que j'ai faite dans un chapitre précédent à l'occasion d'une des pyramides de Saqqarah. Le temps a fait perdre à la pyramide d'Ellahoun sa forme primitive; ses parties anguleuses ont disparu et elle est devenue ronde. De grosses masses en pierre calcaire soutenaient intérieurement les parois en briques et la masse entière de l'édifice. Le sol sur lequel il s'élève est composé de ce même calcaire, et près de là les traces d'une ancienne carrière indiquent l'endroit d'où furent tirés ses matériaux les plus solides. Dans les parties du roc découvertes et taillées à pic, on voit en outre des tombeaux. Du côté du nord on aperçoit un couvent copte abandonné depuis long-temps. Une digue en maçonnerie destinée à préserver les terrains de l'invasion du *Bahr Balema*, conduit auprès de la pyramide d'*Awouara*. Cette pyramide, très bien conservée, est aussi bâtie en briques; elle est plus haute que celle d'Ellahoun; mon grand ouvrage sur l'Égypte contient des détails très étendus au sujet des fouilles que j'y ai faites ainsi qu'aux environs. Les voyageurs peuvent toujours examiner à son côté oriental les restes d'une vaste enceinte et d'un beau monument. Il resterait à faire en cet endroit, et du côté de l'ouest ou du nord-ouest, des fouilles, qui selon les apparences devraient être productives. De même qu'à Ellahoun, il y a ici quantité de tombeaux creusés dans le roc à pic, et il s'y trouve encore des cadavres sans cercueil. J'ai habité ce lieu solitaire pendant l'espace de huit mois; je me rendais du village d'Awouara à la pyramide en traversant un ancien canal qui est dans un bas-fond, et en gagnant ensuite un autre canal qui passe au pied de la pyramide, et dont les eaux communiquent avec celles de Tamièh.

Un village du Fayoum diffère du reste du pays par son aspect riant et pittoresque : c'est *Fiddemin*. Les habitations y forment deux groupes bien distincts qu'entourent et ombragent des arbres fruitiers, tels que figuiers, oliviers, grenadiers, citronniers, vignes, dattiers, etc. L'un de ces groupes est occupé par des musulmans ; la population de l'autre est chrétienne : ce sont des Coptes. Fiddemin possède la seule plantation d'oliviers de l'Égypte, mais elle est superbe. En une heure, et par un chemin en pente, on va de Fiddemin à *Senhour*, village qui jouit d'une magnifique vue du lac Mœris et des montagnes qui le bordent du nord au sud, par l'ouest. Le tombeau du santon Abdalladlez est proche de Senhour; c'est un lieu en grande vénération dans le pays; la plaine, moitié sable, moitié bruyères, qui de là s'étend jusqu'au lac, offre une récolte facile des plantes indigènes qui se plaisent dans les terroirs salins.

En observant le sol de la province de Fayoum on reconnaît que sa base est un rocher de calcaire dont les couches inégales sont recouvertes, à la superficie, de sept à huit pieds de terre, et plus bas d'un mélange d'argile et de sable dont la couleur est jaune clair. Près du village de *Motrahbenny*, on trouve en grande quantité l'espèce de cailloux dits *cailloux d'Égypte*; et, gagnant de là une vallée qui s'étend au nord-est, on remarque dans les collines qui la bordent beaucoup d'écailles d'huîtres entremêlées de terre argileuse et rougeâtre, et de talc. Ces écailles d'huîtres, dont plusieurs sont de la plus grande dimension et de forme très allongée, sont à l'état de fossile, ou pétrifiées. Il y en a aussi de disséminées dans la plaine sablonneuse, en se dirigeant vers Tamièh par un point de reconnaissance qui est le tombeau d'un cheik. La digue en briques, qui, près de Tamièh, sert à contenir les eaux, présente à sa partie supérieure trois ouvertures d'où, à certaines époques de dégagement, s'échappe une triple cascade, spectacle extraordinaire dans l'Égypte centrale. Le sol, à l'ouest de Tamièh, est en général peu fertile; partout il est imprégné de nitre et de sel, et toujours de plus en plus à mesure qu'on approche du lac Mœris;

dans le voisinage du lac, la croûte de sel est presque continue, et l'on croit marcher sur une plaine de menue glace. La profondeur du lac Mœris varie sur divers points, et, si j'ai bien sondé, je crois la pouvoir estimer à deux cents pieds. Le canal de Joseph, qui traverse le Fayoum, et dont le cours a cinquante milles environ, a dû avoir jadis jusqu'à vingt pieds de profondeur. On a dit que le lac Mœris avait été creusé par la main des hommes; après l'avoir bien examiné, je suis resté persuadé que les hommes avaient seulement modifié l'œuvre de la nature. Ce lac a cinquante milles de longueur sur dix de largeur; et, d'après de telles dimensions, on voit que l'entreprise aurait été autrement colossale que celle des pyramides. On a certainement creusé et façonné le roc qui le ceint, et particulièrement aux embouchures des courans qui l'alimentent; mais il faut borner là les effets de l'industrie humaine. Les champs qui entourent le lac Mœris sont en pente douce de son côté, mais ses rives sont assez escarpées. L'inondation passée, ses eaux se resserrent et laissent à découvert de toutes parts un quart de lieue d'un fond noir et épais qui, en se desséchant, reste couvert d'une croûte de sel. La qualité saline des eaux de ce lac augmente à mesure de leur retraite; celles que l'on puise à sa partie centrale ne diffèrent aucunement des eaux de l'Océan; à peine en peut-on puiser de potables auprès de ses bords et vers l'embouchure des canaux. Le poisson dont il abonde est le même que celui du Nil, et les individus de l'espèce nommée *lagé* ressemblent beaucoup pour la grosseur, sauf les écailles, au thon de la Méditerranée. Le poisson du lac Mœris alimente les marchés du Caire et ceux de la province du Fayoum, mais seulement pendant la période de l'inondation; car après cette époque, il devient fade et vaseux, sa chair perd sa consistance et répugne à manger. Il faut enfin répéter ici les réflexions que fait naître l'état actuel de toute l'Égypte : c'est qu'à l'époque éloignée où la direction des eaux était mieux entendue, où l'entretien des canaux était l'objet de la sollicitude du gouvernement, le Fayoum jouissait d'une prospérité qu'il a perdue, ainsi que le Charqièh et le territoire opposé entre la branche de Rosette et Alexandrie.

Parmi les ruines du Fayoum que j'ai explorées, j'ai dû garder le souvenir de celles de Crocodilopolis ou *Medinet-el-Farès*. A la manière dont les buttes qui en faisaient partie sont espacées, cette ville devait avoir quatre milles de circuit. L'obélisque qui est proche du village d'*Ebegig* offre encore des traces hiéroglyphiques, et d'ailleurs il diffère de cette contrée par ses dimensions particulières : le côté qui fait face au nord a quatre pieds deux pouces; celui qui est au sud a six pieds six pouces, et sa hauteur est de quarante-trois pieds. Les raies hiéroglyphiques de cet obélisque ont un pied de largeur, et les figures dix-huit pouces de haut; mais tous les sujets qui le recouvrent ne sont pas également aisés à suivre, à cause de leur état de détérioration. J'ajouterai à ceci l'énumération des antiquités et autres lieux à visiter dans la province dont je viens de faire la description au lecteur :

1°. Koum-Mariam, ou Arsinoè;

2°. La ville de Qéroum, ou Belet-el-Qéroum;

3°. La grotte sépulcrale de l'église dite *Mariam*;

4°. Les sinores, au bord du lac Mœris;

5°. El-Mouchelles-el-Gloubi;

6°. Mencharq;

7°. Médine-Kébire, Mesta ou Adède, au garp (ouest) de Garak, auprès de Abou-Tartayfe;

8°. Abou, Siour, Defenou et Feddemin;

9°. Le lac Dionysèas;

10°. Le temple de Qéroum;

11°. La pyramide d'El-Awouar;

12°. La pyramide d'Ellahoun;

13°. Abocsée (ou Abaqsée);

14°. Abouchè;

15°. Doumou-Gabel;

16°. Médine-Damou el garp el goubli;

17°. Autabè-Médine, près de Médine-Madi;

18°. Ade-Beaman, où sont des eaux thermales;

19°. Feddemin;

20°. Henalifè;

21°. Senhour;

22°. Les monastères;

23°. La pyramide de Meidoum, etc.

CHAPITRE XVI.

PROVINCES DE BÉNISOUEF, ALFIÈH, MINIÈH ET MONFALOUT.

Industrie et commerce de Bénisouef. — Canal de Joseph. — Routes des Arabes. — Couvens de Saint-Antoine et de Saint-Paul. — Couvent de la Poulie. — Indications de fouilles. — Ruines de Croum-el-Ahmar. — Fabrique d'El-Radamound. — Ville pharaonique. — Filature de coton. — Autres couvens. — Hypogées. — Archinoé. — Monfalout, etc.

En réunissant en tête de ce chapitre les noms de plusieurs provinces de l'Égypte moyenne, j'ai voulu marquer le champ des explorations qui vont suivre. Ne m'étant pas proposé de faire un tableau de géographie politique, je ne suis point astreint à passer méthodiquement d'une circonscription à une autre; pour ne décrire celle-ci que lorsque celle-là sera épuisée. Le but de mes excursions était avant tout la recherche et l'étude des antiquités, et selon l'occasion, les possibilités et l'intérêt que j'y portais. Ces excursions ont dû être fréquemment modifiées dans leurs directions et dans leur étendue. Je prie le lecteur de ne point oublier que mon intention, dans cet ouvrage, n'a pas été de faire un livre avec le travail des autres, mais uniquement d'offrir le tribut de mes observations aux savans qui pourraient être disposés à faire ce livre. Je continue en prenant pour point de départ la ville de Bénisouef, chef-lieu de la province de ce nom.

Bénisouef, résidence d'un bey, est une des villes les plus commerçantes de l'Égypte moyenne. On y fabrique de beaux tapis de laine, des couvertures, des *milaÿs*, espèce de manteaux en coton. La population de Bénisouef est approchant comme celle de Médinet-el-Fayoum, mais la ville a un aspect plus animé à cause de la navigation du Nil et de ses communications fréquentes avec la Haute et la Basse-Égypte ; la présence du bey contribue aussi à rendre cet endroit plus vivant. Le nom de Bénisouef et de Behnesé vient, dit-on, d'un combat à l'arme blanche qui eut lieu jadis dans les plaines voisines ; le mot *sef*, qui en arabe signifie épée, rend cette étymologie irrécusable aux yeux des habitans.

Prenant le Bahr Yousouf (le canal de Joseph) à la partie libyque, on trouve les ruines d'Oxyrincus auprès du Santon, puis on passe par plusieurs villages à la suite desquels est un village ruiné. Viennent ensuite les ruines de *Chemmeh* et celles qui sont en avant de *Deir Samallout*. De là on se rend au village de *Cheik Abdallah*; trois villages plus loin, au lieu dit *Bougeh*, de nouvelles ruines se présentent. La province de Minièh, dans laquelle on est alors, appelle l'attention sur celles de *Taha-el-Amoudem* que les voyageurs négligent ordinairement. Le cours du canal de Joseph conduit, après plusieurs villages et des habitations en ruines, à *Beniagah*. Gagnant la partie orientale du Minièh, au-dessus de *Cheik Abou Elnour* et des ruines de *Neslè*, on est proche des montagnes dites *Avouadi Abou Elnour*, dont les ruines et les grottes sont curieuses. Entre cette chaîne et le mur en brique qui suit ici la rive orientale du Nil, on vient, au-delà d'El-Tell et de Neslè, à de vastes ruines qui indiquent l'assise d'une ancienne ville égyptienne. Quelques fouilles, dans ces vastes enceintes, ne seraient pas sans succès. Cette direction conduit aux carrières de Cheik Abdélamid, en face d'*El-Kebir*, vallée qui communique avec le désert en face *Chiout*; plus haut, une autre vallée nommée *Derb Abou Kachabeh* conduit à Monfalout; et en face d'une île qui est au milieu du Nil vis-à-vis l'entrée du canal de Joseph, on a encore des ruines à visiter.

Non loin du canal est une autre gorge nommée *Vadi Abou Geneh*, qui aboutit à un vallon et ensuite à *Moabdeh* près de *Vadi Ramk*, où sont des carrières et des grottes. On se rend de là aux ruines de *Médinet Gerar*, et toujours sur le même bord du Nil, et par la même route, on rencontre les carrières de *Dier*; plus loin *Cossie* et *Neslè Cossie*, et plus loin encore une route pratiquée par les Arabes pour aller au bord de la mer Rouge. Il y a d'anciennes carrières sur cette route, qui longe les sommités taillées à pic du côté est de *Gebel Moufdah*. On peut passer devant *Cheik Abou Horidi* en se rendant à El-Moabdeh, et visiter le village de Beni Ibrahim, lequel fait face à la vallée du désert, ainsi que les divers groupes de montagnes du même désert.

Me rendant du Bénisouef dans la province d'Atfièh, il m'est arrivé de passer par *Asharoni*, lieu près duquel on remarque diverses constructions; de là, par *Bonchè*, j'ai été visiter les couvens de Saint-Antoine et de Saint-Paul, vers la partie du désert qui s'étend jusqu'à la mer Rouge. Le couvent de Saint-Paul est à une petite journée plus loin que le couvent de Saint-

Antoine; il est entouré d'une clôture, et outre cela, on n'y pénètre, comme dans celui du mont Sinaï, que par une poterne très élevée au-dessus du sol. Les magasins de ce couvent sont dans une tour à laquelle on n'arrive que par un pont-levis, car dans cette contrée les cénobites les plus austères ont besoin d'être en garde contre les agressions des Arabes. Les champs environnans sont embellis par quelques massifs de palmiers et d'oliviers, mais trois sources qui s'y trouvent sont saumâtres. Les couvens en question sont sur la plus courte ligne qui joint la mer Rouge à la vallée du Nil. Près de là sont des montagnes dans lesquelles se tiennent la plupart du temps les voleurs du Nil, et qui leur offrent pour retraite des grottes creusées dans le roc.

Rentré dans la province d'Atfièh, et du village de *Chorafèh*, ainsi que de celui de *Gemmazèh-el-Kébir*, tous deux situés à la lisière du désert, j'ai été voir la fontaine de *Qamas*, qui sort du roc et dont les eaux sont très abondantes. Continuant toujours à la partie est, j'ai trouvé les ruines d'un monument près le village de *Cherchi*, et à peu de distance du mont *Despiles* et de *Benihassan*, au point où le Nil forme trois îles. Le couvent de *la Poulie*, *El dir el Baca-*

rah, est alors peu éloigné; pour y arriver, il faut traverser des petits hameaux qui en dépendent. Le long de la montagne dite *Gabel-el-Déir*, on voit des murs en briques crues, des grottes sépulcrales, et un autre couvent dans une gorge tournée à l'est. Avant d'arriver au village d'*El-Athanèh*, on trouve des grottes ou hypogées antiques, et, plus au sud, d'autres ruines et d'autres hypogées; ces lieux, qui sont sur les confins du désert, méritent d'être visités. Il y a au nord du village de *Sowadeh* des carrières et des vestiges anciens : malgré les grandes excavations qui ont été faites en cet endroit, on devrait en entreprendre de nouvelles. Les voyageurs ont, à Sowadeh, l'occasion d'acheter des objets d'antiquité. Plus loin, au sud, sont des grottes et des tombeaux; atteignant au-dessus des grottes le village dit *Nel-Sowadeh*, on y observe des murs en briques et des colonnes. Quoique ce dernier endroit s'annonce moins avantageusement que le précédent, je pense que les fouilles y mettraient au jour de beaux restes d'antiquités. Tel est aussi mon avis à l'égard des grottes et des vastes ruines qui sont à *Koum-el-Ahmar*. En se dirigeant au sud, et après avoir traversé deux villages abandonnés, on atteint *Neslè* et *Benihassan*.

Les grottes qui se trouvent au sud de cette localité ne m'ont pas semblé moins importantes que celles de Qournah, et la côte qui suit mérite que l'on y fasse des tentatives. Après Deyr, où il y a des ruines de constructions en briques, on peut passer à Cheik-Abadèh, village riverain du fleuve, et ensuite aux ruines d'Antinoë. Les ruines immenses de Cheik-Abadèh, ruines parmi lesquelles on remarque le portique d'un temple, promettent encore de riches fouilles, malgré la quantité considérable de matériaux qui en ont été enlevés pour la construction de la fabrique d'*El-Radamound*, et pour la salpêtrière d'Achmouneyn. Sur la rive droite du Nil, à deux lieues environ au sud d'Antinoë, j'ai reconnu une ville *pharaonique* qui subsiste presque dans son intégrité; j'y ai retrouvé des maisons, des édifices, des rues; la décoration intérieure des édifices a conservé son caractère, et les peintures, exécutées sur un enduit de chaux, leur fraîcheur. Egalement au sud, par rapport à Cheik-Abadèh, on a les ruines d'une ville chrétienne, et au village d'*El-Deyr-Abouennes*, où sont des tombeaux chrétiens. Ce dernier village est divisé en deux hameaux dont l'un, celui du sud, se nomme *El-Rechaideh*. A l'orient d'El-Rechaideh subsiste une église bâtie au milieu des rochers, et près de là des carrières et des grottes. Situés à la limite du désert, les terrains environnans sont mauvais. En se rapprochant du Nil, il y en a de meilleurs, et qui sont particulièrement favorables pour la canne à sucre, aussi les habitans fabriquent-ils tous du sucre brut, que, selon les ordonnances, ils vendent au pacha avec les résidus de mélasse. Au sud et à l'est, on rencontre encore de nouvelles carrières, et à l'ouest, des tombeaux chrétiens, à *Deyr-Anibabichaï* et *Deyr-el-Naklet*; enfin l'on peut s'arrêter au village de Berchèh.

L'excursion suivante a été faite à partir de la ville de Minièh, dont je recommande aux voyageurs la filature de coton importée d'Europe en Égypte. Après avoir longé le bord du Nil, en face de l'île de *Zorah*, et le village à l'ouest de Cheik-el-Askar, où sont des ruines et une butte ancienne, on traverse le torrent d'*Afaa*, et l'on se rend au village de *Benihocemel-Achraf*, voisin d'un autre village en ruines. Le village ensuite est celui de *Beni-Samrag*, près duquel il y en a un autre en ruines sur la lisière du désert. Continuant vers le sud le long du canal de Joseph, on vient à El-Qobbeh, où sont les ruines d'un autre village, puis à *Koum-el-Ahmar*. Au-delà d'un petit lac ou plutôt d'un étang circonscrit par un mur partie en briques, partie en pierres de grès, on approche de *Beniasian*, qui, du côté de l'ouest et à la lisière du désert, offre des ruines, et en face de *Deyr-Abou-Fanch*, où sont des tombeaux chrétiens. La même direction mène à *Beni-Kaled-el-Qadim*, qui du côté de l'ouest a quelques ruines, et ensuite à *Tounèh*; mais avant d'arriver à ce dernier endroit, d'autres ruines doivent être explorées, celles de *Tunis*, d'*Hermopolis-Magna*, qui en sont peu distantes. La province de Minièh est fort étendue entre le Nil et la chaîne libyque, et en cela elle diffère de la province d'Atfièh qui, au contraire, s'y trouve très resserrée; de nombreux canaux la sillonnent de toutes parts et la rendent naturellement fertile en même temps qu'elle est bien cultivée. En outre des endroits énumérés ci-dessus, on y peut chercher les ruines de Casaë, près d'*El-Arabi*; *Deyr-Saraban*, où sont des tombeaux. En prenant l'embouchure du canal de Joseph auprès de *Beni-Lahia*, on passe par *Darout-Sarahan*, et arrivé au village de *Badraman*, on trouve l'embouchure du torrent *Magnoun*.

Pendant le séjour que j'ai fait à Souady, je suis allé reconnaître, à la partie occidentale du Nil, deux couvens extrêmement anciens; l'un d'eux, nommé *Embeshnada*, est au bord du désert. Ils sont bâtis en pierre de taille, et tout porte à croire encore que ce furent autrefois de splendides demeures. Ces couvens datent de l'établissement du christianisme en Égypte; leur architecture est d'un style grec négligé, et à quelques détails, tels que des aigles posés sur des couronnes ou combinés avec des croix, on pourrait penser qu'ils furent fondés par l'impératrice Hélène. Le même dessin est reproduit dans l'un et l'autre édifice; leurs colonnes étaient d'ordre corinthien, et des croix subsistent dans le champ de plusieurs rosaces. Un bâtiment qui fut sans doute à deux étages réunissait les cellules des religieux; le pavé de l'église était en granit rose, et l'on y distingue des restes d'hiéroglyphes. Par les débris de la frise, je juge que les portes étaient d'ordre dorique. Un demi-mille plus au nord sont les restes d'un autre couvent nommé *Embabshai*, qui était défendu par un fossé d'enceinte d'une grande étendue. Le corps des bâtimens était en briques et les angles et les portes étaient seuls en pierre. La porte du nord paraît avoir été ornée de pilastres corinthiens qui, de chaque côté, supportaient une statue de saint Georges. En général, l'architecture de ce couvent a dû être meilleure que celle des précédens. A l'est, en dehors de l'église, il y a un grand vaisseau qu'on dit avoir servi de fonts baptismaux. Un chemin sablonneux conduit de cet endroit aux montagnes qui sont à l'occident; à la distance d'une grande demi-lieue, on traverse un cimetière chrétien qui est voisin des ruines d'un édifice en forme de rotonde que l'on prétend être une ancienne église. Les loups ne sont pas rares dans cette contrée, et l'on y prend des serpens longs de quinze à seize pieds; les trous fréquens qui sont au penchant de la montagne servent de refuge aux aigles, aux vautours et à différens quadrupèdes; on y remarque enfin des couches de cailloux jaunes, espacées entre elles de huit à dix pouces.

Benihassan tire beaucoup d'agrément des plantations de dattiers qui l'ombragent pendant la belle saison; ses antiquités le rendent un des séjours favoris des archéologues. On y visite des grottes sépulcrales qui sont riches en sujets hiéroglyphiques, et dont les peintures on conservé leur fraîcheur primitive. Le nombre des hypogées de Benihassan est considérable; il faut visiter une espèce de ravin dont les parois, taillées à pic, présentent une suite de portes décorées qui conduisent à des chambres souterraines dans un état parfait de conservation, et cette recherche conduira à une façade de huit grands piliers rangés sur deux lignes et ornée d'un vaste bas-relief. Non loin de là, dans la plaine de sable qui sépare le Nil de la montagne, on remarque divers trous ou puits d'où les fellahs retirent des chats embaumés. Il ne faut fouiller ni long-temps ni bien avant auprès d'un temple peu distant de la montagne pour y trouver des chats enveloppés dans des bandelettes, ou nichés dans des gaînes en toile; il y en a quelquefois plusieurs ensemble bien proprement embaumés et reposant dans la même pièce de toile sur le lit de nattes qui leur fut préparé. On rencontre aussi des momies de divers autres quadrupèdes. J'ai parcouru aux flambeaux des suites de chambres sépulcrales remplies d'ossemens, parmi lesquels il y en a qui ont appartenu à des tigres, des lions, des hyènes, etc. Dans les puits de la plaine dont j'ai parlé tout à l'heure, j'ai vu jusqu'à des quartiers de chats embaumés. Les peintures des hypogées de Benihassan offrent des compositions dans lesquelles le costume et les habitudes de toutes les professions exercées par les anciens habitans semblent caractérisées avec beaucoup de soin. Vers la partie du nord, deux hypogées, que je crois romains, m'ont paru particulièrement remarquables, et surtout celui que précède un portique en colonnes cannelées taillées dans le roc. A l'intérieur, le plancher est soutenu par de semblables colonnes. Les peintures de ces tombeaux ont un ton qui rappelle celui de nos gouaches ; on y reconnaît des images fidèles de quadrupèdes, d'oiseaux, de poissons ; les figures qui représentent des captifs n'ont pas le type caractéristique des anciens Égyptiens ; ces captifs ont des vêtemens de bon goût et riches ; ils portent des barbes pointues ; les uns ont en main des arcs et des lances, les autres des lyres et d'autres instrumens de musique.

Archinoë, à trois milles et demi de *Melauvit*, est au milieu des ruines d'une ancienne ville qui, toute considérable qu'elle fût, me paraît avoir été très irrégulière dans sa distribution. De là au Nil, il y a environ deux milles; les vestiges divers que j'ai signalés dans les ruines précédentes se rencontrent également ici. En remontant de nouveau vers le sud on touche enfin à Monfalout, le dernier lieu désigné dans le sommaire du présent chapitre. Cette ville peut avoir une grande demi-lieue de circuit ; on y compte environ deux cents familles coptes, et elle est le siége d'un de leurs évêques. Les voyageurs qui se rendent dans la Haute-Égypte, peuvent au besoin renouveler ou compléter leur provisions à Monfalout.

CHAPITRE XVII.

LA THÉBAIDE.

Lorsque l'on quitte Qous, limite méridionale du précédent itinéraire, on trouve les ruines de *Koum-el-Karab*; et se dirigeant au sud, on pénètre dans la Thébaïde, par celles de *Hamandi* et *Madamoudt*. Carnak ouvre pour le voyageur la suite extraordinaire d'aspects qui vont se succéder devant lui; Luxor, Gournah, Médinet-Abou, Arment, la vallée de Biban, El-Malouk, Gebelyn, sont les autres points principaux qui s'offriront à son admiration et à ses recherches. La rapidité avec laquelle on peut avoir fait plusieurs explorations n'est plus possible à Thèbes; l'observation prend ici une allure plus sérieuse et plus circonspecte, à cause du caractère grandiose et imposant des monumens, dont le nombre est d'ailleurs si considérable qu'il échappe à l'énumération. Au lieu de quelques mois, le voyageur aurait besoin de consacrer des années à la Thébaïde, car chaque recherche nouvelle qu'on y fait est toujours suivie de nouvelles découvertes.

Le temple de Carnak est un des plus merveilleux exemples de la magnificence des anciens Égyptiens ; ce monument a quatorze cents pieds d'étendue de l'est à l'ouest ; les grandes colonnes qui sont dans la salle hypostle ont trente-trois pieds de circonférence, et ne sont pas moins surprenantes par leur grande élévation. Au reste la Thébaïde réserve bien d'autres sujets d'étonnement pour le voyageur : ses colosses de quarante, soixante et quatre-vingts pieds de hauteur ; les cariatides immenses qui décorent ses propylées ; ses statues démesurées d'Osymandias, etc., etc. Quoique déjà imposans par leur masse, ces vestiges ne le sont pas moins la plupart par leur haute antiquité ; il y en a qui remontent à onze mille ans avant Mœris, ou douze cent cinquante-six ans avant l'ère chrétienne, et cette supputation est au-dessous de celle de Diodore de Sicile et d'Hérodote : sans contredit la Thèbes égyptienne fut la plus magnifique des capitales du monde, et probablement la plus ancienne. On trouvera autour de Carnak une foule d'édifices et de monumens de tout âge, entre autres ceux qui furent découverts par les fouilles que j'y fis faire depuis 1817 jusqu'en 1823, et parmi lesquels figurent soixante-six statues. Mon grand ouvrage sur l'Égypte contient la description de ces statues, et beaucoup d'autres détails qui ne seraient point à leur place ici; je conseille aussi de consulter mon plan topographique de Thèbes. Ces renseignemens divers mettront le lecteur au courant de ce que l'on fait aujourd'hui, et j'ai lieu de penser qu'ils pourront servir à perpétuer le souvenir de ces monumens que menace une destruction autre que celle du temps. Je me souviendrai toujours d'avoir trouvé, en entrant dans le grand temple de Carnak, un Grec qui était occupé à abattre les murailles septentrionales du sanctuaire. Mes affaires m'appelaient en ce moment-là à Cosséir où je dus me rendre; à peine de retour, je revins au grand temple; le malheureux Grec avait fini son ouvrage, et, d'après le dire des Arabes, avec si peu de soin, que beaucoup de pierres de ce sophite avaient été endommagées. Il les faisait crouler au moyen d'une corde, de toute la hauteur où elles étaient posées, et pas une ne fut exempte de mutilation. Ces pierres étaient numérotées avec des caractères de deux lignes de relief, ressemblant les uns à notre chiffre 9, les autres à deux fers-à-cheval symétriquement opposés, ou au chiffre romain qui exprime une dizaine. Toutes sont restées en tas au bord du Nil, et ne sont plus bonnes à rien; elles devaient être transportées jusqu'à Alexandrie, pour le compte d'un Anglais qui en avait offert cinq cents piastres; mais l'impossibilité de couvrir les frais de démolition et ceux du transport avec une somme aussi modique a fait tout abandonner.

Les impressions que le voyageur a éprouvées en voyant le temple de Carnak se renouvellent devant celui de Luxor; ici l'attention est en outre attirée par un palais singulièrement remarquable; on y distingue entre autres des obélisques d'un seul bloc qui ont quatre-vingt-six pieds de haut. Les façades de ces obélisques m'ont paru d'un travail exquis; j'ai été aussi frappé par l'effet que produisent les colosses qui les accompagnent, que j'ai déblayés en 1817 jusqu'à leur base, et que l'on verra dans mon grand ouvrage. Deux de ces figures, que j'ai pris le soin de mesurer, sont de la taille de quarante pieds et quelques pouces. Malheureusement l'ancien quai de Luxor est entamé par le Nil, et ne pourra long-temps encore résister à l'action des eaux qui touchent déjà les dernières colonnes du palais. Ce quai antique est en grandes briques cuites liées entre elles par un ciment d'une dureté extrême; ses ruines offrent des blocs énormes de dix à quinze pieds de large, et de vingt-cinq à trente-cinq de longueur. En dehors de ces débris règne un autre quai en grès qui paraît être d'une époque postérieure; ces dernières pierres conservent des traces de dessins hiéroglyphiques.

A le bien observer, on reconnaît que le temple de Médinet-Abou est composé de deux temples distincts; le plus petit, qui est celui que l'on trouve en venant de Memnonium, paraît être d'une construction moins ancienne que l'autre, et à l'ouest du portique chacun remarquera, comme au grand temple de Carnak, des pierres de taille faisant corps avec la bâtisse, qui ont dû servir ailleurs, vu que les hiéroglyphes qui les couvrent sont tournés sens dessus dessous. Le vestibule est entouré d'un portique à pilastres, ayant de chaque côté deux salles; et tout annonce une église chrétienne dans l'une des deux salles du côté droit. L'intérieur du temple est divisé en plusieurs salles, qui ne reçoivent aucun jour. Dans une des salles à droite, s'élève un autel monolythe tout-à-fait nu d'hiéroglyphes. Ce monolythe dut être placé là avant la construction entière des salles, car il est plus grand que l'ouverture de l'entrée. Ce monument diffère aussi du grand temple par le caractère de ses hiéroglyphes. A sa partie nord on trouve un petit lac près duquel sont diverses statues égyptiennes; ce lac était sans doute consacré, comme celui de Carnak, à la purification de ceux qui fréquentaient les lieux sacrés. Dans une cour adjacente, et précédée de vastes propylées, j'ai été frappé par des hiéroglyphes creusés d'un et de deux pouces dans la pierre; ce sont les seuls de ce genre que j'aie jamais rencontrés. Passant par une seconde porte dans la cour, il faut jeter un coup d'œil sur les décorations des deux côtés du portique : le portique de droite est soutenu par des piliers au-devant desquels sont des figures gigantesques sculptées; celui de gauche porte sur huit colonnes dont les chapiteaux ont la forme de culots de lotus. Les voyageurs verront avec la même admiration que moi, les compositions hiéroglyphiques qui sont gravées sur le pourtour de la cour; ces compositions représentent diverses fêtes et des scènes telles qu'offrandes, sacrifices, combats, courses en chars, initiations, etc. Le système de ces sculptures profondément creusées, montre leur grande ancienneté. Vers le côté sud de ce temple il y en a un autre qui, dans sa dimension bornée, mérite d'être observé. Dans le grand temple on peut encore juger par la distribution et l'étendue de certains appartemens, qu'ils furent affectés au logement des prêtres, ou peut-être des rois.

Armint, l'ancienne Hermontis, offre les ruines de deux temples, l'un égyptien, l'autre grec, et plusieurs vestiges épars au milieu des buttes circonvoisines. Il existe à l'est un village nommé *Botoute* ou Typhynon, où sont les ruines d'un autre temple : c'était ici que commençait l'ancienne Thébaïde, et jusqu'ici s'étendait au midi le territoire spécialement appelé *sacré*.

Parmi les points qui méritent le plus d'être mentionnés, j'indiquerai particulièrement aux voyageurs les hypogées et les tombeaux des rois dans la *vallée de Biban El-Molouk*. Ces sépultures sont creusées en tout sens dans le roc; mais leur entrée est en général percée du côté de l'est. On en voit de grandeurs et de formes diverses; leurs distributions sont on ne peut plus variées. Quelques tombeaux sont précédés d'un vestibule taillé dans le roc : la plupart n'ont qu'une simple entrée décorée d'hiéroglyphes sculptés toujours avec soin. Le vigilant renard ne manque jamais de figurer dans les groupes qui sont représentés par ces hiéroglyphes. Quelques hypogées de la vallée de Biban m'ont paru immenses; quelquefois la descente est graduée par des marches, à l'extrémité desquelles sont des cellules destinées à recevoir des momies. On y trouve des puits profonds qui communiquent par des corridors à des salles souterraines garnies de beaux sarcophages, et le dépôt principal des momies. Ces sépultures, les sculptures qui les décorent, et surtout la fraîcheur et l'éclat des peintures qui s'y sont conservées, font l'étonnement et l'admiration de tous ceux qui les visitent; et ces sentimens sont surtout portés à leur plus haut degré dans les tombes royales.

Le voyageur qui vient à Thèbes, et particulièrement à Qournah, pour faire des recherches archéologiques, doit s'attendre à y rencontrer bon nombre de difficultés de la part des habitans. Ces gens semblent avoir dans l'idée que le monopole des objets d'antiquité est leur patrimoine; aussi ne manquent-ils jamais de regarder d'un œil jaloux les Européens qui viennent remuer par eux-mêmes le sol dont ils ont en quelque sorte usurpé la propriété. C'est inutilement qu'on leur demande des renseignemens. S'ils vous voient commencer quelques tentatives, ils cherchent à vous prouver qu'elles sont mal conçues, ou qu'elles ne portent que sur des terrains déjà déblayés et remués cent fois. A l'arrivée d'un étranger soupçonné de vouloir faire des fouilles, ils interrompent celles qu'ils avaient commencées eux-mêmes; ils profitent de l'obscurité de la nuit pour aller masquer avec de la terre l'entrée des hypogées qui promettaient d'heureux résultats, ou s'ils en laissent qui soient d'une découverte facile, on est certain d'y apercevoir d'abord des débris de momies, et tous les signes les plus manifestes d'une entière dévastation. Celui qui céderait à des conseils intéressés et se découragerait sur des apparences trompeuses et adroitement préparées, aurait certainement abordé d'une manière peu digne de l'intérêt qu'il est en droit d'exciter le champ de la Thébaïde le plus riche en antiquités, et n'emporterait qu'une idée erronée de ses vastes et nombreuses catacombes. Les Arabes ou fellahs de Qournah habitent à l'entrée des hypogées; et c'est dans les recoins de leurs profonds compartimens que sont cachées leurs collections d'antiquités. L'exhibition de ces collections se fait pièce à pièce, lorsqu'il se présente des acheteurs d'Europe. Les hommes ont leurs collections distinctes de celles des femmes; la même collection appartient quelquefois à plusieurs Arabes associés. Le nombre de ces marchands d'antiquités n'est pas très considérable; et ils passent pour les plus riches d'entre les fellahs, surtout depuis les visites fréquentes qu'ils ont reçues des Européens à partir de 1816.

Malgré sa faiblesse numérique, cette poignée d'Arabes a été de tout temps la plus indisciplinée et la plus récalcitrante à l'occasion des mesures du gouvernement, qui, du reste, en a agi avec eux de telle sorte, que leur nombre est aujourd'hui considérablement diminué. A l'époque de la mémorable expédition d'Égypte, les colonnes françaises eurent plus à faire avec ces Arabes qu'avec les autres; et elles furent obligées d'en tuer beaucoup. Les beys des Mamelouks eux-mêmes n'avaient jamais pu parvenir à s'en rendre maîtres. Mais, en outre de ces hôtes indépendans, les grottes sépulcrales étaient aussi habitées par tous les mauvais sujets de l'Égypte, et leur offraient des retraites d'où ils ne sortaient que pour piller les voyageurs et les pélerins de la Kaba. Les Mamelouks en firent périr beaucoup, soit en les attaquant en rase campagne, ou en portant des feux dans leurs repaires, de sorte qu'ils étaient ou brûlés, ou étouffés par la fumée. La population des grottes en question, qui s'élevait autrefois à quatre mille âmes, n'en comporte pas aujourd'hui plus de quatre cents. On aurait tort de penser que les sévères représailles qui faillirent les anéantir durent changer les mœurs de ces Arabes; tout annonce au contraire, sous plusieurs rapports, la persistance de leur caractère primitif. On ne les voit se livrer à aucune pratique de religion; ils n'ont pas même de mosquée. Ce n'est que par la force qu'on leur fait cultiver, le long du Nil, un terrain d'une lieue et demie de long sur une demi-lieue de large. Le commerce des antiquités est leur unique métier; leurs mains ne se saisissent volontiers des instrumens aratoires que pour extraire de la terre les vieux débris qu'elle recèle. Cet état des choses semble surtout avoir pris plus de fixité depuis 1817, et par le concours et la rivalité des étrangers qui sont accourus aux ruines de la Thébaïde. Je puis assurer qu'avant cette époque, en 1815 et 1816, la plupart des objets d'antiquité s'achetaient des mains des femmes moyennant quelques grains de verroterie de Venise, et des hommes, avec un petit nombre de ces piastres du pays qui valent huit sous chaque. Aujourd'hui tout cela est d'un prix plus élevé, mais qui laisse encore une fort belle marge aux spéculateurs; car on trouve aisément à se défaire en Europe au prix de 1,000 francs de tel article qui n'a dû coûter que 100 piastres d'Égypte. Les bénéfices que présente cette branche de commerce ont même fini par tenter les Turcs; les cherkbalettes, les agas, les kaïabeys de Méhémet-Ali se sont mis à faire des fouilles pour leur propre compte, et trafiquent à leur tour des restes de la savante antiquité. Cependant lorsque je quittai l'Égypte, le bruit s'était répandu que le pacha allait s'emparer de cette branche d'industrie, et l'on craignait qu'il ne fût plus permis désormais aux Européens de faire des fouilles comme par le passé.

J'ai déjà parlé de la surveillance qu'il faut exercer sur les Arabes qu'on emploie aux fouilles. Voici d'autres conseils que je ne crois pas inutiles non plus aux voyageurs. Lorsqu'en découvrant des momies on veut s'assurer si elles ne recèlent pas quelque papyrus, il faut les visiter sous la tête, sous les aisselles, sur la poitrine, entre les mains, entre les pieds, sous la plante des pieds. C'est le plus souvent sur les momies encaissées que se trouvent les papyrus; celles qui sont simplement enveloppées dans le linge n'en contiennent presque jamais. J'ai observé une grande diversité dans le mode d'embaumement des momies, ainsi que dans les ornemens des cercueils; j'ai vu des momies dont les membres n'étaient pas enveloppés avec le corps, et qui portaient des sandales aux pieds : dans celles-ci, les doigts des pieds et des mains sont enveloppés isolément : sur celles-là, on aperçoit des couronnes et des guirlandes d'acacia, de lotus, ou d'autres plantes aquatiques. Les momies de femmes ont quelquefois des colliers, des bracelets. La plupart des bijoux que l'on trouve de la sorte sont fort minces, mais d'un or très pur. Certaines momies ont des paupières et des sourcils en émail, ou bien en ivoire et en plomb; dans d'autres on a employé l'or; et en outre d'un masque entièrement du même métal, il s'y rencontre sur la poitrine des plaques d'or couvertes de caractères hiéroglyphiques, et même des inscriptions grecques. A la vérité, ces dernières sont rares, et à ma connaissance on n'en a encore découvert que cinq : deux à Thèbes, et trois à Saqqarah. L'une de ces dernières plaques fut remise à Méhémet-Ali, qui en fit cadeau à son ami l'amiral Sydney-Smith [1]. Les momies des grands personnages sont beaucoup plus ornées que les momies des hommes vulgaires; leurs chambres sépulcrales sont aussi décorées avec beaucoup plus de luxe. Ces pre-

[1] Celle-ci avait été trouvée en creusant le canal de Mamoudièh.

mières momies portent des bijoux divers en or, et de plus, il y a près de leurs caisses de petites boîtes renfermant des idoles en terre cuite. Ces boîtes, en sycomore ou en bois d'aloès, ont quelquefois la forme d'un oiseau, tel que le perroquet, avec la tête couronnée par une lune ou un croissant, ou bien celle d'un ibis, d'un pélican. Toujours impair, le nombre des idoles qui accompagnent une momie va jusqu'à deux cent trente-cinq ou deux cent cinquante-cinq, trois cent un ou trois cent cinq. Des personnes veulent que le nombre des idoles annonce l'âge du mort, d'autres le millésime de sa mort. Je ne déciderai rien à cet égard; je me borne à reconnaître que ces idoles sont fort bien traitées et arrangées avec beaucoup de précaution dans leurs boîtes. Mes fouilles m'ont procuré des momies renfermées dans trois et même cinq caisses l'une dans l'autre. Le fond des caisses de momies est ordinairement en jonc; les hiéroglyphes sont peints de quatre ou cinq couleurs différentes. On a tant vu en France de ces caisses de momies communes, que je n'insisterai pas sur leur description. Quant à celles qui, au nombre de trois ou de cinq, comprennent une seule momie, j'ai quelques détails à ajouter à ce qui précède. La première caisse a la forme d'un carré long, et quelquefois elle est en bois de fer; les hiéroglyphes qui la recouvrent sont des incrustations d'un mastic noir d'ébène du plus beau poli. Le couvercle de cette première caisse est cylindrique, et porte les figures peintes en noir de deux renards accroupis, avec leur collier jaune : il arrive que ces animaux sont en mastic et forment bas-reliefs. Ces momies sont rares; cependant les Arabes en découvrirent sept en 1817, à la partie sud-ouest de Qournah.

En outre des petites idoles dont j'ai parlé plus haut, les chambres sépulcrales renferment des vases ou canopes en pierre cuite, vernissés; d'autres vases en albâtre ou en terre calcaire, dont le couvercle représente des figures d'hommes et celles de divers animaux. Ces vases renferment parfois des momies d'oiseaux, de poissons, de quadrupèdes; un enduit de mastic fait que le couvercle joint hermétiquement avec le vase. Des scarabées de toutes les tailles et de matériaux divers, en basalte, en verre, en cuivre, en fer, en or; de couleurs différentes, jaunes, verts, noirs, etc., composent les ceintures de plusieurs momies humaines, et ajoutent avec les amulettes qui les accompagnent aux récoltes de choses précieuses réservées à ceux qui se hasardent vers les hypogées de la Thébaïde. J'avertis aussi que pour bien reconnaître ces hypogées, il faut, lorsqu'on en tient l'entrée, n'y pas faire un pas sans frapper les murs adjacens avec un marteau, afin que le bruit plus ou moins retentissant qui sera produit, avertisse ou non de la présence des chambres sépulcrales. Faute de cette précaution, on pourrait passer sans s'en douter devant les compartimens les plus intéressans, et n'aller faire au-delà que des tentatives infructueuses. Le sol sur lequel on marche doit être interrogé de même et très fréquemment, à cause des puits qui conduisent aux chambres inférieures. Il m'est arrivé de faire six à sept cents pas dans ces lugubres demeures avant d'atteindre des chambres qui méritassent mon attention; et, quoique aguerri contre l'impression morale que ces lieux font généralement éprouver, je n'ai pas supporté sans peine le malaise physique que causent la poussière et l'odeur des momies dont on trouble l'antique immobilité.

Avant de sortir de la Thébaïde par *Gebelyn*, pour me diriger vers Assouan, je me rappelle encore la destruction commencée du temple de Carnak, et celle dont on menaçait Luxor en 1826. On avait conseillé au pacha de faire une salpêtrière du temple dont il est question plus haut, et j'avoue que je compte trop peu sur le respect que ce prince porte à l'antiquité pour assurer que l'un de ses plus majestueux débris soit épargné. Les maîtres actuels de l'Égypte ne songent qu'à leurs intérêts personnels, et non aux monumens admirables dont cette contrée est couverte : je n'en sache guère qui ne fût capable d'agir comme ce cachef nubien que j'ai connu, et qui, lorsqu'il était pris d'eau-de-vie de dattes, cassait avec un marteau des têtes de sphynx pour voir si elles ne renfermaient pas des trésors.

Les voyageurs en Égypte ne doivent pas oublier de visiter les grottes sépulcrales de *Samoun* (ou *Sanabou*), dans lesquelles on trouve embaumés des milliers de crocodiles ainsi que leurs œufs. Ces grottes occupent un espace de près de trois lieues dans la chaîne arabique, et l'on croirait que la nature elle-même les a creusées, car on n'y reconnaît nulle part la trace des instrumens dont les hommes se seraient servis pour cette opération. Leur accès est difficile; on est obligé de se glisser à plat-ventre pour entrer. Les salles dans lesquelles on pénètre sont diverses entre elles sous le rapport de leur élévation et de leur grandeur; il y en a d'immenses et de fort irrégulières. Ces hypogées de crocodiles en contiennent de toute grandeur, depuis dix-huit pouces jusqu'à vingt-trois pieds de longueur. Les œufs de crocodiles sont entourés de bandelettes de toile ou de tissu de dattier, et recouverts de bitume : ces bandelettes forment quelquefois cinq enveloppes complètes. Sur le penchant de la même montagne, on rencontre aussi des momies humaines, embaumées selon diverses méthodes, et plus ou moins bien conservées; il est facile de s'en procurer, mais on doit prendre la peine d'en retourner un grand nombre, afin d'en choisir quelques unes en bon état.

CHAPITRE XVIII.

SAID INFÉRIEUR.

Anatoepolis. — Routes à parcourir. — Inondation de 1816. — Tombeaux. — Commerce d'eunuques. — Procédé de la castration. — Antiquités remarquables. — Couvent d'Akmin. — Immense bloc de pierre. — Ermitage. — Les Corylea Thebaica. — Girgèh. — Les melons de Farchout. — Denderah. — M. Brigs. — Coptes. — Médailles. — Scarabées. — Quous, etc.

La ville de *Syout*, située au sud-est de Monfalout, occupe la place de l'ancienne *Lycopolis*. C'est à Syout que l'on prend la route suivie par les caravanes pour se rendre à Dongola et dans le Darfour, route qui est dans la direction du sud au quart sud-ouest. En parcourant la province dans la partie qui est à la droite du Nil, on trouve à l'entrée de la *vallée de Syout* les ruines d'*Abou-Sorrah*. La route qui conduit à ces ruines part du village dit *Nezlet-Abou-Sorrah*. En entrant dans la vallée de Syout par *Arab-Hatem*, on arrive au couvent de *Deïr-Davaneh*, situé dans les terrains cultivés, et proche du village du même nom. A peu de distance de là sont les ruines de *Qaou-el-Kébir*, ou *Anatoepolis*. En 1816, le Nil envahissait ce dernier endroit : lorsque j'y revins en 1824, les colonnes que j'avais remarquées avaient disparu, à l'exception d'une cependant, qui, si elle subsiste encore, pourra servir de signal à de nouveaux visiteurs. Il faut voir ensuite les tombeaux de *Cheik-Abou-Dembour* et *Ezbet-el-Oioum*; cependant je conseille de ne pas négliger, chemin faisant, la côte adjacente, les grottes sépulcrales et les blocs de grès détachés qui sont à l'est de Rahenèh. La route qui va dans le sud-est traverse une gorge voisine, et je remarquerai aussi que l'espace compris entre la côte et le fleuve, vis-à-vis des ruines d'Aboutig, qui sont au garp (à l'est), offre ici comme une prolongation du désert. Les tombeaux de l'ancienne Lycopolis m'ont aussi paru très curieux : ce sont des grottes creusées dans la montagne, ot l'on y va par la route de Dongola. Lorsque l'on suit le canal de *Saouagi*, on passe à *El-Deyr*, ancien couvent copte, et l'on gagne un pont à trois arches. Le canal en question arrose plusieurs villages dans son cours, et présente vers *Beni-Adin* une très belle nappe d'eau. Il y a encore des tombeaux à voir à l'ouest, auprès d'*El-Haussar*.

La pratique de la castration, et le commerce

des eunuques, est une des principales ressources industrielles du village de *Zawyet-el-Deyr*, proche Syout. Ce village n'est presque composé que de chrétiens, c'est-à-dire de Coptes, et l'on y voit des religieux exercer aussi-bien que les autres habitans l'art de faire des castrats. Les sujets choisis pour cela sont des négrillons âgés de huit à neuf ans, qui sont fournis au nombre de deux cent cinquante, année courante, par les caravanes de Sennaar. L'automne est la saison la plus favorable, et qui est choisie pour la castration; mais à leur maigreur excessive, et à leur profonde tristesse, on reconnaît long-temps les victimes de cette opération barbare. Un nègre mutilé vaut jusqu'à 12 ou 1,500 piastres; on en trouve le facile placement en Turquie et en Syrie; mais le pacha d'Egypte en retient toujours un assez grand nombre, tant pour son usage que pour en faire cadeau au grand-seigneur, car la tolérance du pacha à l'égard de Zawyet-el-Deyr est loin d'être désintéressée. J'ai eu deux fois l'occasion d'assister dans ce village à l'opération de la castration; l'indignation que je ressentais, et que je manifestais hautement, faillit me susciter des rixes très sérieuses; mais l'intervention de quelques médiateurs les empêcha bien contre mon gré. Je me rappelle que ces médiateurs me disaient, en faisant tous leurs efforts pour m'empêcher d'agir : *Cravagi di malech; marchand, cela ne te fait rien.* Je donnerai dans mon grand ouvrage la description de l'opération en question.

Avant de continuer le cours des excursions réservées au présent chapitre, je vais donner l'énumération des lieux les plus intéressans par leurs antiquités, entre Syout et Qous.

Syout, ou Lycopolis.
Aboutig, Hipseles, Aphroditopolis.
Cobèl-Arab-Ragny.
Tatah.
Akmin, Panopolis, Cheinnis.
Mensièh, Ptolémaïs.
Crocodilopolis.
Girgèh.
Abydos el Berbi, Madefoun.
Farchout, Acanthus.
Badjoura.
Hou, Diespolis Parva.
Rahasti, Chenobosci.
Tentyra, Denderah.
Kenèh, Neapolis.
Amarah.
Cheik, Hièhelgaragièh.
Kept-Coptos.

Contra Coptos.
Qoûs, Apollinapolis Parva.
La ville d'Aboutig, est à un mille environ de la rive occidentale du Nil; c'est le siége d'un évêque; il y a aussi un couvent de Franciscains. A la partie nord-est, on trouve deux petites éminences près desquelles on passe pour se rendre à *Gava Kiebrit*. Si j'en juge d'après les restes qui subsistent, ce dernier endroit posséda jadis un monument des plus beaux; on y peut du moins mesurer des blocs de pierre qui ont vingt-deux pieds de longueur, sur huit de largeur et quatre d'épaisseur. Akmin, ville où l'on arrive ensuite, est à un tiers de lieue du Nil, sur sa rive droite. A l'époque de la crue du fleuve, un canal coule presque tout autour de l'éminence sur laquelle Akmin est bâtie. Les maisons de cette ville sont en briques crues, à l'exception de leurs parties anguleuses, pour lesquelles on emploie la brique cuite, et les rues sont assez larges. La fabrication des toiles de coton occupe la majeure partie de la population. Le couvent des missionnaires franciscains mérite d'être visité. On compte, tant à Akmin qu'aux environs, près de deux mille chrétiens catholiques ou schismatiques. Les restes d'antiquités sont hors la ville; on trouve vers le nord-est, parmi les ruines

d'un temple ancien, un bloc de pierre qui n'a pas moins de dix-neuf pieds de longueur, et qui est large de huit et épais de trois pieds. Il est malheureux que les habitans aient employé à faire de la chaux une grande quantité de pareils matériaux. Du même côté, c'est-à-dire toujours au nord-est, on voit les ruines d'un autre temple; cependant tous les ornemens de ces monumens n'ont pas été détruits, et leurs colonnes ont servi pour la construction de la mosquée de la ville moderne. On doit aussi aller au couvent des Martyrs, situé à une lieue environ, au pied de la montagne; et une petite lieue plus loin dans la vallée qui est au revers de la même hauteur, celui de *Deyr Madoud.* On ne saurait imaginer un lieu plus retiré que ce dernier; les regards n'y sont frappés d'abord que par les restes d'une chapelle et de nombreux blocs taillés dans le roc; quelques fragmens d'inscriptions coptes subsistent encore sur les murs en briques de la chapelle. Un sentier très rapide conduit à un petit bâtiment suspendu au flanc d'une des montagnes adjacentes; ce dut être l'habitation de quelque ermite; les fissures des rochers voisins laissent échapper une eau pure, et celle du puits appelé *Ber el Aham,* lequel est creusé dans les mêmes rochers, est réputée en

Égypte comme la meilleure qui ne vienne pas du Nil. Près de là, sont des grottes et des bâtimens, ou plutôt des huttes, qui servirent de retraite aux chrétiens. En sortant de cette vallée et au-delà du village d'*El Gourney*, on voit dans la montagne des grottes sépulcrales creusées les unes sur les autres. Ces hypogées occupent les trois quarts de la hauteur de la montagne; quelques unes communiquent à des galeries souterraines, quelques unes sont peintes simplement, d'autres ont des groupes de figures pour ornement. Quoique ce ne soit peut-être pas ici le lieu, j'ajouterai à ces renseignemens archéologiques, que c'est en venant à Akmin par Syout, que l'on voit les palmiers d'Oum, désignés dans Linnée comme *Corylea Thebaica*.

Girgèh, sur la rive gauche du Nil, était jadis la capitale du Saïd, ou de la Haute-Égypte. Cette ville peut avoir une lieue de circuit; la majeure partie des maisons sont bâties en briques cuites. On y compte environ deux cents chrétiens catholiques, et son couvent de missionnaires franciscains est encore curieux à visiter, quoique sous le règne des Mamelouks, les janissaires composant la garnison l'aient pillé trois ou quatre fois. Au charq de Girgèh, et sans sortir des terres cultivées, et on trouve d'abord les ruines d'*Aboumarah;* si au contraire on se dirige vers l'ouest, on arrive, après avoir fait une lieue et demie, à un village appelé *Birbè*, qui est évidemment bâti sur l'assise d'une ville ancienne. L'exhaussement du sol favorise cette opinion, et j'ai jugé qu'il devait exister autrefois un temple, dans une place profondément creusée, et d'où l'on enleva des matériaux pour les édifices de Girgèh. Peut-être que Birbè remplace l'ancienne Abydos et le palais si renommé de Memnon. De cet endroit l'on se rend en sept jours de marche à la grande Oasis, voyage très pénible à cause des sables mouvans que l'on rencontre fréquemment dans cette partie du Désert occidental.

Au sud de Girgèh, le voyageur peut reconnaître la petite ville de *Bardis*, célèbre pour ses abondantes récoltes d'anis. Plus loin, dans la même direction, vient *Farchout*, autre petite ville, pauvre, mal bâtie et presque en ruines. Les melons de Farchout sont réputés les meilleurs de toute l'Égypte. On a encore un nouveau couvent de missionnaires franciscains à visiter ici. Près de là, sur le bord du Nil, est située l'ancienne *Diospolis Parva*, aujourd'hui nommée *Hou*. Après avoir vu quelques tombeaux au sud de Hou, il faut se reporter vers la chaîne Libyque, et bien observer les hypogées qui s'y trouvent: il m'a semblé que des fouilles sont à faire en cet endroit. Tandis que l'on est à la côte Libyque, on est à même de gagner, en la suivant, *El Hamadièh*, et près de là deux couvens, dont l'un est dit le *couvent Rouge*, et l'autre, tout proche et au-dessus de *Magris*, le *couvent Blanc*.

De Hou, l'on va à *Denderah* ou *Tentyris*, en passant par *Reisere*. Denderah est à une demi-lieue du Nil. Les ruines qui appartiennent à cette ville sont considérables ; elles ont près d'une demi-lieue d'étendue de l'est à l'ouest, et presque un quart du nord au midi. On se fait une idée de la manière de se loger des anciens habitans, par les restes en briques crues de quelques maisons. Le grand temple a deux cents pieds de long sur cent quarante-cinq de large. Ce monument est assez bien conservé, et l'impression qu'il cause tient non seulement à sa masse imposante, mais aussi au caractère particulier qu'il doit aux figures colossales de sa façade méridionale, à la quadruple ceinture hiéroglyphique qui l'entoure, aux peintures sentencieuses de ses portes d'entrée, à la ligne saillante de ses gouttières à tête de sphynx. Tous les autres détails qui peuvent intéresser sur Denderah se trouveront dans l'ouvrage que j'ai déjà plusieurs fois annoncé. On fabrique à Denderah quantité de grains de chapelets faits avec le noyau du *doum*, et c'est la matière d'un commerce assez considérable avec les Bédouins et autres qui se rendent en Afrique. Les marchands de *Souaken* portent au marché de *Cendy* beaucoup de ces grains de doum, ainsi que des grains de verre, qui sont envoyés ensuite à *Courdoufou*.

A l'orient, et presque vis-à-vis les ruines magnifiques de Denderah, est la ville de Qenè, si réputée pour ses excellentes poteries. Qenè est le principal entrepôt des échanges que l'Égypte fait avec l'Inde par l'échelle de Cosséir, sur la mer Rouge, ce qui la rend déjà très commerçante et très animée; mais le mouvement qui lui est ordinaire devient bien autrement remarquable à l'époque du départ des pélerins pour la Mecque, et à leur retour. J'ajouterai à ces détails statistiques, que les cruches nommées *jir*, et dont l'usage est si commun, se fabriquent particulièrement à *Touerat* et à *Balas*. Plusieurs jardins de Qenè méritent d'être visités, entre autres ceux de *Moulet Asen*, *Seyd* ou *Mousen*, de *Cheik Hauma*, *Cheik Mansaout*, etc.

M. Brigs avait apporté de l'Inde beaucoup de

plantes et d'arbustes que l'on entreprit de cultiver dans ces divers jardins; mais lorsque j'ai voulu les voir, on m'a appris qu'une inondation avait tout emporté.

Avant d'arriver à Qous, il faut s'arrêter à Coptos, ville qui fit autrefois un grand commerce avec le port de Bérénice. La distance d'environ cent milles qui sépare Coptos et Bérénice est encore marquée par des puits et des vestiges de caravansérails. Coptos a été le refuge de beaucoup de chrétiens aux premiers temps de l'établissement du christianisme; plus tard cette ville fut rasée lors d'une révolte sous Dioclétien. On trouve sur son sol très exhaussé des restes de pilastres et d'autres débris en granit rose. Un grand bassin de deux cent trente pas de long sur cent cinquante de large, est à son côté oriental, et fut destiné sans doute à retenir l'eau que le Nil y portait lors de sa crue. Vers sa partie sud-est, il y a quelques débris de sarcophages et d'autres fragmens. Sur une hauteur, près du canal, on croit reconnaître les ruines d'une église et un ancien cimetière. C'est de ce côté que les Arabes cultivateurs trouvent des médailles, de petites idoles, des pierres gravées, des amulettes, des scarabées, des fragmens d'émeraude, etc. Les voyageurs se procureront de ces objets en s'adressant directement aux fellahs de Coptos.

Après avoir traversé à l'occident *Nageadi*, village habité par un grand nombre de chrétiens, on arrive enfin à Qous, l'ancienne Apollinopolis. Cette ville est bâtie sur une hauteur; ses maisons sont en briques crues, et toutes ses rues tortueuses, sans exception. En allant de là à Thèbes, on peut s'arrêter au chétif couvent qui est vers les montagnes d'*Aboukter*.

CHAPITRE XIX.

SAID SUPÉRIEUR.

Arabes pasteurs de la tribu de Wassel. — Esnè. — Carrières de grès. — Ruines d'Ombos. — Tribu des Ababdez. — Catacombes. — Tombeaux. — Étang. — Itinéraire à travers des lieux à peine connus. — Syenne. — Le serpent merveilleux. — Éléphantine. — Obélisque. — Philoé. — Lions en granit. — Hiéroglyphes. — Première cataracte du Nil.

J'ai quitté la Thébaïde en me dirigeant vers Esnè, et maintenant je vais aller de ce dernier endroit jusqu'aux frontières de la Nubie, à Syenne ou Assouan. Je ne dois point omettre cependant, qu'étant sorti de Thèbes et gagnant un peu vers l'est, on trouve la tribu de *Wassel*. Ces Arabes vivent en pasteurs comme les Avouasem, et sont réputés aussi braves. Esnè est l'ancienne Latopolis; à l'est de cette ville on visite la *Contra-Latopolis*, dite *Berbiralle*, et vers la partie nord, les ruines du temple d'*Agar* et le couvent de *Matana*. Lorsqu'on a gagné *Contra-Apollonos*, on peut se rendre à *Redeysièh;* on passe à *El-Tannab* et *El-Seray*, et aux ruines de *Toum*. J'ai observé dans cette excursion la chaîne arabique, qui s'étend par trois points différens dans le désert. En suivant le cours du Nil à travers les terres cultivées, on a l'occasion de voir les carrières de grès de *Gabel Seleh*. Du côté de l'ouest il faut s'arrêter à *Edfou*, Apollinopolis, et aux carrières de grès qui sont au-delà de son temple; puis aux catacombes de *Deyr Mehalle-Mangarah*, ou *Koum-el-Favaly*, aux catacombes et aux carrières d'*Abou-Arougeh*. L'on arrive ainsi, c'est-à-dire en suivant toujours la partie occidentale de la vallée, aux ruines d'*El-Hammam*, et à une suite de carrières dans l'une desquelles on voit les restes d'un temple qui y fut non pas bâti, mais bien creusé. *Fares* et les ruines voisines du village nommé *Resras*, doivent être comprises dans cet itinéraire. Près d'*Eltell* passe la route suivie par les Arabes de Dchemièh pour aller de la Haute-Égypte à la grande Oasis; j'observe qu'une autre route dont le point de départ est plus au sud, conduit également à la même Oasis.

Se reportant du garb vers le charq, ou de l'ouest à l'est, on voit les ruines d'Ombos; si l'on faisait des fouilles dans l'emplacement demi-circulaire qui est près de ces ruines, on trouverait certainement le nilomètre, que l'on sait y avoir existé. La difficulté de me procurer des ouvriers, vu qu'ils habitent tous assez loin de là, m'a empêché de m'occuper de cette découverte, qui probablement eût été accompagnée de plusieurs autres non moins intéressantes.

Dans une autre excursion que je fis en partant de la *Contra-Latopolis* en face d'Esnè, je visitai d'abord les carrières et le temple ruiné dont il est question plus haut; ensuite j'allai au village de Mohamined, près duquel sont encore des carrières, des catacombes et un temple isolé; puis au village d'*Assoulieh,* et au sud de ce village, aux ruines d'Elethya, où je remarquai des digues en pierre. Il y a ici des ruines qui mériteraient d'être exploitées; les deux autres temples en ruine que l'on trouve auprès de la chaîne arabique servent d'asile à quelques santons; les campemens de la tribu des Ababdez se voient ordinairement aussi le long de la même côte. Partant du côté ouest et suivant vers le sud, et à partir de *Kiman,* lieu voisin de la route de la grande Oasis, on peut aller à *Cafre Abdallah,* où l'on trouve un santon, une citerne et un petit temple. Après avoir dépassé Latopolis et divers villages, vient le village de *Garieh,* puis celui de *Saherali,* à l'ouest duquel, et à la base de la chaîne libyque, on voit un couvent, ou *deir*, en ruine. La destruction de ce couvent doit remonter à l'époque où Dioclétien faisait persécuter les chrétiens d'Égypte. Au sud de ce lieu, on a *Koum Merèh*, vaste butte située en un ancien canal et un torrent, et le point de jonction de la route de la grande Oasis et de celle du village de *Chavanalieh*, village au-dessous de Koum Merèh. Il faut visiter les catacombes que l'on trouve à l'ouest, et qui sont sur un fond de rocher, puis des tombeaux turcs et les ruines de Koum Saffeh. Cette exploration peut se prolonger par la partie orientale à *Chanabieh-el-Gedit*; à Mohamerieh où est la pyramide la plus au sud de toute l'Égypte; par *Koum-el-Saah*, d'où l'on gagne les ruines de *Hieracopolis*, ou *Koum-el-Alimar*. Il y a ici un étang nommé *Berkel-el-Hamman*, au sud duquel sont les catacombes. Dans la même direction vient le village d'*El-Helleh*, point de jonction de la route d'*El-Teirah* avec celle de la grande Oasis. Avant de quitter les montagnes à l'ouest des catacombes d'El-Hamman, on passera par le côté oriental des ruines de *Baroc*, ensuite aux catacombes de *Kelk-el-Gebli*, et enfin au *Koum-el-Hacanah*. Au sud de cette butte, il y a d'autres ruines, et vers sa partie occidentale on voit sur le roc une habitation qui ressemble à un ermitage. Edfou, qui se trouve près de là, permet d'interrompre l'excursion ci-dessus détaillée.

Dans une autre excursion, comprenant principalement Ombos, Daraouèh et Deglit, je suis parti du village d'*El-Rahameh*, et à travers une plaine couverte de cailloux et de sable, qui s'étend vers l'est, j'ai gagné *El-Kannaqèh*, et la route de Daraouèh à *Bir-el-Rahinet*, autrement la route de *Cheik-Amar*. Après m'être arrêté à *Koum Ombou*, ou, si on le préfère, Ombos, proche du village d'El-Kannaqèh, et avant d'arriver à Daraouèh, j'ai visité des ruines romaines, et plus au sud des carrières de grès. Ces carrières sont avant Melisab, où passe et se divise la route de Sennaar à Daraouèh. On a de nouvelles carrières très vastes et très profondes avant d'atteindre le village de *Naièh*, et plus au sud *El-Mogleh* et *Chiumah*; ce sont de véritables catacombes qui méritent l'attention des voyageurs. De là on passe par le village d'*El-Kaiougèh*, également situé sur la rive droite du Nil. Me portant sur la rive gauche du fleuve, j'ai parcouru les ruines de *Contra-Ombos*, proche le village de *Sebahièh*. C'est là qu'est la gorge dite *Biban Mausourieh*, qui communique à la route de la grande Oasis. Ensuite j'ai passé à *Naqa* et à *Abouazik*, où est une autre gorge que traversent deux routes, celle de la grande Oasis et une autre route, dite de *Chebb*. Celle-ci, qui touche le village de *Hindellah*, est surtout fréquentée par les bandes de la tribu des Ababdez, lorsqu'ils rentrent en Égypte. Les carrières de *Chedieh* sont au sud de cet endroit, d'où l'on peut se rendre aux catacombes de *Deyr-el-Gobbeh.*

Syenne mérite, tant à cause de ses antiquités que de son site, toute l'attention des voyageurs. Si l'on commence par les ruines du couvent copte, situé sur un rocher sur la gauche, on y observera des petites cellules séparées les unes des autres, et des grottes qui durent servir de chapelles. La vue dont on jouit en cet endroit est charmante, et elle permet de saisir tous les accidens de la première cataracte. Les Arabes font divers récits sur le couvent en question ; ils disent qu'un roi du pays y cacha un trésor considérable lors d'une expédition qu'il fit contre les Éthiopiens, et dans laquelle il perdit la vie. Depuis, ce trésor est resté à la garde d'un énorme serpent dont les yeux brillent comme des diamans, et qui ne sort que la nuit pour s'aller abreuver au Nil. Dans d'autres versions, le serpent est remplacé par un lézard aussi grand qu'un crocodile. Syenne est bâtie sur un roc de granit; du haut de la ville on découvre une vue superbe d'Éléphantine et de la ville neuve; on y voit aussi la plus grande partie de la cataracte, surtout lors des basses eaux. Les rochers, disséminés ici sur le passage du fleuve, s'étendent à la distance de trois lieues, jusqu'au port de Philoë, nommé en arabe *Morada*. Lors de l'expédition d'Ismaïn-Pacha, on débarrassa le passage de la cataracte des rochers qui l'obstruaient, afin que les barques chargées des munitions de l'armée le pussent franchir; et les voyageurs ont maintenant la faculté de pouvoir naviguer sur cette partie du Nil aussitôt qu'il s'y trouve assez d'eau. Ceux qui craignent de se hasarder au milieu de cet archipel de rochers n'ont à faire que deux lieues par terre pour aller de Syenne à Philoë.

On visite au-dessus de la ville neuve de Syenne un petit temple égyptien qui a échappé à l'attention de plusieurs curieux, parce que le sable l'encombre jusqu'à la hauteur de la corniche. Les Arabes nomment *El-Chay* l'île d'Éléphantine, où l'on va à cause de son nilomètre et de diverses ruines : les voyageurs y trouvent aussi l'occasion d'acheter des habitans de petits objets d'antiquité, des idoles, lampes lacrymatoires, amulettes, bagues, scarabées, médailles, pierres dorées, etc.

En parcourant les abords de la cataracte, on aperçoit de temps en temps des sujets hiéroglyphiques et des inscriptions gravées sur le roc même; j'en ai rencontré aussi dans les vallées à l'ouest de Philoë. Parmi les choses qui m'ont frappé à Syenne, je ne dois pas omettre les carrières où j'ai vu un obélisque taillé dans le roc, auquel il ne tient plus que par sa base, et deux grands bassins qui présentent une circonstance semblable.

L'abord de Philoë est d'un aspect magnifique, surtout lorsqu'on s'arrête à quelque distance des rochers granitiques qui se hérissent de toutes parts, et des palmiers qui les couvrent de leur ombre. Pour mieux jouir du coup d'œil, il faut choisir le lever du soleil, et attendre le moment où, le brouillard venant de se dissiper, la scène se détache sur l'azur du ciel. Vers la partie où se fait le débarquement, le voyageur remarquera un temple qui ne fut pas achevé, et dont les colonnes sont plus déliées et d'un style plus élégant que celles des anciens monumens égyptiens. On a lieu de penser que l'architecture commençait alors à ne plus s'astreindre aux règles suivies depuis les premiers temps, et qu'elle allait élever enfin des monumens d'un meilleur goût et d'un plus bel effet. J'ai reconnu dans le temple en question des pierres chargées d'hiéroglyphes et retournées; ce qui indique, comme à Carnak, qu'elles avaient appartenu à des monumens plus anciens et peut-être primitifs. Le propylée de la façade méridionale du grand temple de Philoë présente deux portiques, et la colonnade est surmontée de chapiteaux de style différent. C'est à l'entrée de ce portique qu'était l'obélisque renversé, dont le piédestal, à droite en entrant, portait une inscription grecque. Un autre obélisque, avec son piédestal, se trouve aussi près de là renversé sur place; mais on voit encore sur pied l'obélisque en grès qui est à l'extrémité sud de l'île. Celui-ci est tout uni et sans aucune trace hiéroglyphique. Auprès du temple étaient deux lions en granit, que je crois être toujours sur les lieux. Après avoir passé le portique, et en arrivant au vestibule, on observera, du côté occidental, le petit temple d'Isis qu'entourent des piliers dont les chapiteaux représentent la tête de cette divinité. L'intérieur est divisé en trois pièces, qui sont un portique, la nef et le sanctuaire. Il n'y a aucun doute que ce temple servit d'église aux chrétiens, car on reconnaît encore le mortier dont on recouvrit les hiéroglyphes. Une galerie au côté oriental, qui est divisée par cellules, doit avoir servi de logement aux prêtres. C'est après le second portique que l'on arrive à la partie la plus intéressante et la mieux conservée. Les sujets hiéroglyphiques y sont d'un fini parfait, et coloriés, ainsi que les chapiteaux. Les colonnes, au nombre de dix, sont ornées de figures et de caractères hiéroglyphiques. Au côté occidental et au nord-est de l'île de Philoë, on reconnaît les restes de trois arches, constructions romaines, dont les murs sont recouverts d'un enduit, et qui montrent encore des figures peintes d'apôtres. On distingue des hiéroglyphes aux places qui ont perdu leur enduit. Au nord, sur les derrières du temple dont il vient d'être parlé, il reste des fondations d'édifices qui durent servir d'églises aux chrétiens, et que l'on a construits avec des matériaux enlevés à d'anciens monumens égyptiens. L'ensemble de Philoë forme le groupe le plus beau qu'on puisse voir en fait de ruines. Cette île a environ treize cents pieds de long sur cent de large, et, malgré ce peu d'étendue, les amateurs d'antiquités y trouveront abondamment de quoi se satisfaire. Les îles qui entourent Philoë sont nues; cependant un petit temple subsiste dans l'une de celles qui sont au couchant. Dans l'intérieur des petites gorges voisines, on trouve de petits sanctuaires et des épitaphes semblables à celle que M. Rupel emporta en 1817 pour le cabinet d'antiques de Francfort. L'on peut, au besoin, attendre à Philoë le retour d'un courrier qu'on aurait expédié par terre au Caire; ceci est l'affaire de quarante jours, lorsque les réponses ne se font pas attendre et qu'il ne survient pas de causes de retard imprévues.

La première cataracte du Nil est sous le tropique du Cancer; cette situation la rattache aux théories astronomiques de notre globe, tandis qu'elle rappelle les observations d'un géomètre célèbre dans l'antiquité : sous le rapport géologique, sa chaîne transversale mérite d'être étudiée. On y remarque des granits roses, gris, noirs; des brèches siliceuses, du basalte vert antique, de la pierre sanguine, du grenat, des cailloux propres à faire des camées, des agates, des cornalines, etc., etc. Le chapitre suivant devant être consacré à la Nubie, je vais jeter un coup d'œil rapide de cette première cataracte du Nil à la seconde. C'est dans les archipels qui avoisinent cette seconde cataracte que l'on trouve en quantité du bois pétrifié, des marrons ou cailloux renfermant la goutte d'eau cristallisée, divers fossiles, soit coquilles, os, etc.

On y voit aussi de nombreux oiseaux d'Afrique, des plantes aquatiques et terrestres très curieuses, des insectes et des poissons dont les ichtyologies d'Europe n'ont jamais parlé. A l'ouest de la seconde cataracte, on aura à visiter les ruines de *Ferratas*. Dans les îles de cette cataracte sont plusieurs ruines coptes, telles que *Apket* à la rive gauche du Nil ; et au pied de la chaîne libyque on trouve des ruines égyptiennes fort importantes. Ces lieux sont aussi intéressans à cause de leur disposition pittoresque que pour leurs richesses archéologiques; mais le voyageur qui veut y séjourner doit s'être muni de provisions. Cette contrée, la plus déserte de la Nubie, n'est habitée que par quelques pauvres paysans dépourvus de tout ce qui est indispensable à un Européen. Quoique aussi pauvres que le littoral du fleuve, les îles méritent la préférence lorsqu'on séjourne, par la raison que cette contrée est sujette à être ravagée par les Arabes Ababdez. Ce danger, toujours imminent, nécessite que l'on bivouaque, que l'on soit bien armé, et que dans chaque groupe de voyageurs, tout le monde ne se repose pas en même temps. En outre des Ababdez, il y a d'autres nomades, ou *ortes* de la partie libyque, que l'on doit redouter comme les habitans mêmes de ces lieux. Le séjour de la seconde cataracte est extrêmement solitaire, mais agréable; et quand on est arrivé là, on ne rencontre plus que des solitudes. Le village le plus voisin de la seconde cataracte est *Woua d'Ihalfè*. On trouve ici à faire quelques petites provisions; on s'y pourvoit aussi de guides. Le pain frais de froment y est peu commun; et c'est une bonne précaution que d'apporter avec soi du biscuit, précaution qui du reste est nécessaire dans toute la Nubie. Je vais maintenant retourner en arrière, et donner les renseignemens les plus indispensables sur les lieux qui sont au sud d'Assouan, ou, comme j'ai presque toujours dit, Syenne.

CHAPITRE XX.

LA NUBIE.

Le lit du Nil. — Debout. — Nahièh. — Écueils du Nil. — Bancs de sable. — Temples. — Habitans de Kalapeché. — Lampe d'or. — Statue de femme. — Fragmens de sphinx. — Girchè. — Succédanée du café. — Deqqèh. — Koban. — Meharrakha. — Temple de Sabou. — Tribu Aleykat et autres tribus. — Caméléons. — Fraîcheur des nuits. — Mosmos. — Bostan. — Dattiers. — Ile d'Hogos et autres. — Temple d'Ibsamboul. — Ghebel Addèh. — Cataractes. — Productions de la Nubie, etc.

Du moment qu'on entre en Nubie, la navigation du Nil devient plus difficile; il est prudent ici d'avoir recours à des pilotes, et même d'adopter les embarcations du pays. A partir de la première cataracte, le lit du fleuve est parsemé de rochers qui, lors de la crue, restent cachés entre deux eaux, et que l'on n'évite qu'à force de surveillance ou par la connaissance exacte de leur gisement. Le cours du Nil conduit à *Debout* et à *Nahièh,* lieu situé un peu au-delà du point où se termine la chaîne de granit partie de la hauteur de la cataracte. Du village de *Denhid,* situé au charq, et de celui de *Di-*

mel, au garp, le Nil n'offre plus d'écueils jusqu'au village de *Saadah*, au charq. Sur la rive gauche on a le village de *Hindaou*, qui possède des ruines à sa partie nord et au sud. En face de Saadah sont trois îles que les habitans de ce village cultivent concurremment avec ceux du village du charq, dit *Ouah*. La première des îles en question est nommée *Gezier-Mabous*. Le Nil continue d'être exempt de rochers jusqu'à *Berbetoud*, que l'on gagne après avoir passé devant les villages de *Oumm-Baraqab* et de *Teffèh*, situés au garp. En face de Teffèh est celui de Kalapeché; le premier offre des ruines assez curieuses. La route de Daraoueh à Sennaar passe derrière la chaîne de montagnes qui se voit à l'est. Le Nil redevient dangereux à cette hauteur, où l'on rencontre des bancs de sable en outre des rochers : mon journal de voyage me rappelle ici un choc violent suivi d'avaries et de la perte de toutes mes provisions.

En s'arrêtant à *Debout*, lieu nommé plus haut, on voit un temple remarquable, quoiqu'il n'ait jamais été entièrement terminé; on reconnaît des murs qui avaient été destinés à recevoir des peintures hiéroglyphiques; plusieurs chapiteaux ne présentent qu'une masse à peine ébauchée. Les seuls sujets hiéroglyphiques que l'on ait à observer sont sur les murs du premier vestibule. Il reste encore un des deux monolythes qui étaient au fond du sanctuaire Le temple de Debout est précédé de trois portiques aussi peu finis que le reste, mais qui cependant l'annoncent d'une manière majestueuse. Derrière le sanctuaire on voit des enfoncemens tels que ceux qui sont auprès du temple de *Kalapeché*, et marquant la place de l'ancienne *Parembole*.

A Cardasèh, au-dessus de Debout, on voit un temple qui n'a jamais été achevé; son enceinte est très vaste, ses anciennes distributions se reconnaissent encore. Des fouilles seraient convenablement entreprises, car j'y ai découvert, après de très courtes recherches, des chapiteaux et d'autres restes intéressans. Les carrières voisines sont couvertes d'un grand nombre d'inscriptions en diverses langues.

Après Cardasèh et avant d'être à Teffèh ou Teffah, on aperçoit un portique en ruines et divers autres débris. D'autres ruines et des carrières sont près du fleuve ; dans l'une de ces carrières, où l'on pénètre par une espèce de porte, on trouve plusieurs inscriptions grecques. Il y a, aux environs du premier temple de Teffèh, des grottes sépulcrales déjà exploitées par les naturels du pays; mais il en doit subsister quelques unes encore intactes. Celles qui ont été ouvertes renfermaient des cercueils en terre cuite recouverts d'inscriptions grecques en creux et en relief, et qui représentaient, modelés comme dans les cercueils en bois, le visage et les mains. Parmi les antiquités de l'ancienne *Taphis* qui sont à observer ici, je désignerai le grand mur d'enceinte de dix pieds d'épaisseur, où est une grande porte d'entrée bâtie en forme d'encaissage, c'est-à-dire que le vide qui sépare les murs en pierre de taille est rempli par des petites pierres amoncelées à sec.

Kalapeché, au-dessus de Tefféh, ne se recommande pas par les manières de ses habitans, qui sont dans l'habitude d'assaillir les voyageurs, et de leur imposer des contributions à l'occasion de ce qu'ils sont curieux de voir. Je me suis vu aux prises avec eux, et je puis assurer qu'on ne se tire jamais mieux d'affaire qu'en leur montrant de la fermeté. L'Européen seul, ou soutenu pour tout auxiliaire par son timide drogman, doit s'attendre ici à beaucoup de tentatives vexatoires, car les naturels sont méchans, ou du moins très intéressés. Cependant il faut prendre sur soi de ne leur faire jamais de cadeaux avant qu'ils ne vous aient conduit aux lieux où vous vouliez aller, qu'ils ne vous aient mis en présence de ce qu'ils ont d'intéressant en leur possession ; et dans tous les cas il faut être suffisamment armé, et le leur laisser apercevoir. Une circonstance où l'on peut véritablement aller au-devant des désirs intéressés des habitans de Kalapeché, c'est lorsqu'ils consentent à vous laisser examiner leurs habitations construites en partie en grès couvert d'inscriptions anciennes, et notamment grecques. Les voyageurs récalcitrans ont eu des rixes à soutenir dans cet endroit, et j'en puis citer sous la date de 1815 à 1816. Alors, à la vérité, cette province n'était que tributaire du divan du Caire, et se gouvernait par elle-même. Depuis, le pacha y a établi des cachefs, des caïmacans, soutenus par des garnisons, et le peuple, que l'on a désarmé de ses sabres et de ses bâtons, s'est montré beaucoup moins inquiétant à partir de 1818, époque de ces modifications administratives.

Après avoir visité le grand temple de Kalapeché, il faut aller au petit temple creusé dans le roc. Le chemin qui conduit à ce dernier passe à travers des décombres d'un demi-mille d'étendue, qui annoncent une ancienne ville que l'on croit avoir été *Talmis*. Les débris de poteries qu'on voit à la place de toutes les anciennes villes se retrouvent ici. Ce même lieu a peu de restes égyptiens : en 1816 un Barbarin y a découvert une lampe d'or encore entourée d'une portion de chaîne du même métal, et modelée dans le style grec. Ce monument est devenu la proie d'un cachef, qui l'a envoyé au divan du Caire comme preuve de son intelligence en qualité de percepteur de contributions. Pour en revenir au petit temple, je dirai qu'il a été creusé dans le roc, et que tout annonce qu'il est d'une haute antiquité. Quant aux habitations des gens de Kalapeché, ce sont de simples barraques comme dans le reste de ce pays. Dans cette partie de la Basse-Nubie, on s'occupe particulièrement à convertir le bois en charbon. Par bois, on entend l'acacia, qui, modifié comme il vient d'être dit, est porté au Caire et échangé contre du blé, du maïs, des lentilles, des fèves, etc.

En quittant Kalapeché on peut aller à *Girchè*. Le chemin qui conduit au temple de cette ville passe près des ruines d'une petite ville ancienne. On rencontre à l'entrée de l'avenue du temple une statue renversée de femme, et plus avant plusieurs fragmens de sphinx. Les colosses adossés aux piliers du premier appartement, à l'entrée de la nef, ont près de dix-huit pieds de haut, c'est-à-dire seize pour la statue, et deux pour le piédestal, qui cependant se trouve avoir véritablement quatre pieds lorsqu'on en déblaie la base. Le voyageur est ici en présence d'un monument dans lequel tout annonce l'enfance de la sculpture et du dessin : les statues sont hors des proportions naturelles; elles sont mitrées, les bras croisés sur la poitrine, et tenant d'une main le fléau et de l'autre le sceptre en forme de crosse. Les appartemens adjacens et le sanctuaire offrent des restes de divinités adossées contre un fond d'encadrement pris dans l'épaisseur du roc. L'exécution d'un édifice creusé dans le roc a dû nécessiter des travaux considérables, et c'est de quoi l'on a lieu de s'étonner à Girchè. La nef ou le premier appartement a de chaque côté quatre niches carrées occupées par des bas-reliefs de trois figures chaque, et par des caractères hiéroglyphiques; on y reconnaît quelques traces des couleurs qui décoraient ses parois. Le propylée qui est à la façade du temple est en pierres de taille; et parmi les restes de statues en manière de cariatides, il subsiste debout encore plusieurs colonnes à chapiteau, forme culot de lotus. Les habitans de Girchè m'ont paru aussi méchans que ceux de Kalapeché, et les conseils que j'ai donnés précédemment ne sont pas à négliger ici pour se mettre à l'abri de leurs vexations. A partir de ce point de la Basse-Nubie, on fait usage, en guise de café, d'une petite graine nommée *gryadan*, qui, torréfiée et préparée de la même manière, donne une liqueur approchant de celle de la fève de Moka. Les baies de gryadan sont un produit du pays, et se vendent à bon compte à *Dakka* ou *Deqqèh*.

A la hauteur où je suis arrivé, les montagnes s'éloignent du Nil, et laissent libre une vaste plaine qui jadis était cultivée et renfermait quantité de réservoirs. Aujourd'hui le sable a tout envahi; ce n'est plus qu'un désert qui s'étend jusqu'au pied de la chaîne libyque, et dans lequel végètent çà et là quelques plantes indigènes. Le temple de Deqqèh est à soixante toises environ de la rive du fleuve; sa façade, tournée au nord, est précédée d'un propylée isolé, sur lequel sont diverses inscriptions égyptiennes, grecques et coptes. Le temple de Dakka ou Deqqèh mérite l'attention des voyageurs, rien même qu'à cause des richesses hiéroglyphiques qui sont à l'intérieur.

Sur la rive droite du Nil, presque en face de Deqqèh, est *Koban*, où sont les ruines d'une ancienne ville dont l'enceinte était en briques crues; dans cette enceinte on trouve les restes de maisons égyptiennes et des chapiteaux de colonnes; hors de l'enceinte on voit un petit sanctuaire égyptien dont les débris sont couverts d'hiéroglyphes.

A *Méharrakha,* ou *Affetina,* au-dessus de Deqqèh, on rencontre un petit temple qui semble plutôt avoir été bâti par les Grecs que par les Égyptiens. Son portique a quarante-trois pieds et demi de long sur vingt-cinq de large; un rang de quatorze colonnes fait le tour de ce portique; à la droite est pratiqué dans le mur un escalier en spirale, le seul de cette forme qui existe en Égypte et en Nubie. Le temple de Meharrakha doit avoir servi d'église aux chrétiens; on y distingue des figures de saints qui recouvrent les anciennes figures égyptiennes légèrement tracées. Une espèce d'autel voisin de l'entrée principale est semblable à ceux des temples catholiques. Le mur du midi est tombé sans que sa chute ait occasionné la dislocation des parties qui le composaient. J'ai aussi observé parmi ces ruines des inscriptions tracées en rouge. A quelque distance du temple dont il s'agit, on trouve une portion d'un autre temple où subsiste la figure d'Isis, avec le costume grec, et assise sous un arbre; devant elle est Horus présentant une offrande à sa mère. Plus à l'orient est une niche occupée par la figure d'une Isis égyptienne, et dans une autre niche, au-dessous de celle-ci, on voit une prêtresse grecque et le Priape égyptien. Il y a au midi de ce temple un piédestal en granit rose entouré de trois marches, qui doit avoir été préparé pour recevoir un obélisque ou une statue colossale.

Ouady-Seboua ou *Sebou*[1]. Les statues que l'on voit à l'entrée de l'allée qui mène au temple sont hautes de onze pieds; le péristyle du temple est de cinq piliers, sur le devant desquels il y a des figures adossées; vers sa partie gauche est une statue colossale renversée. En 1816 les derrières de ce temple étaient encombrés de sable; à mon retour je suis parvenu à

[1] Le temple de *Sebou* est en partie creusé dans le roc; l'avant-cour ou péristyle est construit en grès. Le sable du désert obstrue constamment son entrée, que je fis ouvrir en partie. D'autres voyageurs, MM. Salt et Beinks, purent achever ce déblaiement, et visitèrent avec plus d'aisance que je ne l'avais fait les sculptures et les peintures des salles intérieures. Les Abadez et les Barbarins, qui s'étaient imaginé que j'étais à la recherche de trésors, ne me laissèrent aucune tranquillité, et me forcèrent à partir précipitamment de cet endroit.

en faire déblayer l'entrée de manière à pénétrer dans l'intérieur et pour en lever le plan. Les terrains avoisinans étaient jadis bien cultivés, mais le sable les a presque entièrement envahis; on ne trouve qu'au bord du Nil quelques terres en rapport, et un petit nombre de chétives barraques occupées par des paysans des plus misérables. Le village de Ouady-Seboua est situé sur la rive gauche du Nil; ses habitans font le commerce avec ceux de Berber. La route qui va de l'un à l'autre de ces endroits est fréquentée par les Arabes de la tribu dite *Aleykat*, indigènes de Hadjaz. Ces mêmes Arabes se rencontrent aussi vers le Sinaï; ils y portent des produits de l'Égypte en échange de ceux du pays, qu'ils portent ensuite dans l'intérieur de l'Afrique. Les caravanes de la tribu Aleykat fournissent la meilleure occasion aux voyageurs qui vont à Sennaar. Je préviens cependant que ces Arabes sont difficiles à manier; ils ne font aucun cas des cachefs du Barabre, et n'ont jamais voulu se soumettre à leur payer tribut. Berber tire directement du Caire les articles qui composent ses envois en Afrique. On a également près de Seboua des Arabes *Knous*, dont l'origine vient de Nadjed, de *Ouady Nouba*, et des Bédouins des environs de Bagdad. Les Knous se divisent en diverses petites tribus qui guerroient quelquefois entre elles. Le dialecte qu'ils parlent diffère totalement de l'arabe. A quelques lieues de Seboua et au charq, est *Korasko*. Ici le Nil tourne et fait un coude au nord-ouest. Ce passage est difficile pour les barques et très pénible pour les hommes qui les remorquent, à cause des ronces et des acacias qui obstruent la rive. J'ai vu beaucoup de caméléons dans ces parages, et j'y ai éprouvé, ainsi que dans presque toute la Nubie, que les chaleurs extraordinaires du jour sont constamment suivies de nuits très fraîches.

Le temple d'*Amada*, à quelque distance de *Tomas*, renferme des bas-reliefs très bien dessinés et d'un beau fini. Les Grecs ou les Coptes l'avaient converti en église, et l'on y voit encore les restes d'un clocher en briques crues. Pour trouver les sculptures antiques et les sujets hiéroglyphes, il faut faire tomber l'enduit en terre sur lequel les chrétiens avaient fait peindre des saints.

Déri, capitale du Barabre, ou Basse-Nubie, n'est composée que de divers groupes de maisons bâties en terre. A l'exception des maisons des cachefs, ces habitations n'ont guère plus de neuf à dix pieds d'élévation. Déri est situé au charq; en outre de son grand temple, il y en a un autre de petite dimension entre le fleuve et une colline rocailleuse. Vis-à-vis Déri est le village de *Mosmos*, d'où l'on peut se rendre par terre à la seconde cataracte; je conseillerais cependant de faire plutôt ce trajet par le charq, en suivant au sud sud-est; mais de toute manière il y a du danger ici, et surtout pour un étranger isolé, ou qui n'a que son guide avec lui.

Les terrains qui sont au-dessus de *Brim Ahasi* paraissent bien cultivés et fertiles; il y croît entre autres du coton. Cette contrée est ombragée par des forêts de dattiers qui donnent les meilleurs fruits de la Nubie et de l'Égypte, et font sa principale richesse. Les agas de Brim ont eu de longues querelles avec les cachefs de Déri, ce qui a causé bien des malheurs et fait beaucoup de victimes; mais il est probable que la présence des troupes du pacha a ramené un régime plus heureux. Le voyageur devra visiter les ruines d'Ibrim, situées au haut de la montagne, à l'endroit où il y avait un fort, et les grottes creusées dans le roc à pic qui domine sur le Nil. Parmi les autres restes de cette ancienne ville, on trouve des chapiteaux et d'autres accessoires de style grec, et des fragmens égyptiens; tout près de là, une immense quantité de tombeaux musulmans s'étend au sud-est jusqu'à la plaine du désert.

Depuis Mosmos jusqu'à Bostan, le pays est couvert de dattiers; sur le bord oriental au contraire ce n'est, depuis *Toske*, lieu situé au-dessus d'Ibrim et de *Ouady Choubrak*, qu'une plaine déserte parsemée de rochers qui, de loin, représentent des pyramides, et dont la hauteur est parfois d'environ deux cent cinquante pieds. Aux environs d'*Emynè*, à l'ouest du Nil, on remarque quantité d'acacias, de tamarins bâtards, ou *hattelè*, et quelques terrains cultivés qui rapportent des haricots noirs et du doura des deux espèces. L'île d'*Hogos* se présente ensuite; elle est au milieu du fleuve, qui devient assez large à cette hauteur; on y voit les restes d'une tour qui dominait jadis le passage, et qui fut construite avec soin si l'on en juge d'après l'excellente qualité du ciment qu'on y employa. Plus loin est *Toulkoudy*, district qui suit les deux rives du fleuve et finit à *Sareg*. A Toulkoudy le Nil prend sa direction au nord et au nord-est pendant l'espace de deux lieues, ce qui rend sa navigation aussi pénible au moins qu'au coude de Korasko, à cause de l'action presque constamment unie du vent et du courant. Cette partie de la Nubie offre des aspects intéressans; en montant sur un roc élevé qui s'y trouve, on découvre une vaste plaine hérissée de mamelons à teinte rembrunie et souvent de forme aiguë; le sol est très aride et ne produit que quelques dattiers. On va de là à *Ferey*, en face d'*Ibsamboul*, puis à ce dernier endroit, où sont principalement deux temples creusés dans le roc au garp du Nil, et tout à côté l'un de l'autre. Ces magnifiques monumens méritent entre tous les autres de fixer l'attention du voyageur, et ils lui procureront la matière d'un long travail, s'il les veut étudier complétement.

La façade du petit temple d'Ibsamboul est ornée de six colosses de trente-cinq pieds de haut, taillés dans le roc. Ces figures, représentant Pharaon et sa femme, ayant à leurs pieds, l'un ses fils, l'autre ses filles, ces figures, dis-je, sont d'un excellent travail, et offrent des galbes sveltes et élégans. Le grand temple d'Ibsamboul suffirait seul pour déterminer les voyageurs à visiter la Nubie. Sa façade a cent dix-sept pieds de largeur, sur quatre-vingt-huit d'élévation; quatre statues colossales taillées dans le roc et de position assise y sont adossées. Les oreilles de ces figures ont trois pieds et demi de longueur, la face a sept pieds de haut; la distance entre les épaules est de vingt-cinq pieds et demi; leur hauteur totale, y compris le bonnet, est d'environ soixante-cinq pieds. Vingt et une statues de singes éthiopiens, sont dans les ornemens accessoires de cette façade; le sable du désert, continuellement apporté par les vents, s'accumule à l'entrée du monument, et nécessite de nouveaux déblaiemens chaque fois qu'on y veut pénétrer. Sa distribution intérieure comporte quatorze salles différentes; on y remarque huit statues de vingt-deux pieds, taillées dans le roc, et une foule de compositions peintes ou sculptées du plus haut intérêt; les couleurs appliquées sur les sculptures semblent avoir conservé leur éclat primitif. Il faut être muni de flambeaux pour bien examiner ces vastes intérieurs, car le jour n'y vient que de la porte d'entrée; un autre inconvénient de cette unique entrée, et des masses de sable qui l'obstruent, c'est la concentration de l'air, et une élévation de température qui provoque bientôt la transpiration.

A quelque distance d'Ibsamboul, vers le sud, dans la partie du charq, est le temple indiqué sous le nom de *Ghebel Addeh*, ou *Digbel*, c'est un petit monument creusé aussi dans le roc. Ses bas-reliefs ont été recouverts d'un enduit de mortier sur lequel les chrétiens ont peint des saints; on y distingue encore un saint George à cheval. En faisant sauter le mortier on trouve dessous des hiéroglyphes; le sanctuaire se prolonge sous terre, et conduit vers le côté oriental à une salle également creusée dans le roc; l'entrée de cette dernière salle, destinée sans doute à recevoir des momies, a la forme d'une trappe.

Avant de quitter Ibsamboul pour aller à *Adda*, on fera bien d'aller au petit temple qui est au charq au-dessus de Ferey; il est aussi creusé dans le roc, et sa porte d'entrée domine à pic le fleuve. Les maisons d'Adda ont beaucoup d'analogie avec celles d'Ibrim; après Adda vient *Kosko*, dont le territoire s'étend de chaque côté du Nil; puis *Enhana*, dont le vrai nom est *Ad Denham*; ensuite *Garbazaras*, où est une île du même nom. Au-delà de cette île est *Antero*, et plus loin *Diberet* avec une île du même nom; tout est stérile dans ces parages, les îles un peu moins que les autres terrains; mais Zaras, sur la rive droite, a de beaux ombrages de palmiers. Le sol le plus fertile au-dessus d'Ibrim est à *Esekké*; au-dessus de cet endroit, le Nil forme un nouveau coude en tournant vers le nord-ouest, et l'on remarque dans les barques qui le parcourent, une construction plus solide qu'en Égypte. Après avoir passé par *Aloa-Nartis*, *Brous* et l'île du même nom, *Ecquè*, on est à *Ouady Halfe*. Ce dernier, situé à la rive occidentale, attire l'attention par les restes de trois édifices, dont l'un, le plus au nord, est de forme carrée et sans sculptures. Dans le second, les murs sont en briques crues, et des piliers en grès soutiennent les planchers. Le troisième, qui est le plus au sud, est également construit en briques; les montans des portes y sont en grès, et l'on y voit des piliers et des colonnes d'un ordre approchant du dorique. Des débris de poterie et divers fragmens couvrent un espace assez considérable, et qui peut avoir été le siége d'une ancienne ville : tout indique des fouilles à entreprendre dans ce lieu. La seconde cataracte du Nil est précédée de plusieurs îles cultivées, parmi lesquelles je citerai *Givarty*, *Minarti*, *Genesap*, *Ennerty*. Les rochers de la cataracte sont d'une dureté extrême et ressemblent à du granit noir. Le roc d'Apsir, l'un des plus élevés de cet endroit, permet de la saisir dans son ensemble; le fracas des eaux qui fuient rapidement, ou qui reviennent dans de rapides remous, leur écume blanchissante, les nuances variées des rochers et celles des plus frais tapis de verdure, le chant inconnu de beaucoup d'oiseaux, des jeunes filles qui gardent leurs troupeaux, tout en un mot se réunit ici pour former un tableau délicieux. Au sud de la cataracte on trouve plusieurs îles, *Naba, Comnarty, Ducully, Suckeyre, Dorgè, Tabaï*, etc. Les plus septentrionales de ces îles sont habitées par un petit nombre de familles qui n'en sortent jamais, qui les cultivent de leur mieux, et rappellent au voyageur la nature humaine primitive. En s'avançant plus loin au midi, on finit par n'avoir plus devant soi qu'un vaste désert presque entièrement dépourvu d'habitans.

Sur la rive gauche du Nil, proche les ruines de *Semneh*, un petit port bordé de cabanes en roseaux sert d'asile à des Barbarins. L'autre rive du fleuve offre aussi quelques habitations, un peu de terre en culture et des dattiers; le temple de Semneh est par 19°, 39′ de latitude; et 28°, 37′ de longitude à l'est de Paris. Il est posé au bord du fleuve sur un rocher très élevé; des piliers l'entouraient extérieurement, comme on voit au petit temple d'Eléphantine; mais ce dernier a dû être plus élégant malgré les hiéroglyphes dont l'autre est orné, et qui semblent avoir été modifiés depuis l'exécution première.

Les hiéroglyphes de l'intérieur du temple de Semneh étaient peints, le ciel y était représenté par un fond bleu parsemé d'étoiles ; dans le fond est une statue, en granit, d'Osiris, privée de la tête, de position assise, les bras croisés et tenant des emblèmes dans ses mains. Il y a à la partie occidentale une petite porte qui fut ouverte après coup, et l'on remarque en outre que les hiéroglyphes sont coupés ici de la même manière que dans le temple de Deqqèh. Quoique petit, le temple de Semneh est bâti avec de grosses pierres de grès qui ont huit et neuf pieds de long sur trois environ de large, et il est entouré d'une enceinte dont les dimensions sont de cent quatre-vingts pieds sur cent cinquante-neuf. Les traces d'une autre enceinte sont au sud-ouest; cette dernière, plus vaste que l'autre, doit avoir été occupée par de simples habitations, et les restes d'une grosse muraille y subsistent en forme de tas de pierres. Vis-à-vis du petit port décrit plus haut, on a un autre petit temple dont le plafond est tombé, ce qui l'encombre beaucoup, et où il reste deux piliers et des colonnes. Il y a des fouilles à faire en cet endroit, et l'on y peut aussi dessiner des vues admirables. Les îles de *Semneh*, *Narti* et de *Misker*, font partie des points à voir à cette hauteur.

Lorsqu'on va par terre de la première à la seconde cataracte, la route à suivre est au charq, et c'est moins par les archéologues que par les naturalistes qu'elle doit être préférée. Les monumens nubiens se trouvent seulement au bord du fleuve; au-delà des deux chaînes, on n'a que des plaines, des gorges nues, et le grand désert qui sépare de Dongola. Celui qui voudra reconnaître ce désert se pourvoira de dromadaires, de chameaux et de guides à Ferey., et les barques qui l'auront amené jusque-là devront aller l'attendre à Ouady Halfe. Cette dernière recommandation ne s'adresse point au voyageur qui suivrait vers le sud ou l'est, une direction indéfinie.

La Nubie produit du doura, du coton, du tabac, plusieurs espèces de haricots; ses arbres sont principalement le sycomore, l'acacia, le dattier, dont les fruits sont demandés partout sous la dénomination de dattes d'Ibrim, de dattes *sultanè*. On y élève des moutons, des chèvres, des buffles, et, en plus petite quantité, des bœufs et des vaches. Les hommes comme les femmes s'occupent à filer la laine et le coton; ils fabriquent les gros tissus en laine dont ils font leurs *zébouts*; et, chose non moins importante, ils cultivent soigneusement les terrains propices. Malgré cela, les Nubiens sont si misérables qu'ils quittent volontiers leur pays pour venir au Caire exercer les métiers les plus rudes, se faire portiers ou porteurs d'eau. Leur principale nourriture est le lait, les dattes, du pain sans levain, la feuille des haricots de préférence au fruit, peu de viande, même de celle de chameau qu'ils aiment beaucoup, des sauterelles grillées, etc. Leur passion pour le tabac est extrême; ils le fument ou le mâchent soit en feuille, soit en poudre, et mélangé avec du natron; ce dernier excite une salivation extraordinaire. Les femmes fument et chiquent comme les hommes. Les uns et les autres se graissent les cheveux avec de l'huile de palma-christi. On voit des Nubiens qui, pour ne pas déranger l'ordonnance de leur tête crépue, se grattent avec un instrument allongé en bois lorsqu'ils sentent des démangeaisons à des places que la main ne peut atteindre sans un mouvement du corps. D'un tempérament sec, sobres et laborieux, les Nubiens sont sujets à peu de maladies; le ver solitaire est cependant assez fréquent parmi eux. Quel que soit le cas de maladie, les moyens curatifs sont très simples, et toujours les mêmes pour eux ainsi que pour leurs animaux : c'est l'huile bouillante et le fer rouge appliqué à l'épine dorsale. Leurs enfans sont quelquefois soumis, quoique bien portans, à l'application du fer rouge; et la suppuration entretenue pendant un certain temps à la brûlure, par des irritans ou un séton, leur assure, à ce qu'ils croient, une santé à toute épreuve.

Les femmes nubiennes travaillent à des ouvrages de toute grandeur en paille et en feuilles de dattier; elles font des paniers, des coufes et autres objets semblables, utiles à leur ménage. Elles donnent généralement à ces paniers la forme de ceux que l'on trouve dans les tombeaux de Thèbes, et ils sont aussi artistement faits, avec des couleurs bigarrées en rouge, bleu, noir et jaune. Ces ouvrages sont aussi envoyés à Syenne, pour y être vendus ou échangés contre des grains. C'est là que les marins du Nil font leur pacotille pour descendre au Caire et à Alexandrie; ils en vendent également dans les bazars chemin faisant, et ces objets sont très appréciés dans la Basse-Égypte.

CHAPITRE XXI.

D'EDFOU A LA COTE DE BÉRÉNICE.

Le voyageur qui s'est proposé de visiter les bords de la mer Rouge dans les parages de l'ancienne Bérénice, prendra sa route en face d'Edfou. On trouve des guides à ce dernier endroit, à moins que l'on ne préfère se confier aux cheiks qui habitent ces déserts, et que l'on rencontre fréquemment au charq d'Edfou. Avant tout, cependant, on a dû préparer sa caravane, c'est-à-dire se procurer les chameaux nécessaires et des provisions, qu'en cas de besoin on complète à Edfou et à Esnè, ou encore à Redesyeh. Prenant pour point de départ Redesyeh, après trois heures de marche on arrive à une colline, et trois heures plus loin, au puits du désert, dans la direction suivie. La route est assez commode dans la vallée qui succède; il s'y trouve des acacias, des sycomores, et des buissons de plantes épineuses hautes de trois à quatre pieds, qui servent à la nourriture des chameaux, et dont on fait du feu. Cette vallée se rétrécit à mesure qu'on avance, et c'est alors qu'elle devient plus boisée; mais en avançant encore on n'a plus devant soi qu'un sol aride, où l'on rencontre d'abord les ruines d'une ancienne station des caravanes. Il y a de distance en distance des ruines semblables, près desquelles étaient des puits aujourd'hui perdus. Les deux chaînes de côte entre lesquelles on marche se rapprochent tellement qu'elles finissent par n'être plus séparées que par la route. Après ce passage, on entre dans une vaste plaine; les hauteurs qu'on avait à sa droite s'écartent fort loin vers le sud; on les voit revenir ensuite vers celles de la partie nord qui sont à gauche. Un petit temple égyptien est aperçu d'ici sur un rocher élevé; sa distance du puits voisin est de six à sept heures de marche; il y subsiste encore quatre colonnes et des sujets hiéroglyphiques qui conservent des traces des couleurs qui y avaient été appliquées. Dans la partie du temple creusée dans le roc, on trouve d'abord quatre pilastres, puis cinq chambres, dont les parois sont couvertes d'hiéroglyphes et de diverses inscriptions, dont l'une, entre autres, est sur une colonne. Près de là, les restes d'une enceinte indiquent une station des temps passés. L'indice d'un puits est aisé à reconnaître à sa partie centrale, et dans les autres celui de plusieurs maisons. Si ce n'est le montant des portes, le reste des bâtisses était en briques. L'ensemble de ce lieu, que les Ababdez nomment *Ouady-el-Miah*, rappelle les anciens châteaux mauresques d'Espagne.

La route continue à travers une plaine très aride, parsemée d'aspérités, et conduit à la vallée dite *Bizak*. Cette vallée, dont la direction est nord et sud, est couverte de cailloux, qui cependant laissent de la place à quelques palmiers. On y rencontre un rocher en granit qui porte l'empreinte d'essais de sculpture d'assez mauvais goût. Du Nil à cet endroit, il y a deux jours et demi de marche; ensuite on entre, vers le sud-est, dans une vallée bordée de rochers à pic en pierre calcaire, sillonnée par une espèce de marbre blanc. Après quelques heures, on arrive à *Samount*, où sont les restes d'une ancienne bâtisse, ou plutôt une enceinte semblable à celle que j'ai décrite plus haut. Il faut continuer, vers l'est, à travers un passage rempli de cailloux, d'acacias, de buissons épineux, et de vignes desséchées qui tombent en poussière au moindre contact. Après trois ou quatre heures de marche, vient une espèce de plateau, et ensuite une place remplie de rochers de granit. On a sur la gauche une vallée où sont deux puits, dont l'eau est repoussante par son goût saumâtre et sa mauvaise odeur; ces puits sont entourés de rochers qui les feront aisément reconnaître. La plante déjà indiquée, le *basillah*, croît abondamment ici; et la ressource qu'elle offre pour la nourriture des bestiaux y attire et fait séjourner la tribu des Ababdez. Ces Arabes mènent une vie très dure, et à laquelle pourtant ils résistent très bien. J'en ai vu marcher à l'ardeur du soleil des journées entières sans se désaltérer une seule fois. Les Ababdez sont souvent en guerre avec la tribu d'El-Mahasa et celle des Banousï. Ceux-ci habitent la partie déserte depuis Suez, l'intérieur de l'Arabie, et même les limites de la Syrie. La tribu de Bycharïm est aussi parfois en état d'hostilité avec celle d'Ababdez. Presque entièrement dépourvus d'armes à feu, si ce n'est quelques fusils à mèche, les Ababdez sont en état cependant de résister à leurs ennemis rien qu'avec la lance et le sabre droit, dit *jelabè*, dont ils se servent avec une adresse remarquable.

Le voyage commencé se poursuit à travers plusieurs vallées où l'on ne voit que des cailloux et du sable. A la fin de la journée, on arrive à Guerf; le jour suivant, on passe par de nouvelles vallées qui sont bordées par des montagnes formées d'une espèce de grès, et qui contiennent de beaux marbres. Vers le milieu de la journée, on commence à apercevoir la mer Rouge, mais de bien loin, et l'on vient, par le passage que laissent les montagnes, se reposer à *Owel*. Le lendemain, la direction est sud; on traverse des vallées, et l'on voit la haute montagne de *Zabarah*, au pied de laquelle sont des mines d'émeraudes. La distribution intérieure de ces mines varie, et l'entrée par laquelle on y pénètre ressemble à celle des autres grottes de l'Égypte. Une demi-journée plus loin viennent deux citernes dont l'eau est d'assez bonne qualité; et, six ou sept lieues après, on arrive à l'emplacement d'une ville antique. Cette dernière distance est approchant celle qui sépare de la mer Rouge. On passe au milieu de rochers qui forment des vallées étroites remplies de plantes épineuses et d'acacias, et ensuite par une plaine d'une lieue. La route vient à tourner au sud-ouest, puis à l'ouest. Pendant huit heures, la direction varie sur un sol difficile, et l'on arrive à la montagne d'*Arraye*. Après avoir suivi une gorge, on atteint une plate-forme sur la pente de laquelle est un grand mur; on descend par le revers de la montagne, et d'autres restes de mur s'offrent à la vue. La route continue par une longue vallée tournée au sud, et après par une autre vallée plus vaste et bien boisée qui va au sud-est. Avant que d'arriver au terme de cette journée, qui est la septième, on a dû observer une autre montagne du côté du sud-est. On poursuit par la vallée dite *Ouady-el-Gimal,* qui est aussi bien boisée, et que bordent des rochers du haut desquels la vue s'étend fort loin, d'un côté jusqu'à la mer, et vers le sud-est jusqu'à des montagnes très éloignées. En six ou sept heures, on gagne une vallée bordée de rochers formés de calcaire, de marbre, de granit rose. La direction incline vers la mer, et l'on sort de la vallée dite *Charmel-Gimal* pour entrer dans une autre qu'entourent de petites collines. La neuvième journée commence, la direction reste la même, les collines prennent plus d'élévation, et après cinq ou six heures de marche la vallée s'élargit jusqu'au point d'avoir trois lieues d'ouverture, on touche au golfe Arabique, vis-à-vis de l'île d'*Yamb,* que les Arabes nomment *Gesira-el-Gimal.*

Le bord de la mer Rouge offre des pétrifications animales et végétales, et des fossiles; on y peut faire aussi de belles collections de coquillages. Parmi les végétaux qui croissent le long de la côte, je citerai les *sycomores,* les *cialls.* Des mines d'émeraudes à l'endroit où je viens d'arriver, la distance n'est que de quinze lieues, mais en ligne droite; le long de la côte, et à quelque distance de la mer, sont des mines de soufre; plus au nord on trouve des nomades *Bicharites*. Les puits d'eau potable sont à quatorze ou quinze heures de distance. On se rend, en suivant la côte *El-Wady*, et à peu de distance des mines de soufre, à *Abchaon*. Les montagnes de *Hamata* restent dans le sud-ouest; quelques familles de pêcheurs campent le long de cette côte, qui leur fournit d'excellent poisson. Un jour de marche conduit à un puits d'eau amère et à d'autres mines de soufre; en une autre journée on est au cap *Galaen*; après quatre heures de marche au sud, on revient au bord de la mer pour visiter des ruines égyptiennes et l'emplacement d'une ancienne ville. Les montagnes sont en arrière de cette ville, devant laquelle est un port; son temple principal, bâti en calcaire, avait cent pieds de longueur sur quarante de large; quatre salles intérieures y sont encore ornées d'hiéroglyphes. Ce lieu occupe le centre d'une plaine d'un sol sablonneux qui a environ six lieues d'étendue; on voit des grottes dans la montagne qui la limite à l'ouest. Prenant sa direction au nord-est par la montagne, on atteint, après quatre heures de marche, une vallée qui conduit à un endroit nommé *Aharatret*, où est un puits d'eau potable. Les restes d'une ancienne station sont entre ce puits et Abou-Crey. La journée suivante, on va au mont Zabarah et à Sekk; et de là, dans la direction du nord-ouest, on trouve à Akeferirik un puits dont l'eau est potable. Vient après une vallée bordée de rochers de granit, et plus loin, à l'endroit où l'on campe le soir, la source dite *Damusue*, dont l'eau jaillit par une fente de rocher. A une lieue de distance est Sakket, les restes d'un groupe d'anciennes habitations de petites dimensions. Après six heures de marche au-delà de ce dernier lieu, et tournant à l'ouest proche de la station de *Kafasiet*, on arrive en faisant autant de chemin à *Habou Kady*, à peu de distance de *Ouady el Gimal*. Les environs de ce rocher produisent en quantité des plantes que l'on appelle *mourks*, et qui sont une bonne nourriture pour les chameaux. *Abou Karoug*, où est un puits, succède; et plus tard, après sept heures de marche, le puits de *Hamecha*, dont l'eau est très bonne. Sept autres heures de marche amènent aux montagnes de granit que l'on passe pour arriver à la station de *Samout*. Dans la même journée, on voit *Dangos*; les montagnes sont ici peu élevées et en calcaire, et l'on y rencontre l'ancienne route, dont la direction est sud-est et nord-ouest. Une forte journée sépare de *Ouady-el-Miah*, d'où en une autre journée on gagne le premier puits du Désert, et de là le Nil.

Cette excursion fournit l'occasion de recueillir beaucoup d'insectes tant sur les plantes que sur les arbres, et de voir des antilopes, des aigles, des vautours; les récoltes en coquillages y seraient extrêmement abondantes, si le voyageur séjournait quelque temps sur la côte du golfe Arabique. On y peut aussi former une collection de poissons aussi rare que curieuse à l'aide des pêcheurs qui campent au bord de la mer. Le naturaliste déterminé à remplir la lacune que présente l'ichtyologie de ces contrées, ferait bien de frêter à Cosséir, une embarcation pontée, et pourvue des commodités nécessaires pour les préparations. Les collections une fois faites pourraient être transportées au Caire par Suez, ou par Cosséir et Kénèh, en trois jours de marche avec des chameaux, et enfin par le Nil.

CHAPITRE XXII.

DE KENÈH A COSSÉIR ET A SUEZ.

Pour se rendre à Cosséir, il faut suivre la vallée du même nom, soit que l'on parte de Kenèh, soit de Coptos, et le voyage dure trois jours. La mer Rouge offre dans le voisinage de Cosséir une ample moisson de madrépores et de coquillages, surtout lorsqu'on se met en recherche au moment de la marée basse. Parmi les sujets les plus dignes d'observation dans une excursion à Cosséir, il faut placer la tribu des Ababdez et celle des Avouassen, dont il a été déjà question dans cet ouvrage. On trouve ces Arabes à l'est de Coptos et de Kenèh, entre Kenèh et Cosséir, au nord d'*El-Beidah*, entre *Lambogeh* et la mer Rouge, et dans la vallée de l'Égarement, près de Touârèh. Ces Arabes font avec leurs chameaux le transport des marchandises sur les bords de la mer Rouge; leurs caravanes vont vers l'est jusqu'à *El-Rassah* en passant par les sources d'*Herquedèh*, et les fontaines de Moïse, et ils offrent une bonne occasion pour visiter ces parages. La route du Caire à Suez passe entre deux puits d'eau saumâtre, proche d'un lieu cité plus haut, Pouârah; et cette route qui part de Ramalièh doit être préférée à celle qui est plus au nord : cette dernière qui passe derrière *El-Gabel-Attaqá*, la chaîne d'Attaqâ, est plus incommode et moins fréquentée. De Suez on va à Belbeis par-derrière les montagnes d'*Ahmed Taher*, qui, entre les lacs amers, présentent des pics très élevés, en joignant la route des pèlerins qui vont à la Mecque et en traversant l'ancien canal de Suez. Mais en partant du Caire pour se rendre à Suez, on se dirige le plus ordinairement par *El-Casser* et *Bir Dageroud*. De Suez on va au mont Sinaï en tournant l'extrémité septentrionale de la mer Rouge, ou bien on va au nord-est aux ruines d'Arsinoë. Ces lieux sont semés de vestiges anciens d'un vif intérêt; on trouve à chaque pas, gravés sur les rochers, des hiéroglyphes et des inscriptions en diverses langues, et, pour charmer la solitude de la route, on y jouit de charmans points de vue.

CHAPITRE XXIII.

DU FAYOUM A L'OASIS D'EL-COSSAR, OU ELLOAH EL-AIZE.

La route qui du Fayoum conduit à l'oasis d'El-Cossar longe la côte méridionale de la susdite province, et se dirige à l'ouest. Après deux heures et demie de marche, on arrive aux ruines d'un ancien village; une heure et demie plus loin on est à *Raweje-Toton*, ville très étendue jadis, où gisent aujourd'hui des blocs de pierre calcaire couverts d'hiéroglyphes, des fragmens de colonnes, statues et autres morceaux en granit. Talet-el-Hagar, une lieue plus loin, est rempli de colonnes et de piédestaux, dont une grande partie a été déjà convertie en meules de moulin. El-Karak, qui vient après, est en dehors de la province du Fayoum. Une branche du canal de Joseph, Bahr-Yousouf, passe contre ce village qui offre l'aspect d'une culture bien entendue. La route continue toujours à l'ouest; le sol devient inégal, puis sablonneux et stérile. Après un village en ruines et presque entièrement enseveli dans le sable, on entre dans une vallée hérissée de rochers et de monticules de sable; la première journée se termine dans les parages où est *Bergè*. A partir de ce point la vallée s'élargit, un rocher très élevé s'y fait remarquer; on marche toute la journée au milieu de buttes de sable et de rochers. *Rejen-el-Cassar*, où l'on arrive ensuite, était autrefois un endroit peuplé et cultivé : aujourd'hui ce n'est plus qu'un champ de sable; on y voit des rochers élevés, l'eau est presque au niveau du sol; il suffit pour la voir jaillir de creuser la terre à un pied de profondeur : mais cette eau est saumâtre. Les dattiers et les acacias qui croissent à merveille ici dédommagent de l'absence des autres végétaux que l'on n'y entretient plus. En fait de débris antiques, les fondemens d'un petit temple égyptien sont ce que j'y ai remarqué de plus important.

On sort dans la direction de l'ouest du canton de Rejen-el-Cassar; la route passe à travers des zones de sable assez élevées, puis dans une vallée après laquelle est une vaste plaine où sont plusieurs mamelons et des amas de pierres. Des ossemens accumulés forment le noyau de ces mamelons, qui sont au nombre de vingt-huit; et, calculant d'après la masse de ceux que j'ai été à portée de bien voir, j'estime qu'ensemble ils ne couvrent pas moins de quatre mille cadavres. Ces indices, qui se reproduisent à une autre station plus avant, indiquent d'anciens champs de bataille. Une journée entière est employée à traverser la plaine caillouteuse, et la journée suivante va jusqu'à *Bahr-Belama*, que des rochers élevés bordent à l'ouest. Le nom de *Fleuve sans eau*, donné à cette localité, est justifié par la disposition de la vallée qui ressemble au lit d'un fleuve ou au bassin d'un lac; on y voit des pierres, du sable et des rochers qui, comme des îlots, portent des traces horizontales pareilles à celles qui résultent du passage des eaux. La plupart des circonstances physiques qu'on observe au lac de Natron se rencontrent au Fleuve sans eau. On y trouve quantité d'arbres pétrifiés et de cailloux en forme d'amande cristallisée, qui renferment des gouttes d'eau. Ces cailloux sont aussi désignés sous le nom de *marrons*, à cause de leur teinte brune unie; quelques uns cependant sont de la même nuance que les pierres à feu. Au point où nous le prenons, le Fleuve sans eau a sa direction nord et sud.

En continuant à l'ouest, on passe d'abord près d'un rocher et de bancs de sable, puis un peu plus avant on aperçoit une haute colline qui annonce l'approche d'*El-Ouah*, dont on n'est plus éloigné que de cinq heures de marche. La vallée qui reste à traverser a cinq ou six lieues de long et trois de large ; ses limites sont marquées en tout sens par des rochers élevés. Le côté par lequel elle touche à l'oasis est couvert de dattiers ; elle renferme plusieurs mamelons, du sommet desquels coulent des sources entourées de joncs et de diverses autres plantes. Évidemment toute cette vallée fut cultivée autrefois, mais à présent ce n'est plus guère qu'une arène de pur sable. La forêt de dattiers signalée tout à l'heure indique le chemin de *Zabou*, village productif en riz, et où croît l'acacia. Beaucoup d'oiseaux sauvages et différentes espèces de canards multiplient autour des rizières de Zabou. Au-delà de ce village on traverse une vaste plantation en dattiers, abricotiers, figuiers, vignes, pruniers ; l'abricotier y est plus commun que les autres arbres. Les cultures et la végétation variée de ce canton sont un tableau délicieux pour celui qui vient de sortir des sables monotones et fatigans du désert.

Les voyayeurs se trouveront bien d'avoir avec eux des guides connus dans cette oasis, dont les habitans sont craintifs, soupçonneux et défians vis-à-vis des étrangers, qu'ils supposent toujours venus dans le but de dérober les trésors cachés. Un nouvel arrivé se voit sur-le-champ entouré par la populace qui l'examine avec méfiance, et aussi par curiosité, car les visiteurs sont rares dans ces parages. Les cadeaux à faire ici aux cheiks sont du tabac à fumer et du café. J'ai remarqué qu'ils parlent un dialecte semblable à celui des habitans de *Siwah*. A l'ouest de Zabou sont des villages plus considérables, et qui offrent des ruines ; après les avoir dépassés, ainsi qu'un espace empreint de sel et sillonné par des ruisseaux, on aperçoit l'emplacement d'une ancienne ville, et plus haut des côtes semblables à celles de l'Égypte intérieure. Non loin de là on visite aussi les ruines d'un ancien édifice qui était bâti en briques crues. En revenant sur ses pas, on traverse des terrains parfaitement arrosés, et néanmoins laissés en friche. Il faut aussi donner quelque attention aux tombes creusées à la manière des Égyptiens, dans un rocher voisin nommé *bet la frit, la maison du diable*. Les naturels appréhendent d'approcher de ce rocher ; mais le voyageur y trouvera plusieurs cellules, de petites chambres sans hiéroglyphes, et des débris de sarcophages semblables à ceux des autres parties de l'Égypte et de la Nubie. La *fontaine miraculeuse* mérite également d'être visitée; cette fontaine a la propriété de teindre en noir la laine blanche ou fauve, dans l'espace de trente-six heures; et de là vient que tout le monde ici est vêtu de noir, à l'exception du cadi et des cheiks dont l'habillement est blanc et bleu. La principale nourriture des habitans est le riz qu'ils récoltent, et qui m'a semblé inférieur à celui des environs de Damiette; leurs dattes sont fort estimées et véritablement excellentes. Leurs bestiaux font aussi leur principale richesse; ils ont des chameaux, des vaches, des bœufs, des ânes, des brebis, des chèvres. Cette abondance des choses nécessaires à la vie est sans doute la cause qui fait que les *Fezzans* et les *Tunisiens* qui vont en pélerinage à la Mecque passent souvent par ici. Cependant Zabou a quelquefois des sujets d'inquiétude, mais qui lui viennent de la part des habitans de quatre autres villages situés entre cette oasis et celle de Siwah; les habitans d'El-Cassar sont aussi parfois en différend avec ceux de Zabou.

Au-delà de hautes collines de sable, on trouve au milieu d'une vaste plaine une butte proche de laquelle sont les ruines d'un petit temple construit en grosses briques; on n'y trouve aucune trace de hiéroglyphes, mais seulement quelques lettres grecques : des restes de maisons subsistent autour du temple ; cet endroit fait encore partie de Zabou. A une lieue vers le midi, j'ai reconnu l'emplacement d'une ancienne ville, ainsi que des tombes creusées dans le roc, et très encombrées. El-Cassar est séparé de Zabou par une partie de plaine, et ensuite par des rochers qu'on est obligé de gravir. De ces hauteurs, le territoire d'*El-Ouah,* que l'on domine, paraît avoir la forme d'un cercle allongé, et j'ai estimé sa longueur, d'une extrémité à l'autre, d'environ sept lieues. De même que le canton qui vient d'être décrit, celui dans lequel on entre offre de belles eaux, des terres fertiles, des rizières, des arbres. Vers l'ouest est une enceinte de rochers interrompue par la vallée qui fuit le grand désert libyque ; autour d'El-Cassar on voit une ceinture de dattiers et une vaste étendue de terres bien cultivées que ces mêmes arbres protégent de leur ombre. Des carrières qu'il faut examiner sont au bord de la route qui mène à la grande porte par laquelle on entre à El-Cassar. Après la grande place où se tient le marché de l'endroit, on arrive à une ruelle dont les habitations adjacentes sont construites sur les ruines d'anciens édifices, et parmi lesquelles gisent de grands blocs de pierre. Tournant par la partie nord d'El-Cassar, on rencontre les débris d'un ancien temple grec dont l'emplacement avait bien soixante-quinze pieds de largeur; mais les habitans vous laissent si peu de liberté que l'on ne voit rien ici qu'en courant. Le village actuel d'El-Cassar est bâti sur l'enceinte d'un ancien édifice, les maisons y sont construites la plupart avec les matériaux du vaste temple que l'on y voyait autrefois. Proche de là, dans le roc, des tombeaux, parmi lesquels il en est qui sont divisés en trois et quatre chambres, contiennent encore des sarcophages en terre cuite, et quelquefois des momies que l'on reconnaît avoir été embaumées par des procédés inférieurs à ceux qui étaient employés dans les hypogées de la vallée du Nil. Un bois de dattiers qui est dans le voisinage recèle un puits d'eau chaude. Cette eau paraît noirâtre; le puits a huit pieds quatre pouces en carré.

Si le voyageur ne veut visiter que ces oasis, il peut, en revenant d'El-Cassar, traverser les nombreuses collines de sable qui séparent cet endroit de *Moelè*, trajet qui dure deux journées; après quoi il atteint un petit village ruiné où sont les ruines d'une église dont les murailles et l'autel étaient autrefois couverts d'effigies de saints. Dans toute la contrée l'eau est saumâtre. La direction suivie, qui est à l'est, aboutit finalement à la province de Bénisouef.

CHAPITRE XXIV.

LE MONT SINAÏ, LA MER ROUGE, L'ARABIE PÉTRÉE.

La route du mont Sinaï passe par Suez, et pour aller à Suez on peut s'engager par la montagne appelée *Gebel Moncatham*. A mesure qu'on avance vers l'orient, on reconnaît plusieurs éminences de sable; on rencontre aussi du bois pétrifié à des places qui paraissent n'avoir jamais dû produire d'arbres. Dans l'hypothèse qu'on va le pas des caravanes, et qu'on fait par conséquent une lieue et demie par heure, après treize heures de route suivies d'une halte, et onze autres lieues dans la même direction, on entre dans l'étroite et profonde vallée de *Thearosaed*. Une heure et demie plus loin, vient une vallée plus étroite encore, dont le nom est *Haraminteleh*, après quoi l'on dépasse les restes d'une ancienne muraille. Quelques arbrisseaux et plantes aromatiques récréent la vue dans cette partie du chemin. Il ne faut plus que seize heures pour être au château à forme carrée d'*Adjeroud*. On estime qu'il y a du Caire à Adjeroud quatre cent quatre-vingt-cinq *deraies* arabes, ce qui, à raison de seize deraies par heure, vitesse ordinaire dans le désert, porterait à un peu plus de trente heures la durée du trajet qui sépare les deux endroits en question. Ce trajet se ferait en moins de temps encore, si, en outre de l'écart du lac des Pélerins, on évitait tous les autres détours. La route de la Mecque, appelée *Derb el Charq*, passe au sud d'Adjeroud; en la suivant on entre dans des terrains très bas, et après deux ou trois heures de marche on arrive à *El-Birk el Suez*, au puits de Suez, où se trouve un caravanserai. L'eau de ce puits est tirée au moyen d'une grande roue, et je ne l'ai pas trouvée recommandable pour sa limpidité. La ville de Suez est située à deux milles au sud-ouest. L'extrémité septentrionale de la mer Rouge se termine par deux pointes ou entrées qui marquent la division du désert en deux régions nommées, l'une Loit, et l'autre Pharaon, d'après le nom d'une ville située dans la direction du sud-est. A l'orient de Suez, il faut visiter les cantons de la baie, ainsi que les vestiges d'une ville ancienne et considérable qui était bâtie proche de là sur une éminence. Il est possible de reconnaître encore la disposition du port qui appartenait à cette ville, et celle d'un château destiné à en défendre l'entrée. Un grand banc de sable qui n'est à découvert qu'à la marée basse, oblige les navires à mouiller à une demi-lieue plus loin, dans la partie sud-ouest. En général l'eau n'est pas aussi profonde le long de la côte orientale qu'au bord opposé; mais celui-ci est très escarpé, et, de plus, semé de beaucoup d'écueils. C'est à *Naba*, à deux lieues de distance sur la côte orientale de la mer Rouge, que les habitans de Suez sont obligés d'aller chercher de l'eau potable; en cas de différend avec les Arabes qui campent de ce côté, ils en sont réduits à l'eau saumâtre du puits dont j'ai parlé plus haut. La ville de Suez a quatre mosquées et une petite église grecque. Lorsqu'on parcourt les terrains bas qui sont à l'ouest, on voit les restes d'anciennes villes, et le canal qui aboutit au lac des pélerins proche de Materie, à huit milles du Caire.

Les navires Arabes qui naviguent sur la mer Rouge ressemblent parfaitement aux flûtes hollandaises; il y en a de très grands et dont la mâture m'a paru s'élever jusqu'à quatre-vingts pieds au-dessus de la ligne de flottaison. Sur un second pont qui n'est pratiqué qu'à l'arrière, on voit d'ordinaire une niche devant laquelle se dit la prière, et qui tient lieu de mosquée. Ces bâtimens n'ont pas de pompes, mais l'eau qu'ils font est extraite avec des seaux en cuivre, dont le nom arabe est *chadouf.* L'eau nécessaire au besoin de l'équipage est contenue dans des espèces de citernes établies presque à fond de cale, et proportionnées à la grandeur du vaisseau. C'est ordinairement à Tor que les marins qui fréquentent ces parages font leur provision d'eau. J'aurai, dans mon grand ouvrage sur l'Égypte, une occasion plus spéciale d'expliquer quelques unes des manœuvres usitées parmi les marins de la mer Rouge; on y trouvera des détails singuliers et curieux. *El-Tor* est une des parties les plus dangereuses de la mer Rouge à cause de ses bancs de madrépores; le port de Cosséir est peu sûr aussi, de même que le vieux Cosséir; mais celui d'*Humramyas* peut être fréquenté avec plus de confiance. Le trajet de Suez à la côte orientale s'opère en une demi-heure ou trois quarts d'heure ; les bateaux qui vont y faire de l'eau ne mettent d'ordinaire pas plus de temps. Cette dernière ville n'est un peu vivante qu'à l'occasion des arrivages par la mer Rouge, et de toute manière il faut y apporter de loin ce qui s'y consomme, car son sol, le plus ingrat de la contrée, n'offre presque jamais de verdure.

En entrant dans l'Arabie Pétrée, on voit un sol composé de montagnes, de vallées étroites et de plaines sablonneuses. L'une de ces plaines, adjacente à la mer Rouge, a trois lieues de largeur, et se prolonge, l'espace de dix lieues, jusqu'à des montagnes que les Arabes nomment *Corondel*, montagnes qui s'étendent au midi le long du littoral de la mer. Cinq lieues plus loin est la vallée de *Bahaum*, à l'ouest de laquelle s'étendent les montagnes de *Gath*, et à l'orient celles de *Ganès*. C'est au centre de cette large vallée ou plaine de Bahaum qu'est situé le mont Sinaï. La vallée continue jusqu'aux montagnes dites *Gebel-Pharaoun*; vers l'orient, la chaîne de la *Gabah* s'étend à environ dix lieues, et au milieu de *Gebel-Tee* est un désert de sablon de cinq lieues d'étendue, nommé *Ramelah*. La chaîne granitique qui va jusqu'à la mer commence en cette dernière localité. Dans le sud, on trouve trois ou quatre villages, *Gebel-Gedebièh*, et au sud-est, à une journée du mont Sinaï, *Sbarme* ou *Saarme*, point de ralliement des bateaux qui font la pêche dans la partie nord-est de la mer Rouge. La distance entre le couvent de Sinaï et *Dabahh* est d'environ trois journées. On rencontre fréquemment dans ces parages des campemens arabes, du moins tant qu'il y a de quoi abreuver et nourrir les chameaux, les chèvres et les brebis qui composent leurs troupeaux. Quant à eux, le blé qui leur est nécessaire se tire du Caire. A sept lieues de distance sont d'autres Arabes groupés par tribus, qui ont chacune un grand cheik : les tribus des *Misinides* et des *Pennusi* avoisinent préférablement le bord de la mer. Ces derniers Arabes ne sont point à craindre, et diffèrent essentiellement des *Aidi*, ceux qui de temps à autre s'avisent de priver d'eau potable les habitans de Suez. La tribu de *Beni-Soliman* s'étend aussi jusqu'à Suez, mais son campement central est Tor. Cette tribu dangereuse est connue par ses violences envers le couvent du mont Sinaï, aux dépens duquel elle a la prétention de vivre, et que souvent elle met à contribution. On ne craint pas la tribu d'*Elecat*; mais les *Sonalli*, et surtout les *Wecal-Cadissaid*, originaires de la Haute-Égypte, sont des pirates déterminés, et se livrent à tous les excès imaginables. Enfin les *Allannè*, qui sont réputés voleurs de profession, ne veulent pas même de pacte avec les autres tribus, et leur font la guerre ainsi qu'à tout le monde.

Aux environs des montagnes de *Nabate*, que les Arabes nomment *Nouèbeb*, le sol est marécageux, et il ne faut qu'y creuser pour qu'il en sorte des eaux saumâtres, et parfois des eaux thermales; quelques sources très bonnes coulent cependant ici; et, par les restes de bâtisses qui sont autour, il y aurait lieu de croire que c'est entre le mont Attakab et Génoubi que les Israélites traversèrent la mer Rouge, dont le flux et le reflux est à peu près de six pieds et demi, mais très rapide. Ces plaines contiennent aussi des collines de talc. Ensuite on passe un désert de sable, puis un autre qui est couvert de broussailles; et, après neuf ou dix heures de marche, on entre dans une plaine où l'on voit le commencement du Corondel, qu'ils appellent *Bierk-el-Corondel*. Continuant l'espace d'une lieue par le territoire de *Sbedur*, on arrive à des endroits remplis de petits arbustes où paissent les chameaux. Sur la montagne, est le château de Sbedur. D'ici au torrent d'*Yver*, *Ouardan* en arabe, il n'y a qu'une lieue, et tout proche est la source de Ouardan. On a de l'eau dans cet endroit en creusant le sol à deux ou trois pieds de profondeur. Trois heures de marche à travers une plaine sablonneuse conduisent devant une montagne de talc que l'on met trois autres heures à passer. En deux autres heures, on est à l'entrée d'une vallée, le mont *Gebel-Haussam* étant à l'orient, et au couchant le mont *Gebel-el-Marah*, près duquel est une source salée. Le torrent de Corondel est à dix ou douze heures de là; les terrains qui l'avoisinent sont couverts de divers arbrisseaux parmi lesquels il y a beaucoup de tamarins. On reconnaît plus loin, vers le bord de la mer, la montagne qu'ils nomment *Hammam-Pharaone*, la montagne des *Bains de Pharaon*. Toujours vers la partie de la côte, une grotte qui a deux entrées, contient une source d'eau chaude. A peine est-on entré dans cette grotte qu'une forte transpiration se manifeste, et la vapeur, concentrée dans sa profondeur, a donné la mort à des curieux qui s'y étaient engagés trop avant. L'eau s'échappe à travers les rochers, et forme plusieurs petits ruisseaux qui, en se perdant dans la mer, à un quart de lieue de leur origine, ont presque la même température qu'au sortir de la grotte; cette eau, très salée et sulfureuse, guérirait, au dire des Arabes, toutes les infirmités possibles; mais les bains qu'elle alimente sont véritablement salutaires dans quelques cas. A trois heures de ce lieu, on rencontre un torrent voisin d'une montagne appelée *Wouset*, où il y a des palmiers et une source d'eau ferrugineuse. A trois autres heures plus loin est *Taldi*, avec quelques dattiers et une source d'eau salée. Ensuite on dépasse, à *Keisimab*, le tombeau d'un cheik de ce nom; puis au bout d'une heure, on entre dans la vallée de *Mémet-Tab*, où est, dans la direction du sud, la route de Tor; et vers l'orient celle du mont Sinaï. Une autre route du Sinaï, mais plus longue d'une journée, passe par une autre vallée, dirigée également vers l'orient. On prend sa route par une petite montagne, d'où s'aperçoit au sud-est la montagne *Bet-el-Pharaon, maison de Pharaon*; et, arrivé là, on peut, le jour suivant, abandonner la route du Sinaï, et, tournant à l'ouest, suivre celle de Tor. Après une bonne marche, on gagne une vallée bordée de montagnes formées d'un granit varié et à très petit grain. Quelques heures de route conduisent à une source et à un terrain uni qui se prolonge jusqu'au lit spacieux du torrent de *Pharan*. La journée suivante, on traverse la montagne au pied de laquelle s'étend, sur une largeur de cinq milles, la plaine de *Bahoum*. Les montagnes de

Gah et la mer sont alors en vue. En treize ou quatorze heures, on atteint la vallée de Tor; et en treize autres heures *Nach-el-Tor*, le palmier de Tor, où se trouve une source d'eau salée qui présente l'aspect d'un terrain sec et uni, à cause de l'action du soleil qui cristallise sa surface.

Tor est un petit village de la côte orientale de la mer Rouge, distant d'une forte journée du mont Sinaï: ce qui fait qu'on met un jour de plus pour se rendre à ce dernier lieu, lorsqu'on passe par cette direction. On visite à Tor les ruines d'un couvent habité par des Arabes, et le couvent moins délabré qui sert, en cas de besoin, de refuge aux moines du mont Sinaï. Il y a ici une secte d'Arabes musulmans désignés par le nom de *Salemnites*, qui professent un grand respect pour Salomon, ainsi que pour Abraham, et qui placent ces noms dans toutes leurs prières : on les considère comme les plus anciens habitans de la contrée. Un puits d'excellente eau est à une lieue de Tor; les palmiers qui l'entourent le font distinguer aisément de deux autres sources, dont l'une est chaude et l'autre saumâtre. D'autres sources situées dans le sud-est, proche le Jardin des Moines, s'appellent les Bains de Moïse. L'occasion est très favorable à Tor pour former la collection des produits divers de la mer Rouge. L'abbaye de *Raye* est à une lieue et demie au sud de Tor; c'est à cet endroit que mouillent, lors de vents contraires, les navires destinés pour Suez. Par le travers de Tor, la mer Rouge doit avoir dix à onze lieues de large. Vis-à-vis, à la côte occidentale, est *Gebel-Gareb;* et, en inclinant au sud, *Gebel-Zeite*, les *montagnes de l'Huile*, dénomination qui leur vient des sources de pétrole qu'elles renferment.

Revenant par la route qui conduit au mont Sinaï, on met d'abord cinq à six heures pour traverser une plaine qui est à l'orient; ensuite on passe auprès d'une montagne, *Gebel-Meseka*, où jadis, dit-on, était un couvent, et l'on arrive à un torrent, le *Ouady-Hebran*, qui suit son cours entre de hautes montagnes de granit. Une journée est employée à gagner ce lieu qu'entourent des rochers couverts de quelques inscriptions, et où croissent beaucoup de dattiers. Au-delà de la fontaine des Hébreux, et d'une autre fontaine, un mille plus loin, vient *Dier-Frangi*, ou le pays de Francs; vers la gauche, sont les montagnes *Gebel-Mosineoum*, où Moïse s'endormit; on a, au nord, le couvent de *Pharan*. Quittant la route pour entrer dans une petite vallée voisine qui tourne au sud-est, et ensuite dans l'étroite vallée de *Negeb-Houab*, où l'on trouve de l'eau et quantité de palmiers, on continue en laissant à gauche le lit d'un torrent, par une plaine où gisent des matériaux considérables, qui furent destinés à l'édification d'un couvent. Bientôt le voyageur arrive au couvent grec de Sainte-Catherine, le couvent du mont Sinaï, lequel est situé au pied de la montagne. Pour pénétrer dans ce couvent, on se fait hisser, au moyen d'un cylindre, à trente ou trente-cinq pieds du sol, vis-à-vis de la fenêtre qui lui sert d'entrée. Le mont Sinaï, que les Arabes nomment *Gebel-Mosè*, la montagne de Moïse, a deux sommets séparés à moitié de sa hauteur par une petite plaine. On a, au sud-ouest, le mont *Horeb*. A l'extrémité orientale de la vallée qui est au nord du mont Horeb, il y a une autre montagne de forme arrondie qui s'appelle aussi *montagne de Moïse;* le Sinaï est au sud de celle-ci. D'autres sommets ont reçu ici des noms particuliers ; c'est le *Serieh*, l'*Episéme;* mais la classification la plus généralement suivie les réduit tous au mont Horeb et au mont Sinaï. Le couvent de Sainte-Catherine est au nord du mont Horeb et au couchant de la montagne de Moïse; la vallée tourne du sud-ouest au sud-est. Il faut visiter, dans le couvent, la châsse de sainte Catherine, le puits de Moïse, la chapelle du Buisson ardent, et la grande église; en dehors, vers l'est, la vallée de *Jab* ou de *Dieu*, celle de *Repbedin*, le rocher d'où Moïse fit jaillir des sources. C'est au pied du *Serieh*, sommet à l'est de l'Horeb, qu'est ce rocher, nommé par les Arabes *Massab* ou *Merebab*, et aussi la pierre de Moïse; il est de granit rouge; ses dimensions sont : dix pieds en largeur, dix en longueur, treize d'élévation. J'y ai reconnu deux fentes, l'une horizontale, l'autre perpendiculaire : celle-ci part d'une ouverture qui a deux ou trois pieds. A l'extrémité sud-ouest de la même vallée, et au pied du mont Sinaï, est le couvent des Quarante Martyrs, et son jardin qui renferme plusieurs arbres fruitiers. Continuant vers le sommet de Sainte-Catherine, on voit au tiers de distance de la fontaine des Perdrix, l'empreinte du corps de la sainte conservée sur le rocher. Sainte-Catherine est le plus élevé des deux sommets du Sinaï [1]; sa masse est formée de marbre bigarré; de sa partie supé-

---

[1] Le monastère situé sur cette montagne est à 5,420 pieds au-dessus du niveau de la mer Rouge, et l'élévation du mont au-dessus du couvent est de 2,020 pieds Cette élévation est perpendiculaire, de manière que la hauteur totale est de 7,440 pieds. Cependant il se trouve encore un point plus élevé sur cette chaîne; c'est le mont Sainte-Catherine, qui possède en sus 1,012 pieds, de manière que l'on peut évaluer ce groupe de montagnes à la hauteur de 8,452 pieds au-dessus du niveau de la mer Rouge.

rieure on découvre les deux bras de la mer Rouge, et même l'Arabie Heureuse. Parmi la foule d'endroits à signaler dans ces parages, je nommerai, en outre des précédens, le puits creusé à la plaine de *Melab;* et, au couchant de la plaine de *Baba,* le passage où l'on retrouve un puits semblable. Partout ici l'on trouve des dattiers et des eaux abondantes. En s'avançant à une lieue dans la vallée de Jabab, on arrive à un endroit réputé pour être celui où le veau d'or fut jeté par Aaron. Cette croyance est appuyée sur l'analogie qu'un trou de rocher offre avec le profil d'une tête de veau; et ce fut bien ici, à ce qu'on assure, que la tête profane adorée par les Israélites fut pourfendue. Proche de là, un rocher taillé en escalier par la nature, passe pour avoir été le lieu d'exposition de l'idole. Au nord, du côté de la vallée de *Melgab,* est le lit d'un torrent nommé *Datban el Aberam.* Le chemin ordinaire qui mène au sommet du mont Sinaï s'appelle le *Chemin des degrés;* il commence auprès du couvent; ses marches sont d'un granit rouge et étroites. Je remarquerai à cette occasion que l'on ne trouve nulle part des granits aussi variés qu'aux environs du Sinaï. En continuant à monter, on passe près d'une fontaine, et ensuite par la chapelle de Sainte-Marie. Plus loin est un autre chemin, mais très étroit, qui conduit aussi à la montagne. Le contour du mont Sinaï mérite l'attention du botaniste; il y rencontrera une grande variété de plantes, et particulièrement des espèces aromatiques. L'aubépine qui croît en abondance ici diffère de celle des autres contrées de l'Orient.

Il y a quatre chapelles aux environs de l'Horeb : 1°. celle de Saint-Jean-Baptiste; 2°. celle de la ceinture de la Vierge; 3°. de Saint-Panteleemon; 4°. de Sainte-Anne. Sur une hauteur au-dessus de la chapelle de Saint-Panteleemon se voit une longue cellule taillée sous le rocher; on assure que deux frères, fils d'*Irène*, y vécurent en ermites. Auprès est la chapelle de Saint-Jean, puis un bâtiment composé de trois cellules autrefois habitées par l'ermite Grégoire. Au sud-ouest de la plaine se trouve une autre cellule également creusée dans le roc, dans laquelle vivait saint Antoine l'ermite. Sur le premier chemin qui conduit de la vallée d'Élie au mont Sinaï, on visite deux chapelles : l'une est dédiée à Élie et à Élisée; l'autre, au nord-est, à sainte Marie : cette dernière est en ruine. Dans la chapelle d'Élie on montre une petite grotte que l'on prétend avoir servi de demeure à ce prophète. Les Arabes appellent ce chemin *Derblelel*, c'est-à-dire *le chemin d'Élie*. En montant au Sinaï on fait remarquer l'empreinte d'un pied de chameau qui se trouve vers la partie méridionale. Les Mahométans ont en grande vénération cette empreinte, et ils prétendent qu'elle a été faite par le pied du chameau de Mahomet. Un peu plus haut est une grosse pierre où l'on assure que le prophète Élie eut l'ordre de s'arrêter, et que déjà il n'avait pas été permis à Moïse de la dépasser. Le sommet de cette montagne est fort étroit; auprès sont deux autres sommets moins considérables. Sur celui du midi est une petite mosquée pratiquée dans le roc, et à l'extrémité au sud-est se trouve une grotte dont les Arabes ont fait une autre mosquée. Suivant la tradition, c'est en ce lieu que Moïse jeûna pendant quarante jours. On aperçoit sur une pierre une inscription grecque dont les caractères sont à moitié effacés. L'église du Sauveur est placée sur l'autre sommet de la montagne; il en est encore une autre, mais extrêmement petite, située au nord, et consacrée aux Latins. Au nord-est et près de ce dernier monument on remarque un gros rocher de neuf à dix pieds carrés, et presque de la hauteur de l'église, laquelle forme le sommet du rocher. Du côté du couchant est une cavité assez grande pour qu'un homme puisse s'y placer; on aperçoit le jour à travers cette fente qui est du côté de l'orient. Selon les Arabes, c'est l'endroit où Moïse vit le Seigneur : aussi ce lieu est en grande vénération parmi les Musulmans.

Au sommet de la montagne est une citerne élevée au-dessus du niveau du terrain; cette citerne reçoit les eaux pluviales. Au pied de la montagne et à la partie orientale est une petite vallée appelée *vallée de Seir*, à cause de la variété de la couleur de son granit. Le mont Sinaï, vu de loin, paraît être de deux couleurs. Au mont *Episéme* on aperçoit les ruines d'un couvent. Autour de la montagne sont plusieurs autres couvens et chapelles. Près du jardin des Oliviers et des Quarante Martyrs se trouvent la chapelle de Saint-Onuphre, le couvent des apôtres Saint-Pierre et Saint-Paul, les ruines du couvent Sainte-Marie, du couvent de David et le couvent de Saint-Côme. De la vallée de *Bobbe* à ce lieu, on rencontre beaucoup d'eau et des jardins. Auprès est le couvent de Saint-Damien, et au nord sont des ruines appelées *la prison de Saint-Jean-Climaque*, où l'on renferme les religieux mis en pénitence. Au-dessous est une petite grotte taillée dans le roc, puis la tour de Sainte-Hélène où se trouvent trois chapelles; il ne reste de l'ancien couvent que les murailles qui ont six pieds trois pouces d'épaisseur. L'ancienne porte est située au couchant, et l'on y entre aujourd'hui par une petite porte qui communique au jardin. Par-devant est une cour murée où l'on entre par une fenêtre de la hauteur de quarante pieds; elle a été construite pour s'affranchir des Arabes. Le couvent est construit avec des briques crues, mais très irrégulières. A chaque angle est une petite tour carrée et une autre au milieu de la façade. Cet établissement renferme tous les ustensiles nécessaires à la vie; on y trouve une boulangerie, des moulins, des fours, etc. La grande église de la Transfiguration est dans l'endroit le plus bas du couvent; à l'angle nord-est on voit une mosaïque, et dans le ceintre placé au-devant du maître-autel le portrait de l'impératrice Théodora. L'église est décorée de deux rangs de colonnes d'un granit grossier, et qui sont recouvertes de plâtre. Les chapiteaux sont d'ordres différens, et il en est plusieurs qui approchent de l'ordre corynthien. Au-devant de l'église est un portique fermé, et à chaque angle on a construit une chapelle. On visite particulièrement la chapelle du Saint-Buisson, située à la partie orientale du temple; l'on quitte ses souliers avant que d'y entrer. Il y a encore deux chapelles consacrées à notre saint-père le pape. Cinq autres chapelles se trouvent autour du monastère; l'une située dans le jardin tient au cimetière de l'archevêque. Dans le couvent sont deux puits nommés le *puits de Moïse* et le *puits du Buisson sacré*, dont l'eau est moins fraîche que celle du premier. A l'entour du couvent sont à peu près soixante familles qui font le service extérieur. Ces vassaux, qui portent le titre de *cradum ta el dier*, cultivent les jardins. La bibliothéque du couvent mérite d'être visitée, et quoiqu'elle soit pauvre en manuscrits, les religieux ne laissent pas de la montrer comme tout le reste. En entrant dans le couvent on commence par laver les pieds à l'étranger, puis on lui fait laver les mains. Après l'avoir inondé d'eau de rose, on lui présente le registre où sont inscrits les noms des bienfaiteurs de la maison. La coutume est de donner selon ses moyens. Pour en finir, on visite dans ce couvent vingt-six chapelles.

Le voyageur qui désire retourner du couvent au Caire, peut reprendre la même route par laquelle il est venu. Il descend dans la vallée où se trouve un grand nombre de pierres et de ruines. En tournant au couchant, on entre dans une autre vallée, et après une lieue de marche, on suit la route au nord en s'éloignant des vallées sablonneuses appelées *Jebel Lessuny*, où sont quelques maisons que les Arabes habitent lorsqu'il y a de l'eau. Dans la plaine *Waade*, se trouve le chemin qui conduit au couvent de *Paran*, puis en sortant de ces contrées on passe par la montagne appelée *Saisb*, par la vallée de *Bareacb*, où l'on observe des inscriptions et une citerne. On prend à droite un chemin que l'on quitte lorsqu'on se rend à Tor, et ensuite on arrive à *Gebeltè*. En passant par la vallée du *Montor*, on peut recueillir des inscriptions gravées sur pierre et des figurines ; le retour à Suez s'effectue par des endroits dont il a été question, par Qorondel, les bains de Pharaon, les fontaines de Moïse.

Le retour de Suez au Caire peut se faire par la route des pélerins, *Norb-el-Hadji*; l'on passe par *Derb-el-Hammer*, où est l'arbre des haillons, arbre auquel les pélerins laissent suspendus les vieux tissus dont l'usage leur impose le sacrifice; par *Birk-el-Hammer* et le lac, qui est un centre capital de réunion pour les caravanes des pélerins de la Mecque. Ce dernier endroit est, comme on l'a déjà vu, très voisin du Caire. En résumé, l'itinéraire qui vient d'être tracé ne dure à la rigueur que quinze ou seize jours. Dans les divers parages explorés, aux bords du golfe de Suez comme sur ceux du golfe d'Acaba, partout enfin je n'ai rencontré que des terres stériles peuplées de rares habitans; tandis qu'un peu plus au midi, les côtes de l'Éthiopie m'avaient montré la plus belle végétation, les plus riches pâturages et de nombreuses populations. Le retour périodique et prolongé des pluies dans cette dernière contrée, lui procure ces avantages dont l'autre semble devoir être privée à jamais. Je crois avoir parlé avec le détail que cet ouvrage comporte, de la partie septentrionale de la mer Rouge; dans l'autre partie, *Gedda* est un petit endroit qui n'existe qu'avec les produits de la Haute-Égypte, et grâce à l'argent qu'y répandent les pèlerins qui passent par Cosséir. Le petit port de Colzim, proche de Gedda, prit quelque importance lorsque les Musulmans s'en emparèrent; mais il est aujourd'hui abandonné et inabordable. La même chose est à dire du port de Daidab, au-dessus de Colzim. Les deux bourgs dits *Souahem*, sont sur une île peu éloignée de Colzim, et aux environs de laquelle on fait, sous un ciel dont l'ardeur est intolérable, la pêche des perles. Quoique déchu sous quelques rapports, Gedda fait encore avec Moka un commerce très étendu. De Gedda à la Mecque on ne compte que seize lieues, qui, lorsque la mer n'est pas praticable, se font par terre dans l'espace de vingt-quatre heures.

FIN.

RAPPORTS

FAITS

PAR LES DIVERSES ACADÉMIES
ET SOCIÉTÉS SAVANTES DE FRANCE,

SUR

LES OUVRAGES ET COLLECTIONS

RAPPORTÉS DE L'ÉGYPTE ET DE LA NUBIE

PAR M. RIFAUD.

LETTRE

ADRESSÉE

A M. LE PRÉSIDENT
DE LA SOCIÉTÉ ASIATIQUE,

PAR M. RIFAUD. (1)

EXTRAIT DU NOUVEAU JOURNAL ASIATIQUE.

Monsieur,

Je viens vous présenter quelques fragmens de mon ouvrage, seulement pour vous donner une idée de mes occupations pendant plusieurs années. J'ai quitté la France en 1805, et je suis rentré à Marseille, ma patrie, vers la fin de 1827. Durant vingt-deux années, j'ai parcouru l'Italie, l'Espagne, les îles de la Méditerranée, l'Asie Mineure, une partie de l'Archipel, l'Égypte, la Nubie, et les lieux voisins de cette contrée ; à mon retour, j'ai séjourné environ un an à Marseille, autant pour me remettre de mes fatigues que pour réunir une partie de mes matériaux. Je suis enfin arrivé dans cette capitale le 6 janvier 1829.

Mon but a été d'étudier les mœurs et les usages des contrées que j'ai visitées, l'industrie de leurs habitans, les pro-

---

(1) Cette lettre étant comme une sorte de sommaire des travaux de l'auteur, nous avons cru devoir la joindre aux Rapports des savans sur les diverses collections soumises à leur examen.

duits du sol, et l'art de le cultiver. J'ai dessiné tous les instrumens agricoles, j'ai décrit tous les procédés de l'agriculture, les localités de plusieurs cantons plus ou moins féconds où croissent le blé, la canne à sucre, l'indigo, le coton, les mûriers, le lin, le chanvre, le safranon, et d'autres plantes de ce genre utiles à l'industrie et au commerce.

J'ai rapporté également des observations sur les contrées où les plantes légumineuses ont le plus de succès ; j'ai pris note de la manière dont on conserve le grain pendant une longue série d'années, de la manière dont on le prépare pour la mouture, de la manutention du pain, de sa cuisson, et de plusieurs procédés économiques. Je me suis aussi occupé des formes du gouvernement et des progrès de l'industrie, dans ces dernières années ; j'ai décrit les fêtes et cérémonies religieuses ; j'y ai joint les récits des Arabes, leurs superstitions et leurs préjugés, les usages de chaque contrée, de chaque peuplade ou tribu. J'ai dit quelles sont les maladies endémiques, la manière dont les naturels du pays se traitent, l'origine de celles qui seraient moins fréquentes sans la négligence de ces peuples ; les diverses maladies des animaux, particulièrement celles qui attaquent les bêtes utiles à l'agriculture ; j'ai décrit leur développement et les causes qui les rendent quelquefois épidémiques et contagieuses, les saisons où elles sont plus fréquentes, les contrées où les animaux sont plus sujets à ces affections, les remèdes que les naturels emploient pour arrêter ce fléau, soit le suc des plantes, soit la terre, l'huile, le goudron, le soufre, le natron, le sel de nitre, le sel marin, l'eau thermale et teignante, les fumigations, la poudre à canon, et autres. La plupart de ces détails sont le résultat de mes observations personnelles.

Les monumens de l'Égypte et de la Nubie ont occupé une grande partie de mes loisirs : des fouilles, dirigées avec soin, m'ont mis à même de découvrir des monumens ensevelis depuis un grand nombre de siècles, et j'ai été assez heureux pour découvrir soixante-six statues, soit colossales, soit de grandeur naturelle; j'ai relevé diverses inscriptions et des tableaux hiéroglyphiques que j'ai copiés ; j'ai dressé les plans topographiques de tous les lieux où j'ai fait des fouilles, et ceux mêmes de plusieurs rues et maisons égyptiennes, avec les coupes de quelques monticules qui présentent, dans certains endroits, cinq ou six maisons placées l'une au-dessus de l'autre. J'ai rédigé le journal de mes voyages, et un recueil d'observations météorologiques ; j'y ai joint le récit des aventures qui me sont arrivées. J'y ai ajouté beaucoup d'anecdotes arabes recueillies chez les diverses tribus ; j'ai étudié leurs systèmes philosophiques, leurs opinions et leurs préjugés, leurs mœurs et leurs usages : j'ai parlé des sectes qui les divisent, de leurs pratiques et des haines qui les animent. Ces détails, je l'espère, ne seront pas sans intérêt. J'ai cru devoir consacrer une partie de mon travail à la description des arbres que le pays produit, à l'emploi que l'on fait de leur bois, soit pour la construction des barques et des machines hydrauliques, soit pour les habitations. L'art de tanner les peaux, la teinture des étoffes, la filature et le tissage, la préparation du lin et de l'indigo, la fabrication du nitre au soleil, et ses produits, ont aussi fixé mon attention. J'ai fait connaître la nourriture frugale des naturels du pays, leurs vêtemens, leur simplicité, leurs ustensiles de ménage, la jalousie des hommes et le pouvoir absolu qu'ils exercent sur les femmes qui leur appartiennent, et la soumission de ce sexe. J'ai parlé de la légitimité des mariages, des degrés de parenté, des actes et des contrats, de la justice, de la législation, du langage, etc.

J'ai joint à ces notes divers renseignemens sur les nègres. Je les ai puisés parmi les nègres qui forment colonie dans la capitale du Barabra, et qui, bien qu'esclaves, sont, pour ainsi dire, aussi libres que leurs maîtres, dont ils diffèrent assez peu. Je me suis particulièrement occupé de la botanique, que j'ai décrite suivant le système arabe, c'est-à-dire d'après l'usage que les naturels du pays en font dans le traitement des maladies ou la fabrication des couleurs. J'ai rassemblé, dessiné et décrit une grande quantité de plantes. J'ai formé des herbiers et réuni beaucoup de graines. On trouvera dans ma relation tous les détails que j'ai pu recueillir sur les lieux et parmi les habitans mêmes.

Les insectes, les reptiles, les quadrupèdes, les poissons, les oiseaux, ont été aussi les objets de mes pénibles observations ; je les ai dessinés en entier ; et après les avoir disséqués, j'ai encore dessiné leurs squelettes, et j'ai recueilli les divers récits que je recevais de la bouche même des naturels du pays, sur leurs qualités, sur leurs propriétés et leur utilité, ce qui peut former, pour ainsi dire, une histoire naturelle arabe. J'ai noté également une foule de traditions superstitieuses relatives à ces animaux employés comme médicamens, et qui forment une grande partie de la pharmacie arabe. Parmi les oiseaux, il en est plusieurs qui sont réputés mystérieux, et considérés comme de mauvais augure ; les autres sont encore un objet de vénération. Ces détails pourront donner une idée de ce que ce peuple conserve encore des anciennes mœurs égyptiennes.

Je n'ai rien ajouté ni rien retranché aux récits qui m'ont été faits ; j'y ai joint des observations particulières sur ces contrées, et j'ai donné mes vues sur les moyens de les fertiliser avec plus de succès qu'on ne l'a fait jusqu'à présent. Si ce pays se trouvait sous la protection d'un gouvernement européen, il n'y a aucun doute qu'il ne devînt le plus beau et le plus riche du monde. Il faudrait pour cela favoriser l'agriculture, lui procurer des machines hydrauliques bien conçues et simples : alors l'Egypte fournirait les plus riches produits ; elle deviendrait le plus beau jardin du monde, et serait bientôt rivale des Indes. Thèbes pourrait donner toutes les denrées que l'on récolte à Ceylan. Les cantons plus au midi et la région nubique elle-même, quoique bien resserrée entre les deux chaînes de l'ouest et de l'est, ne seraient pas moins fertiles que le reste de l'Egypte. Mon séjour dans ces contrées m'a mis en état de faire à ce sujet plusieurs expériences dont j'ai obtenu des résultats satisfaisans, et dont on verra le détail dans mon ouvrage.

AVANT-PROPOS.

M. RIFAUD termine en ce moment un volume presque exclusivement géographique sur l'Égypte et la Nubie; en même temps il met en ordre et prépare les matériaux considérables de l'ouvrage complet qu'il publiera sur cette contrée.

Les explorations des voyageurs offrent souvent de grandes difficultés; la publication des découvertes qui en sont le résultat, ont aussi les leurs : après avoir employé son temps et ses ressources particulières pour recueillir, il faut les prodiguer de nouveau pour mettre en lumière ce qu'on a recueilli. Dans un *Prospectus* qui a déjà paru, M. Rifaud a fait l'énumération de tout ce qu'il est prêt à donner sur l'Égypte et la Nubie; il est utile que l'opinion publique soit fixée d'avance sur l'importance des matériaux que M. Rifaud possède.

Les premières Sociétés savantes de la France ont été appelées à juger les matériaux en question, et toutes ont prononcé avec l'indépendance et la spécialité qui les caractérisent. Les Rapports de ces Sociétés doivent jouir de plus de crédit auprès du public que la présomption d'un auteur intéressé : ce qui a déterminé à leur donner plus de publicité qu'ils n'en ont obtenu par les notes des journaux. Sans doute que leur autorité aura l'effet qu'on en doit attendre, et le *Prospectus* annoncé plus haut ne trouvera en conséquence, chez ceux qu'il intéresse, que des dispositions favorables et empressées.

RAPPORT

PRÉSENTÉ

A L'ACADÉMIE ROYALE

DES SCIENCES, BELLES-LETTRES ET ARTS DE MARSEILLE,

Dans la séance du 22 mai 1828.

COMMISSAIRES :

MM. Jauffret, Salze, Bazin, et Negrel, *rapporteur.*

MESSIEURS,

Pour remplir la mission dont nous a honorés l'Académie, nous avons visité la collection de dessins apportés d'Égypte par notre compatriote M. Rifaud, et nous venons vous rendre compte du résultat de nos observations.

Cette contrée célèbre par l'antiquité de sa civilisation, a vu fleurir pendant une longue série de siècles, un peuple éclairé, puissant et sage. De vastes débris, des monumens gigantesques sont les vieux témoins de sa prospérité, et cependant il ne nous reste de lui aucune notion historique un peu certaine; ses lois, ses guerres, ses souverains même sont ignorés, et les pyramides qui en devraient perpétuer le souvenir, sont debout devant la postérité sans remplir le but de leur destination. Elles attestent le génie et la puissance d'une société sans rapport avec la forme des sociétés modernes; elles nous disent seulement : là fut une grande nation.

Les entrailles de la terre renferment de nombreux caveaux dans lesquels sont ensevelis les cadavres embaumés des générations primitives. Plus de trois mille ans ont passé sur ces tombeaux et ne les ont pas dérangés. A côté du chef de famille, du guerrier, du prêtre, gisent les restes des animaux qu'ils ont chéris ou peut-être adorés. Des ibis, des chats, des crocodiles sans nombre ont partagé avec l'homme ce simulacre d'immortalité.

Des temples spacieux sont encore à moitié debout; leurs colonnes imitant le tronc et le feuillage de palmier, soutiennent encore des frises élégantes sur lesquelles des figures emblématiques voilent les mystères des temps anciens, une obscure théogonie, ou peut-être le récit des actions de ce peuple, ses succès et ses revers.

D'autres édifices sont creusés dans le flanc des montagnes, dans le grès et le granit. Des monumens de tout genre sont debout ou couchés dans les plaines sablonneuses; les restes d'anciennes populations, ou plutôt l'ancienne population dort au milieu de ces villes silencieuses, et ne consiste plus qu'en froides statues de basalte, ou en momies qui ont pris la couleur et la dureté du basalte même. Partout les murs, les colonnes, les statues, les momies, les tombeaux, les papyrus, sont couverts de caractères emblématiques diversement combinés, et cette histoire, partout écrite, n'a encore trouvé aucun lecteur.

Des voyageurs courageux, de zélés explorateurs ont parcouru cette terre fertile en monumens et vide de souvenirs. Ils y ont conquis des riches dépouilles des temps passés et les ont répandues en Europe.

Des collections égyptiennes figurent dans les capitales, et de nombreux amateurs recherchent les vestiges d'une nation qui n'est plus depuis plusieurs milliers d'années.

Parmi ceux que nous avons vu aborder successivement sur nos plages, nous devons distinguer M. Rifaud. Sa qualité de Marseillais doit le recommander particulièrement à l'Académie, et sans ce titre, il le serait encore assez par ses talens, son ardeur pour la science, et ses fructueuses recherches. Par ses soins, près de huit mille objets d'antiquité et d'histoire naturelle ont été dessinés et coloriés avec la plus grande exactitude. Une quantité considérable de monumens qui peuplent la Haute-Égypte ou les bords de la mer Rouge sont figurés dans ses portefeuilles avec tous les détails d'architecture et l'ordonnance fidèle de leurs hiéroglyphes. C'est le fruit de plus de vingt ans de persévérance et de cette courageuse obstination qui est l'apanage du génie. L'enthousiasme de la science peut ainsi donner cette force d'âme capable de braver des dangers terribles, l'âpreté des climats, la cruauté des peuples demi-sauvages, qui puisent dans leur ignorance, leur superstition ou leur cupidité, mille motifs d'arracher la vie à des étrangers dont ils ne sauraient comprendre le sublime dévoûment. Ajoutez à ces périls ceux que présentent la dent des bêtes féroces, les fatigues de marches forcées et continuelles à travers des déserts brûlans, ou dans des marais, réceptacles d'énormes et dangereux reptiles; eh bien! semblable à Vernet dessinant la tempête du pied de son grand mât, M. Rifaud n'a fait attention à ces ennemis redoutables que pour en fixer les traits sous ses crayons. Les habitans de ces lointaines contrées, leurs vêtemens, leurs arts, leurs cérémonies, leurs jeux, leurs ménages, les reptiles hideux, les insectes les plus venimeux, des poissons, des oiseaux, des quadrupèdes, forment une partie de ses collections, qui renferment en outre un mille de plantes desséchées dont cinq cents dessinées et coloriées. Tel est le résultat des observations et des travaux de M. Rifaud. En voyant cette riche récolte d'objets de tous les règnes et de toutes les classes, on trouve bien court l'espace de vingt-deux ans employés à les rassembler.

M. Rifaud a eu soin de recueillir une grande partie des objets qu'il a dessinés. Sa collection de monumens est encore à Alexandrie, d'où elle doit arriver incessamment. Son estimable possesseur nous a permis de vous annoncer qu'il était dans l'intention d'offrir une des statues qui la composent à sa ville natale.

Quant aux objets d'histoire naturelle, M. Rifaud a lui-même pêché, chassé ou recueilli tous les individus qu'il a dessinés. Tous sont peints vivans, avec leurs couleurs naturelles et une exactitude classique qui permet de reconnaître les genres et les espèces. Les animaux vertébrés sont dessinés avec leurs squelettes; les insectes avec leurs larves et leurs œufs; les plantes avec les détails botaniques, et tous accompagnés de leurs noms arabes.

La Commission pense que les collections de M. Rifaud seront d'une très grande utilité pour chacune des sciences auxquelles elles se rattachent. La grande quantité d'hiéroglyphes qu'il a rapportés ajoutera aux richesses de ce genre connues des savans, fournira un nouvel aliment à leur intéressante étude, et en facilitera peut-être les résultats. Les poissons de la mer Rouge et du Nil sont en grande partie inédits, les rédacteurs du grand ouvrage sur l'Égypte n'ayant pas exploré au-delà d'une certaine distance. Quant à la Flore d'Égypte, que nous rapporte M. Rifaud, elle est beaucoup plus complète que celle de Fonkall, et surtout plus authentique. A ces objets d'art ou de science, notre laborieux compatriote a joint des notes volumineuses contenant le détail de ses voyages, ses aventures, et surtout des renseignemens curieux sur les usages d'arts, de médecine, ou d'économie domestique, des animaux et des plantes qu'il a observés.

Pour témoigner notre reconnaissance à M. Rifaud, nous proposons de lui accorder le titre de membre associé et correspondant de l'Académie. La Commission conclut à son admission.

Signé : JAUFFRET, SALZE, EM. BAZIN, et F. NEGREL, *rapporteur.*

Certifié conforme, le 7 juillet 1828.

Signé : Paul AUTRAN, *président.*

Signé : LAUTARD, *secrétaire perpétuel de l'Académie.*

(Classe des Sciences.)

COMMISSION CENTRALE DE LA SOCIÉTÉ DE GÉOGRAPHIE.

NOTICE ET RAPPORT

SUR

LES TRAVAUX ET LA COLLECTION DE DESSINS

RAPPORTÉS A PARIS PAR M. RIFAUD, APRÈS UN VOYAGE DE VINGT-DEUX ANNÉES EN ITALIE, EN TURQUIE, EN ÉGYPTE, ETC., ETC.

PAR M. G. BARBIÉ DU BOCAGE.

M. RIFAUD vient d'arriver à Paris. Rentré en France, sa patrie, dans le mois de novembre 1827, il se fixa à Marseille, d'où il était parti en 1805 pour explorer les pays voisins de la Méditerranée. Après une absence de vingt-deux années (1), pendant lesquelles il a parcouru l'Espagne, les îles de la Méditerranée, la Turquie, l'Égypte, la Nubie et les lieux curieux voisins de l'Italie, cet intrépide et persévérant voyageur vient enfin déposer dans la capitale du monde savant les nombreuses collections de tous genres qu'il a recueillies dans ses courses pénibles et périlleuses. Rien n'a pu ralentir son zèle ! Les déserts et leurs habitans souvent querelleurs n'ont point

---

(1) En 1805, M. Rifaud passa en Italie, et de là en Espagne; il visita les îles Baléares et Malte. En 1809, il aborda à Smyrne, fit des excursions dans la Romélie et l'Anatolie (Asie-Mineure). En 1812, il quitta Smyrne, prit la route de Chio, vit Tchesmè, Rhodes, Chypre, et se rendit à Alexandrie, d'où il revint, en 1826, en Europe. Enfin, après avoir séjourné environ une année en Toscane, il débarqua à Marseille en novembre 1827.

été un obstacle pour lui. Il a fait des excursions partout où la science avait quelque chose à gagner. Girchè, dans la Nubie; Karnak, dans la Thébaïde; Medinèh, el-Haouara, l'ancienne Banchis, dans le Fayoum; San, Tell-Bastah, Mouqèdam, dans le Charquièh; Koumel-Ahmar, dans le Delta, sont les lieux où il a successivement déployé ses tentes. Tous ceux qui l'ont rencontré en Égypte se sont plu à citer son amour et son zèle pour les recherches.

M. Rifaud rapporte au milieu de nous de riches collections de dessins de tous genres, en grande partie inédits, et dont on peut faire monter le nombre à plus de 6,000. Tous ces dessins, exécutés avec assez de soin, sont relatifs à la botanique, à la zoologie, à la géologie, à la minéralogie, aux antiquités, aux sciences, aux arts, à l'industrie, etc., etc. Bientôt arriveront à Paris les caisses qui, renfermant les objets eux-mêmes en nature, offriront la preuve de la vérité des dessins qui nous sont présentés aujourd'hui. (1)

HISTOIRE NATURELLE : BOTANIQUE, ZOOLOGIE. — *L'histoire naturelle* particulièrement semble devoir s'enrichir de nouvelles découvertes (2). Les *botanistes* trouveront dans ces portefeuilles les dessins de 500 plantes coloriées d'après nature, prises aux deux époques de leur floraison et de leur fructification, en Nubie, dans la Haute et Basse-Égypte et en grande partie dans le désert. Des notes recueillies indiquent l'usage et l'emploi de ces plantes par les naturels, soit dans la médecine, soit dans leurs teintures et la formation de leurs couleurs. A l'appui de ces dessins, viennent les herbiers en nature et les graines apportées pour faire des essais ou des analyses s'il était nécessaire.

Les naturalistes ne verront pas sans le plus grand intérêt les *poissons*, *coquillages* et *insectes* du Nil, que le dessinateur a eu soin de représenter avec leurs couleurs naturelles. A côté,

---

(1) Depuis, une partie des collections est arrivée à Paris.
(2) Voir le Rapport de M. le baron Cuvier à l'Académie des Sciences.

sont figurés les squelettes. Ces dessins, au nombre de 150, sont accompagnés d'un texte qui décrit leur grandeur, l'époque de la fécondité de ces poissons, leur saveur, le moment où ils abondent dans le fleuve, les parages où on les trouve, les divers moyens employés par les habitans pour les prendre, etc., etc..... Les squelettes mêmes de tous ces poissons forment une des branches de la collection.

Mille dessins de *quadrupèdes*, de *reptiles*, d'*oiseaux*, d'*insectes*, tant de la Nubie que de la Libye, de la Haute et Basse-Égypte et du désert, sont également accompagnés d'un texte explicatif dans lequel l'auteur dépeint ces animaux et décrit l'époque de leur copulation, leur fécondité, leur métamorphose, la vénération des habitans pour plusieurs d'entre eux, et les superstitions que l'on attache à la vue des uns ou des autres, les lieux où se trouvent plus particulièrement telles ou telles espèces, et la manière dont on emploie la plupart des insectes dans les médicamens. A ces données sont jointes des observations, résultats d'expériences, faites par l'auteur lui-même sur ces divers individus, soit en plein air, soit dans des vases fermés.

ANTIQUITÉS; STATUES; TEMPLES; MONUMENS; SANCTUAIRES; PÉRISTYLES; MONOLITHES; INSCRIPTIONS, etc. — M. Rifaud rapporte aussi une ample moisson de *dessins* et de *monumens d'antiquités* recueillis dans la Nubie et dans l'Égypte. Parmi les découvertes les plus intéressantes qu'il a faites, nous citerons : 66 *statues* trouvées par lui; 6 *monumens* et *temples*, déterrés et déblayés par ses soins dans l'enceinte de l'ancienne Thèbes; 260 *inscriptions* hiéroglyphiques, cufiques, grecques, latines et sarrasines, etc., etc., transcrites de sa propre main.

Cette collection renferme en outre une immense quantité d'antiquités, de monumens et de dessins, plans, coupes, élévations, vues perspectives, détails d'architecture soit intérieurs, soit extérieurs C'est aux fouilles et aux découvertes de M. Rifaud, que les musées de Turin, de Rome, de

Milan, ceux de Bavière et d'Angleterre sont redevables d'une grande partie de leurs richesses; et nous ne doutons pas que le Musée Charles X ne trouve lui-même dans les monumens que rapporte le voyageur français, de quoi enrichir encore ses nombreuses collections!

Parmi les inscriptions que M. Rifaud a copiées sur les murs des monumens et sur divers blocs de pierre, tant de la Nubie que de la Haute et Basse-Égypte, est une épitaphe, gravée sur une table de granit rose, de huit pouces d'épaisseur, sur trois pieds de haut et deux de large. Le sommet de ce monument, aujourd'hui renfermé dans le cabinet du roi de Sardaigne à Turin (1), et qui rappelle la pierre de Rosette, présente une forme cylindrique; l'inscription est en caractères hiéroglyphiques; et au-dessous, on lit une inscription grecque.

Pour compléter ses travaux sur les antiquités, et pour éclaircir les descriptions des monumens et des lieux qu'il a parcourus, le voyageur a levé un grand nombre de *plans particuliers* de monumens, de temples et de lieux; mais le principal est celui d'une partie de l'enceinte de Thèbes (2), sur lequel il a tracé avec soin les temples et monumens qu'il a découverts (3), et où il a indiqué chacune des places qu'occupaient les statues, colosses, etc., qui font aujourd'hui l'ornement de tant de musées de l'Europe.

La Géographie et la Topographie se sont enrichies par ses recherches, de *plans*, de *cartes* et de *vues*, le tout pris sur les points les plus intéressans; entre autres, du plan topographique de la province de Fayoum, et de celui de San au

---

(1) Cette inscription a été copiée par MM. Salt et Bankes. M. Champollion jeune, dans son voyage à Turin, en a fait une transcription très exacte.

(2) Plan topographique de la partie Est de Thèbes.

(3) Il a déblayé et retracé une portion du grand temple, ainsi que plusieurs monumens qui ne se trouvaient point et ne pouvaient se trouver dans le superbe ouvrage de la Commission d'Égypte.

Charquièh, ainsi que d'une vue de la deuxième cataracte, avec le nom et la description de toutes les îles.

Mœurs; Usages; Cérémonies; Costumes; Professions; Ornemens; etc., etc. — Ce zélé voyageur n'a pas trouvé qu'il lui suffît de nous offrir une si ample moisson de documens sur la géographie, l'histoire naturelle et les antiquités, il a voulu encore tirer parti de son long séjour pour nous peindre les *mœurs*, les *usages*, les *habitudes*, les *superstitions* et *l'état des connaissances* chez les nations au milieu desquelles il a vécu tant d'années, où il a pu connaître des détails qui auraient été des mystères pour tous les autres voyageurs qui n'ont fait que passer. Une suite de *costumes*, de *jeux*, de *cérémonies*; des *intérieurs d'atelier*, etc., etc.; 60 dessins de *bijoux*, *ornemens* et *parures* de femmes ajoutent à ses explications.

Chirurgie; Médecine. — La *chirurgie* et la *médecine* profiteront des notes curieuses que renferme le texte sur les maladies qui règnent dans ces contrées, sur la manière dont les habitans les traitent; les sciences tireront aussi profit de dessins qui représentent les divers instrumens dont les chirurgiens arabes font usage dans leurs opérations.

Agriculture. — L'*agriculture* n'a pas été négligée. Outre les dessins des plantes dont nous avons parlé, M. Rifaud a encore dessiné tous les instrumens qui servent à féconder le sol de ces contrées. La charrue, la herse, n'y sont point omises, et leur simplicité frappe d'étonnement.

Musique. — La *musique* a réclamé aussi une place dans cette espèce de statistique. Aussi l'auteur a-t-il dessiné tous les instrumens, et nous promet-il leur description dans son texte.

Navigation. — Les barques avec lesquelles on navigue sur les lacs Menzaleh et Keroun, celles que l'on emploie sur le Nil, pour remonter ou traverser ce fleuve, ont occupé le crayon de notre compatriote. Il donne sur leur construction tout ce que l'on peut désirer.

Météorologie. — La *météorologie* n'est pas restée non plus

étrangère à ses observations. Il en a senti toute l'importance, pour utiliser sur le sol de sa patrie les plantes et les objets dont il croit pouvoir faire l'essai dans nos climats.

Texte.—Je ne dirai rien de son *texte*, qui se compose d'environ quatorze volumes de notes relatives au sol, à l'histoire naturelle, à l'histoire, aux sciences, aux arts, aux habitans, etc., etc.; mais ces notes ont besoin de rédaction. L'auteur a ramassé également des détails politiques sur le divan du Caire, et sur les intrigues de son administration; sur la police du pays, la justice, la manière de vivre des habitans, les charges et les impôts qui pèsent sur eux.

Malgré la prodigieuse abondance de matériaux accumulés dans les portefeuilles de M. Rifaud, cependant la géographie a ici un regret à exprimer : il a manqué au voyageur d'avoir pu, au moyen d'observations astronomiques, et de quelques opérations trigonométriques, rattacher par des bases solides, aux travaux déjà faits par ses devanciers, les divers détails et notions topographiques qu'il rapporte... Espérons que les voyageurs qui sont aujourd'hui sur les lieux pourront y suppléer et remplir cette lacune. Nous devons ajouter que le dessin de la province de Fayoum qu'il nous a dit avoir levé à la boussole, et rattachée au Nil par le canal de Darout-el-Chérif, et par celui de Bahar-el-Afrit, passant par Zeïtoun, de la province de Beni-Souef (1), laisse à désirer pour la position respective de plusieurs lieux, et l'exactitude rigoureuse de leur gisement. (2)

Quoi qu'il en soit, je crois qu'il sera toujours difficile de voir une pareille série de documens rassemblés par un seul individu. Il a fallu treize années de séjour consécutif, un goût

---

(1) Cette province a été mesurée à la chaîne métrique.

(2) Consulter l'*Atlas topographique de l'Égypte*, en 53 feuilles, et les Mémoires de MM. Girard, Jomard et Martin, dans la *Description de l'Égypte*.

déterminé, une santé et un courage à toute épreuve pour lutter contre les obstacles qu'offraient le sol aride du désert, et parfois la brutalité de ses habitans, avec lesquels M. Rifaud n'a pas craint de livrer des combats dont il porte encore les témoignages irrécusables. (1)

Manuel itinéraire pour les voyageurs qui veulent parcourir l'Égypte, la Nubie, etc., etc. — Outre le grand travail qui forme la partie principale du voyage de M. Rifaud, ce laborieux et infatigable explorateur, profitant de sa longue expérience et de son séjour prolongé dans cette partie de l'Afrique, a voulu rendre service à tous ceux qui, comme lui, se proposeraient de parcourir l'Égypte et la Nubie. Il a donc ramassé dans un recueil particulier, qui peut former un volume in-8°, toutes les indications, même les plus minutieuses, pour un pareil voyage. A l'aide de ce manuel, qui deviendra un guide indispensable, on pourra désormais, sans difficultés réelles, sillonner en tous sens ces différens pays. Pour donner une idée de cet opuscule, nous rapporterons ici les titres des chapitres principaux :

Les premiers traitent : des moyens de se procurer des provisions, des fonds, des barques, des montures, des escortes, etc., etc. — De l'échange des monnaies. — Des cadeaux à faire. — Du costume à adopter. — Des maladies et des remèdes. — Enfin des préparatifs du voyage dans le désert.

Les autres se rattachent plus directement à la géographie ; les voici :

Détails sur la partie Est et la partie Arabique.
Détails sur la tribu des Arabes Ababdès.
Détails sur la tribu des Awouassem.
Détails sur les nomades pasteurs.

---

(1) M. Rifaud porte sur le front, sur les bras et sur les jambes les cicatrices de plusieurs balles de fusil qu'il a reçues en défendant sa vie et ses richesses scientifiques.

Moyen de parcourir la partie de l'Iémen.
Moyen de monter en Nubie par le Nil.
Caractère des Nubiens ou Barbarins.
Les Almés ou classe des Ghavazi.
Des Coptes.
Moyens de se rendre de la Nubie à Dongola et dans les pays plus au sud.
Moyens de parcourir la province du Fayoum.
Moyens de visiter le Delta et le Charquièh.
Moyens de se rendre du Fayoum au lac Natroun ou mer sans eau.
Précautions à prendre pour conserver les collections d'histoire naturelle et dessins.
Lieux où l'on peut se procurer des objets d'antiquités, des mains des Fellâhs.
Trajet pour se rendre de Qènè à Cosseir, et de Cosseir à Thèbes.
Antiquités à visiter à Alexandrie.
Lieux d'antiquités à visiter dans le Delta.
Lieux d'antiquités à visiter dans le Charquièh.
Antiquités à visiter dans les environs du Caire.
Antiquités à visiter dans le Fayoum.
Antiquités à visiter dans la Haute-Égypte.
Antiquités à visiter dans la Nubie.
Contrariétés que l'on éprouve dans ces excursions.
Détails sur Alexandrie.
Détails sur Damiette.
Détails sur le lac Bourlos.
Détails sur le lac Menzaleh.
Détails sur la province de Mansourah.
Itinéraire ou marche approximative pour se rendre dans ces divers lieux.
Détails sur la province de Kelioub, au-dessous du Caire.
Détails sur la province de Bahèrè.

Détails sur la province de Gizèh.

Détails sur le désert de la Libye. Indication de la route de Fayoum pour se rendre à l'Oasis de el Cassar, et de Cassar à l'Elloach de el Haix.

Détails sur la province de Beni-Souef.

Détails sur la province de Athfih.

Détails sur la province de Miniéh.

Détails sur la province de Girgèh.

Détails sur la province du Sout.

Itinéraire de Qènè à la mer Rouge.

Itinéraire de Ombos par Darouèh, pour visiter la côte de la mer Rouge à la partie de Bérénice par Redesyeh (Haute-Égypte).

Époque la plus favorable pour monter dans la Haute-Égypte et dans la Nubie.

Lieux principaux à visiter en montant le Nil d'Alexandrie à Syène.

Provinces que l'on traverse en remontant le fleuve.

Lieux où l'on trouve des restes d'antiquités dans le Fayoum.

Les chapitres qui suivent sont remplis de conseils donnés aux voyageurs, de détails statistiques sur les revenus, la population, l'agriculture et l'état militaire du pays; et l'ouvrage est terminé par un vocabulaire d'environ 2000 mots en dialecte vulgaire de la Haute-Égypte, accompagné d'observations sur cette langue. Plus un vocabulaire de 150 mots de la Nigritie, et des observations sur les récits faits par les nègres.

Il serait à désirer de voir rédiger et imprimer promptement ce manuel itinéraire, qui donnerait une idée du grand ouvrage, et du soin que M. R.... met dans ses travaux.

VOYAGE EN TOSCANE. — Ce n'est pas tout encore. Avant de rentrer en France, M. Rifaud a parcouru, pendant une année, les lieux les plus intéressans de la Toscane. Il y a ramassé ce qu'il a rencontré de plus curieux; il a relevé les antiquités étrusques, visité les fouilles que l'on faisait sur divers points de cette contrée, et rapporté une grande quantité de dessins et de vases dits *étrusques.* Il a retracé le plan d'hypogées, et dressé les plans topographiques de plusieurs cités anciennes, entre autres celui de *Voltera.* Il a examiné avec attention, en les comparant ensemble, les styles étrusque, égyptien, grec et romain.

Ce sont les heureux résultats de ses courses lointaines et de son travail, que M. R.... rapporte aujourd'hui dans sa patrie; ses nombreuses notes ne peuvent guère laisser de doute sur l'utilité de plusieurs de ses travaux pour la science et les arts. (1)

G. B. du B.

M. Rifaud, membre de l'Académie de Marseille et de la Société de Statistique, est né à Marseille, où il se livra dans sa jeunesse aux beaux-arts. La sculpture fut l'objet principal de ses études. Élève de Chardini, il se distingua par ses premières productions, remporta plusieurs prix, et vint passer trois années à Paris pour admirer les beaux modèles qui s'y trouvaient alors réunis. Ce fut après ces premiers essais qu'il pensa à entreprendre le voyage de Rome; et son goût pour l'antiquité le poussa jusqu'en Grèce et en Égypte, où il a fait tant de fouilles importantes et de découvertes précieuses.

---

(1) La *Gazette de Florence,* du 19 décembre 1826, fait mention des recherches de M. R..... dans la Toscane. Il arriva à Livourne à la fin d'octobre 1826.

RAPPORT DE LA COMMISSION

NOMMÉE

POUR L'EXAMEN DE LA COLLECTION DES DESSINS DE M. RIFAUD,

SUR L'ÉGYPTE ET LA NUBIE.

COMMISSAIRES :

MM. Jomard, Girard, Barbié du Bocage aîné et Corabœuf.

MESSIEURS,

Vous avez chargé une commission, composée de MM. Jomard, Girard, G. Barbié du Bocage et moi, de se transporter chez M. Rifaud, pour examiner la collection de ses dessins. La notice qui a été présentée à la Société de Géographie, dans votre séance du 16 janvier dernier, offre l'ensemble des travaux divers qu'il a exécutés tant en Égypte que dans la Nubie, pendant un séjour de plus de treize ans, et dont les résultats composent une collection très nombreuse de dessins assez variés.

Votre Commission a dû borner son examen aux seuls objets qui peuvent entrer dans les attributions de la Société, et que nous avons compris dans les trois divisions suivantes :

1°. État ancien du pays indiqué par les vestiges des monumens ;

2°. Mœurs et usages actuels des habitans ;

3°. Observations météorologiques.

En exposant succinctement ce qui a dû fixer plus particulièrement notre attention, nous commencerons par l'Égypte, en allant du nord au sud, c'est-à-dire en remontant le cours du Nil.

Dans la Basse-Égypte, à San (ancienne Tanis), plusieurs dessins représentant différentes antiquités. M. Rifaud a fait exécuter des fouilles dans des monticules formés par l'amas successif des décombres d'habitations particulières : ce voyageur a cru reconnaître, dans la partie la plus basse de ces monticules, les vestiges d'habitations des anciens Égyptiens : si ce fait pouvait être constaté par le témoignage d'objets antiques retrouvés parmi ces mêmes décombres, il servirait à faire un rapprochement intéressant entre l'état ancien et l'état moderne de l'Égypte.

A Tell-Bastah (ancienne Bubaste), outre quelques ruines de peu d'intérêt, on y retrouve des débris dignes d'être étudiés, que le voyageur a dessinés.

Fayoum.

A Koum-Medinet-Fares : mosaïques à couleurs vives en briques et en pierres. Le voyageur en a trouvé de semblables à Elethya et aussi à Rosette : elles sont mêlées de croissans semblables au croissant turc. Pyramide d'Haouarah : M. Rifaud avait entrepris de démolir en partie cette pyramide, qui est construite en briques ; cette tentative a été une découverte intéressante dont il n'y a point d'autre exemple en Égypte. On a bien trouvé dans ce pays des briques chargées d'hiéroglyphes, mais ici ce sont des caractères très variés et bizarres, empreints sur les briques, et que ce voyageur a copiés minutieusement.

M. Rifaud donne aussi des détails topographiques sur le Fayoum ; mais on éprouverait des difficultés si l'on voulait en faire usage pour ajouter aux cartes existantes, notamment à l'atlas géographique d'Égypte.

Thèbes.

Gournah : M. Rifaud a trouvé dans cette partie de Thèbes

un dessin très curieux représentant un sujet persépolitain ; sous le rapport de l'histoire, il serait très curieux de voir de pareils sujets se multiplier : la Commission des monumens d'Egypte en a publié un qui fut découvert dans l'isthme de Soueys.

Karnak : La nomenclature qui suit est un court abrégé des résultats des fouilles exécutées sur le sol de Thèbes, pendant dix années, par M. Rifaud ; il en a dressé un plan général susceptible d'être réduit, où tous ces détails sont consignés.

1°. Un petit temple à la partie nord de la première cour du palais de Karnak, avec deux colosses de 16 pieds d'élévation, accompagnés, chacun, de deux petites statues d'environ 3 pieds de hauteur ;

2°. Sur le devant du propilon du palais, vers la partie ouest-sud-ouest, un petit temple composé de quatre colonnes coloriées en bleu, rouge et jaune : l'auteur y a trouvé des idoles et autres objets en bronze ;

3°. En face du propilon, une pierre en granit rose, sur laquelle était une inscription très longue en caractères grecs, et dans la partie supérieure, des sujets hiéroglyphiques, avec des caractères élémentaires ;

4°. Au nord du palais, trois petits temples ou sanctuaires ;

5°. Dans cette même direction, et à la distance de 446 pieds du mur du grand temple ou palais, un temple précédé de sept portiques, avec un péristyle de quatre colonnes à chapiteaux variés, dix-neuf statues en granit noir, et une en pierre calcaire ;

6°. Entre ce temple, et à la distance de 176 pieds du mur du palais, un autre temple moins grand avec un portique et un péristyle à quatre colonnes ;

7°. A l'est de la porte orientale du grand temple ou palais, un petit temple avec des colonnes peintes en diverses couleurs ;

8°. Au sud-est de cette même porte, un temple d'une vaste dimension divisé en sept appartemens avec quatre escaliers, et précédé d'un péristyle de huit colonnes ;

9°. Trois sanctuaires, des piliers carrés, statues cariatides, quantité de statues en granit noir, un monolithe en marbre blanc, un autel de sacrifice en granit rose, quarante-deux colonnes dans une direction, et huit dans une autre partie : tels sont les résultats des fouilles entreprises depuis le mur d'enceinte jusqu'à la porte orientale du palais;

10°. Entre l'allée des Béliers et le lac du Sud, trois petits temples, quantité de statues en granit noir, deux béliers en granit rose d'une dimension colossale, des sphinx à corps de lion et à tête humaine en pierre de grès, d'autres à tête de bélier, et tous d'une grandeur colossale;

11°. Entre cette partie et le lac, un temple d'une dimension plus vaste, plusieurs statues en granit, et plus à l'est de ce même temple un autre petit temple avec les restes ou fragmens de trois colosses en granit noir et en brèche;

12°. Enfin, plus à l'est encore plusieurs petits temples et quantité de statues.

Il est à désirer que M. Rifaud publie ce plan de Karnak, ainsi enrichi de ses découvertes, en ayant l'attention d'indiquer celles-ci par une teinte particulière propre à les faire reconnaître dans l'ensemble général de ce plan.

Ile de Philœ.

Plan du temple de l'île de Philœ : ce même plan existe dans l'ouvrage de la Commission d'Égypte, sauf quelques détails que les fouilles faites postérieurement peuvent avoir fait découvrir.

Nubie.

Le nombre des dessins de M. Rifaud qui sont relatifs aux monumens de la Nubie, s'élèvent à plus de 80, et concernent les lieux suivans :

Staboue, Cartas, Teif, Calapche, Berbi-Aigbel, Dandourra, Guerche-Assan, Dequé, Saboua, Ameda, Deri, Ibrim, Ebsambol et Gelliba-Mcda.

La description de ces monumens se compose généralement du plan, d'une élévation, d'une coupe et de divers détails, soit de chapiteaux, soit d'intérieurs, soit de sujets hiéroglyphiques, ou enfin de statues.

Nous devons faire observer que beaucoup de ces monumens sont décrits dans l'ouvrage de M. Gau sur la Nubie; par conséquent, si M. Rifaud se propose de livrer au public le résultat de ses travaux, il devra s'attacher à ne publier que les sujets inédits. Nous n'omettrons pas non plus de remarquer que le plan de chaque monument offre plusieurs cotes de mesure, propres à en tracer le dessin, si ce n'est avec l'exactitude géométrique, du moins avec quelque précision; mais qu'il n'en est pas de même des détails d'architecture et des dessins hiéroglyphiques, qui laissent généralement à désirer sous le rapport de la correction et du style.

Mœurs.

La collection de M. Rifaud offre un grand nombre de dessins curieux et très détaillés sur les mœurs, coutumes et costumes de l'Égypte et de la Nubie, exprimés à une grande échelle, avec une série d'instrumens, de vases, de meubles et autres objets. Nous citerons particulièrement les détails sur les santons. Malgré le nombre des sujets déjà publiés sur les mœurs et les usages de l'Égypte dans les descriptions de cette contrée et dans d'autres ouvrages, on pourrait faire un choix très intéressant.

Observations météorologiques.

M. Rifaud a tenu régulièrement, pendant près de quatre années, un registre d'observations faites à plusieurs époques du jour et de la nuit, tant sur la température que sur les divers phénomènes de l'atmosphère. Il est à regretter que cet observateur n'ait pas eu à sa disposition un baromètre, pour en suivre la marche comparativement avec les variations atmosphériques.

La collection de M. Rifaud contient une grande quantité de dessins, d'inscriptions et de médailles; d'autres sont relatifs à l'histoire naturelle des plantes et poissons. Outre ces dessins, ce voyageur a rapporté quantité d'objets d'histoire naturelle très précieux et en nature, qui attireront sans doute l'attention de l'administration du Jardin du Roi. Plusieurs fragmens relatifs aux mœurs et coutumes, les instrumens, armes et autres objets mériteront aussi d'être déposés à la Bibliothèque du Roi.

La Commission, pénétrée de l'importance de cette collection, vous propose, Messieurs, qu'il soit adressé à M. Rifaud une lettre de félicitations, au nom de la Société, pour le zèle dont il a fait preuve, et pour le remercier de son intéressante communication, et que le présent rapport soit inséré au Bulletin.

Paris, le 20 février 1829.

CORABOEUF, *rapporteur*.

INSTITUT DE FRANCE. — ACADÉMIE ROYALE DES SCIENCES.

RAPPORT

SUR LES COLLECTIONS ET LES DESSINS

D'HISTOIRE NATURELLE

RAPPORTÉS D'ÉGYPTE ET DE NUBIE

PAR M. RIFAUD.

Le Secrétaire perpétuel de l'Académie, pour les Sciences naturelles, certifie que ce qui suit est extrait du procès-verbal de la séance du lundi 16 mars 1829.

« L'Académie a chargé MM. Desfontaines, de la Billardière, Geoffroy-Saint-Hilaire, Duméril, de Blainville, H. Cassini et moi, de lui faire un rapport sur les collections et les dessins d'histoire naturelle rapportés d'Égypte et de Nubie par M. Rifaud, artiste exercé, associé de l'Académie de Marseille, qu'un goût décidé pour les arts et les voyages a déterminé à parcourir les diverses parties du Levant. Il a mis vingt-deux ans à parcourir l'Italie, l'Espagne, les îles de la Méditerranée, l'Asie Mineure, et surtout l'Égypte, où il s'est fixé et où il a fait un séjour de treize années, occupé principalement à la recherche des antiquités. Cependant cette occupation n'a pas été la seule à laquelle il se soit livré, il a employé une bonne partie de ses loisirs à recueillir et à représenter les productions de ce pays singulier, et nous pensons que les amis de l'histoire naturelle doivent lui savoir gré d'une résolution à laquelle les hommes occupés d'autres branches de connaissances humaines se déterminent si rarement, malgré tous les avantages qu'ils pourraient procurer à cette science et à la société, et dont M. Rifaud donne une preuve sensible. Livré sans relâche à son projet, c'est par milliers qu'il a rassemblé des dessins; quadrupèdes, oiseaux, poissons, insectes, végétaux. On trouve de tout dans ses cahiers, des squelettes même de toutes les classes de vertébrés s'y voient en quantité, et bien que les caractères zoologiques n'aient pas toujours été un objet particulier d'attention de la part de l'auteur, il n'est pas impossible aux naturalistes exercés de les retrouver dans ses figures. M. Rifaud a rapporté d'ailleurs en assez grand nombre les pièces originales sur lesquelles il a travaillé, et l'on peut s'en servir pour compléter ou rectifier ce qui lui a échappé dans ses dessins. Malheureusement tout n'est pas également bien conservé dans ses collections; le climat brûlant de l'Égypte y accélère trop la destruction des parties animales desséchées pour que l'on puisse les préserver long-temps, et l'obligation où M. Rifaud a été, au lazaret de Livourne, d'ouvrir ses caisses, et d'exposer ce qu'elles contenaient à la pluie et au soleil, a beaucoup ajouté aux pertes que le climat de l'Égypte lui avait occasionnées; néanmoins il possède encore des choses très précieuses en squelettes, particulièrement pour ce qui concerne les poissons du Nil. Notre confrère M. Geoffroy-Saint-Hilaire avait déjà, dans la grande description de l'Égypte, vivement frappé l'attention des naturalistes sur les animaux de cette classe que ce fleuve, descendu des hauteurs du centre de l'Afrique, entraîne dans ses crues et qui sont inconnus au reste du monde. On avait vu avec plaisir et surprise dans les planches de ce magnifique ouvrage, le bichir, les schals, les chilbès, les mormyres et tant d'autres espèces remarquables par des conformations peu communes, mais il y avait tout lieu de croire qu'un homme établi sur les bords de cette rivière pendant un grand nombre d'années, et attentif à saisir tout ce qui se présenterait, pourrait ajouter plusieurs espèces notables à celles qu'avait données un séjour de quelques semaines; en effet, ayant comparé avec attention les dessins et les squelettes de M. Rifaud, avec ceux de M. Geoffroy, nous croyons pouvoir annoncer que le premier possède, dans la famille des silures, une nouvelle espèce de chilbè, une de pinclode, trois de schals, une de macropteronote; dans celle des mormyres, il y a une nouvelle espèce voisine de l'oxyrinque; parmi les salmones, il y a un nouveau chalceus, un nouveau cytharine; dans la famille des clupes, nous avons reconnu une grande et belle espèce du genre vastrès; il possède aussi de nombreuses espèces de cyprins, et le Nil lui a fourni quatre espèces d'anguilles; mais avant de déterminer celles qui peuvent être nouvelles, il sera nécessaire d'en faire un examen plus soigné, et de les comparer exactement avec celles de nos rivières. Ce que nous avons trouvé de plus intéressant en ichtyologie, c'est un genre entièrement nouveau de l'ordre des apodes qui, précisément à l'inverse des gymnotes, manque de nageoire anale, mais a le dos garni tout le long d'une nageoire à rayons mous extrêmement nombreux. Le total des poissons est de 78, et les figures que M. Rifaud en a exécutées, ont le mérite d'en offrir les couleurs naturelles à l'état frais, partie de leurs caractères que jusqu'à présent la peinture est seule en état de conserver; l'auteur a de plus noté avec soin les noms que chaque espèce porte dans la Haute-Égypte, les époques de leur apparition, de leur frai; le goût de chacune aux différentes époques de l'année, les usages que l'on en fait, les procédés que l'on emploie pour leur pêche, et le revenu qu'ils produisent au pays. Les coquilles du Nil, au nombre de 25, peuvent aussi offrir quelques nouveautés, mais comme l'on n'a encore sur ce sujet que les dessins de M. Savigny, et que l'état de la santé de notre malheureux confrère ne nous permet pas d'espérer qu'il en publie bientôt le texte, nous n'avons pas eu les mêmes moyens de comparaison que pour les poissons. Quant aux productions terrestres, on comprend qu'elles ne doivent pas offrir le même caractère d'originalité que celles de l'eau douce. Quelque séparée du reste du monde que soit la terre d'Égypte par des déserts inhabitables, elle ne l'est pas autant que le Nil, ce fleuve unique dans son genre, qui parcourt un espace de 350 lieues sans recevoir aucun affluent. Il se pourrait néanmoins que M. Rifaud eût aussi des espèces nouvelles, surtout dans les insectes, qu'il a dessinés au nombre de plus de 800. Malheureusement les moyens de rectification, qui, dans cette partie, auraient été plus nécessaires, à cause des détails si petits et si multipliés sur lesquels reposent les divisions entomologiques, ne se trouvent pas dans ses collections au même degré de conservation que pour les animaux vertébrés, une partie de ses insectes sont mutilés ou réduits en fragmens : en un mot, pour les animaux terrestres, c'est surtout dans les notes et les figures que M. Rifaud a rassemblées, que la zoologie trouvera à s'enrichir.

« Notre confrère M. de Cassini est à peu près de la même opinion sur la partie végétale des récoltes de M. Rifaud. Son herbier, beaucoup mieux conservé que ses animaux, offre un grand nombre de plantes connues, et toutefois dans un examen rapide, notre confrère en a trouvé qui lui ont paru tout-à-fait nouvelles, et il ne doute pas qu'en étudiant à loisir cet herbier, un botaniste exercé ne puisse y découvrir la matière d'observations intéressantes. Les figures de plantes, au nombre de près de 500, dessinées et coloriées sur le vivant, sans être au niveau de l'état actuel de la science pour l'analyse des parties délicates de la fleur et du fruit, sont loin d'être dépourvues d'intérêt et donnent une représentation satisfaisante du port de la plante, de ses parties extérieures et de leurs couleurs naturelles. Comme pour les animaux, M. Rifaud a pris note des noms arabes de ces plantes, de l'emploi que les habitans du pays en font, soit en médecine, soit dans l'économie domestique ou dans les arts industriels, et des croyances superstitieuses qui se rattachent à beaucoup d'espèces. Cette partie de son travail est manifestement celle dont on doit espérer plus d'accroissement pour la science, parce que trop souvent négligée par les voyageurs ordinaires dans leurs courses rapides, elle ne pouvait être exécutée avec succès que dans la position rare et difficile où l'auteur a eu le courage de se placer et de persister pendant une longue suite d'années ; on voit par là ce que pourraient faire tant d'hommes établis dans les colonies ou dans les pays étrangers, et à qui leurs occupations lucratives laissent des momens de loisir, s'ils se défiaient moins du service qu'ils pourraient rendre à l'histoire naturelle. Un sens droit, une position heureuse, du zèle, l'habitude de l'art du dessin, ont mis M. Rifaud à même de rendre à l'histoire naturelle des services qui n'auraient peut-être été au pouvoir d'aucun naturaliste ; on comprend cependant que, pour faire jouir utilement le public de toutes ces richesses, il sera nécessaire qu'il s'associe quelque homme instruit qui l'aide à faire un choix et à donner à ses observations la forme, sans laquelle on les accueillerait peut-être difficilement. Nous n'en croyons pas moins devoir proposer à l'Académie de témoigner sa satisfaction à M. Rifaud pour l'exemple si rare qu'il a donné d'allier à ses recherches d'antiquités, des recherches d'un ordre plus élevé, et dont tous les hommes éclairés pourront tirer parti.

« *Signé* : DESFONTAINES, DE LA BILLARDIÈRE, GEOFFROY-SAINT-HILAIRE, DUMÉRIL, DE BLAINVILLE, H. DE CASSINI ; le baron CUVIER, *rapporteur*.

« L'Académie adopte les conclusions de ce rapport. »

Certifié conforme,

Le secrétaire perpétuel, conseiller d'État, grand officier de l'ordre royal de la Légion-d'Honneur,

Signé : le baron CUVIER.

SOCIÉTÉ ASIATIQUE.

RAPPORT DE LA COMMISSION

NOMMÉE

POUR EXAMINER LES DESSINS ET LES MATÉRIAUX

RECUEILLIS PAR M. RIFAUD

EN ÉGYPTE ET DANS LES CONTRÉES VOISINES.

Paris, le 1er juin 1829.

Messieurs,

Vous avez voulu qu'il vous fût rendu compte des recherches de M. Rifaud. Les matériaux apportés par ce voyageur étaient dignes de cet honneur. M. Rifaud n'est pas un de ces hommes qui ont eu l'avantage d'être excités et soutenus par les faveurs du Gouvernement : c'est en son propre nom et avec ses ressources personnelles qu'il a parcouru des régions éloignées et barbares, et pourtant il est parvenu à ajouter à la masse de nos connaissances.

M. Rifaud, né à Marseille, se destinait d'abord à la sculpture; plein d'ardeur pour son art, il parcourut les principales villes de France, et fit quelque séjour à Paris. En 1805, il se rendit en Italie, pays si riche en modèles et en souvenirs. Sentant sa curiosité et son zèle s'accroître, il passa en Espagne, visita ensuite les îles de l'Archipel et les côtes de l'Asie Mineure, et aborda enfin en Égypte, où il a passé treize années, depuis 1813 jusqu'en 1826.

L'Égypte n'est plus cette contrée couverte de monumens, et dont on pourrait à peine contempler la surface. Grâce à la protection toute-puissante du pacha actuel et à l'active émulation excitée par le séjour momentané des Français, il est permis d'y consulter les entrailles de la terre, et de faire part à l'Europe de tout ce qui est à sa convenance. M. Rifaud pensant qu'il pourrait soumettre ce pays célèbre à un nouvel examen, et trouver matière à de nouvelles observations, commença par le parcourir dans tous les sens, poussant ses courses jusqu'en Nubie et sur les côtes de la mer Rouge. Ensuite s'associant aux projets de M. Drowetti, consul général de France, il fit des fouilles à Thèbes, la ville aux cent portes, à San, l'antique Tanis, et sur l'emplacement d'autres cités également fameuses. Il ne se contentait pas de déterrer les figurines et les statues, il découvrait les temples entiers. C'est à son zèle qu'on est redevable d'une grande partie des monumens d'origine égyptienne qui, dans ces derniers temps, sont venus enrichir les musées de Turin, de Rome, de Paris. Pour donner une idée de sa persévérance, il suffira de dire qu'il passa six années presque entières au milieu des ruines de Thèbes, et une année dans la Nubie. M. Rifaud a conservé quelques uns des objets découverts par lui, et il fait en ce moment des démarches pour leur faire trouver place dans le musée Charles X.

A l'égard des objets qui n'étaient pas de nature à être transportés ni à se conserver, M. Rifaud tâchait de les reproduire par le dessin. On trouve dans ses portefeuilles un grand nombre de représentations de détails d'architecture, d'inscriptions égyptiennes, grecques, latines et arabes. On y remarque même des plans de villes antiques et des cartes géographiques. La principale carte est celle du Fayoum (1), pays intéressant,

---

(1) Cette carte a été relevée à la boussole et mesurée à la chaîne métrique.

qui, par sa situation à l'occident du Nil, est rarement visité des voyageurs.

Non content de ces travaux, qui auraient absorbé l'attention de plusieurs personnes, M. Rifaud résolut de profiter de son séjour au milieu de pays et de peuples si étrangers à l'Europe pour recueillir successivement les notions relatives à la nature du sol, aux productions naturelles, aux mœurs, aux usages des habitans, à la forme du gouvernement. M. Rifaud, dans sa jeunesse, avait acquis une teinture de l'anatomie, de la botanique, des sciences naturelles et industrielles.

Dès qu'il se présentait à lui un poisson, un coquillage, un insecte qui offrait quelque chose de particulier, il le dessinait, après quoi il le desséchait, si c'était une plante; si c'était un animal, il le disséquait, ou bien il tâchait de le conserver intact. C'est ainsi qu'il s'est formé un herbier, une collection de poissons, d'insectes, etc. Il prenait également à tâche de recueillir sur les lieux les dénominations propres à chaque objet, l'usage qu'on en faisait dans la médecine, l'économie domestique, etc. Quelques uns des membres de l'Académie des Sciences, entre autres MM. Cuvier et Cassini, qui ont eu occasion d'examiner les plantes et les animaux, ont reconnu des espèces nouvelles.

M. Rifaud a de plus tenu note, pendant quatre ans, d'observations météorologiques faites à diverses heures du jour et de la nuit. Il a également cherché à faire connaître les instrumens d'agriculture usités en Égypte, les barques qui sillonnent le Nil, les lacs, les instrumens de chirurgie et de musique, les divers procédés employés dans les arts.

On lui doit encore la connaissance d'un grand nombre de rouleaux de papiers couverts en général d'écritures arabes, et auxquels les habitans actuels attribuent des vertus superstitieuses. Ces rouleaux, pliés dans de petits sacs de cuir, ont été trouvés dans les cimetières et dans les mausolées, suspendus au-dessus des tombeaux; la plupart, écrits pour des femmes, et à une époque assez récente, avaient servi aux défunts pendant qu'ils vivaient. On y voit qu'ils devaient préserver les personnes qui les portaient de la malice de leurs ennemis, des coups du sort, des charmes des sorciers. Les uns offrent des passages de l'Alcoran, tels que le *Verset du Trône* et d'autres prières; les autres sont chargés de formules cabalistiques, magiques. Comme plusieurs de ces prières et de ces formules ont déjà été expliquées par un de vos confrères, il suffira de renvoyer à ce qu'il a dit. (1)

Outre l'ouvrage proprement dit, il en est un qui pourra être publié à part, et qui formerait un volume in-8°. C'est une espèce de guide pour les Européens qui veulent visiter l'Égypte, la Nubie et la mer Rouge. M. Rifaud y fait connaître les routes qu'ils ont à tenir, les contrées qui offrent le plus d'appas à leur curiosité, les objets dont ils doivent se munir d'avance, les maladies et les accidens auxquels ils peuvent être sujets, la manière de s'en garantir. Le volume, auquel est joint une carte, se termine par un vocabulaire d'environ deux mille mots, renfermant les termes les plus usités dans la Haute-Égypte, et écrits en caractères français pour la commodité des voyageurs. On trouve à la suite deux cents mots usités chez les nègres, et tout-à-fait étrangers à la langue arabe.

Tel est le simple aperçu des matériaux rassemblés par M. Rifaud. Le nombre des dessins est de plus de six mille; le texte explicatif et les notes de tout genre formeraient à peu près quatorze volumes. Une partie traite de monumens observés en Italie, nous n'en parlerons pas, parce qu'ils sortent de notre sujet. Pour le reste, nous avons pensé que quelques détails ne vous paraîtraient pas inutiles. En effet, bien que la Société, par l'objet de sa destination, s'occupe spécialement des langues

---

(1) Voyez la Collection des Monumens arabes, persans et turcs du cabinet de M. le duc de Blacas, expliqués par M. Reinaud.

de l'Asie et des régions voisines, rien de ce qui concerne le tableau physique et moral de ces contrées ne lui est étranger, et doit faire partie de ses attributions.

Nous passerons maintenant aux observations critiques dont les travaux de M. Rifaud nous ont paru susceptibles. Loin de nous la pensée de déprécier des travaux si importans. Jeté dans les pays barbares, et souvent réduit à ses seules ressources, l'auteur ne pouvait manquer de laisser quelqu'une de ses observations imparfaites. D'ailleurs, plusieurs des défauts que nous lui reprocherons étaient inhérens à la nature des choses, ou même ils seront très faciles à réparer. Nous voulons seulement éclairer l'opinion de la Société, et mettre l'auteur, s'il est possible, en état de corriger ce qui prête à la critique.

Déjà une Commission nommée pour cet objet par la Société de Géographie, a remarqué dans les observations météorologiques et la construction des plans et cartes, un manque de précision qui provient du défaut d'un baromètre et de certains instrumens d'astronomie.

Une autre Commission, nommée par l'Académie des Sciences, a trouvé une grande partie des plantes et des insectes rapportés par l'auteur, et devant servir d'appui à son ouvrage, dans un état de dégradation. Cette Commission a fait observer qu'en effet le climat brûlant de l'Égypte accélère plus que chez nous la destruction des parties animales desséchées. D'ailleurs, au retour de M. Rifaud, les caisses dans lesquelles se trouvaient ses collections ayant été ouvertes au lazaret de Livourne, et étant restées exposées aux intempéries de l'air, il en est résulté pour les plantes, et surtout pour les animaux, un nouveau dommage.

Pour ce qui intéresse plus spécialement la Société Asiatique, nous devons dire que, bien que M. Rifaud ait appris à parler la langue arabe du pays, et se soit mis en état d'entrer en communication directe avec les habitans, il n'a pas songé à étudier la langue par principes ni à l'écrire correctement. En conséquence, lorsqu'il a voulu prendre note des dénominations de plantes et d'animaux en usage dans le pays, il a été forcé de recourir au premier venu, et quelquefois ces dénominations sont illisibles. Heureusement on trouve à côté les dénominations transcrites en caractères français, ce qui mettra ordinairement en état de rétablir les mots arabes. M. Rifaud a sans doute connu, par les traductions modernes d'Hérodote, de Diodore de Sicile et d'autres écrivains anciens, l'état antique de l'Égypte; il a pu également connaître, par ses propres observations, l'état actuel de la même contrée. Mais, à l'exemple des voyageurs qui l'ont précédé, il n'a pu lire les ouvrages des auteurs arabes, et suivre la chaîne des nombreuses révolutions subies par ce malheureux pays. De quel avantage n'aurait-il pas été pour lui de lier, à l'aide de Makrizi et d'autres auteurs orientaux, le présent au passé, et de remplir les lacunes actuelles par ce qui existait au moyen âge? Cependant il n'a rien négligé pour les remplir et s'acquitter de la tâche qu'il s'était imposée. M. Rifaud s'occupe à rédiger et réunir ses notes, dont il se propose de faire un choix, afin de ne donner que des sujets inédits et des plus intéressans sur ces contrées, qu'il a parcourues pendant un si grand nombre d'années. Nous espérons bientôt voir paraître cet important ouvrage.

Pour nous résumer, il nous semble qu'on doit de la reconnaissance à M. Rifaud pour le zèle dont il a fait preuve. Il sera toujours rare de voir un homme recueillir tant de matériaux précieux. Il n'a pas moins montré de désintéressement. M. Rifaud aurait pu faire comme tant d'autres, c'est-à-dire ne voir dans la recherche des monumens qu'une branche d'industrie; cependant il a, du moins pour le moment, renoncé à tout avantage pécuniaire, et, plein d'ardeur pour la science, il n'a songé qu'à accroître la masse de nos connaissances; il n'a pas craint d'exposer sa propre vie. En effet, voyageant parmi des peuples ignorans et féroces, traînant à sa suite de lourds portefeuilles, il a dû plus d'une fois soulever les passions furieuses, et il porte encore sur lui la trace des combats qu'il a eu à soutenir pour défendre ses innocentes conquêtes.

Nous proposons à la Société de voter des remercîmens à M. Rifaud.

Signé : comte DE LASTEYRIE, J. AGOUB, REINAUD, *rapporteur.*

La Société, dans sa séance du 1ᵉʳ juin 1829, adopte les conclusions de ce rapport.

Pour copie conforme,

Signé : Eugène BURNOUF, *secrétaire par intérim.*

RAPPORT DE LA COMMISSION

DE

LA SOCIÉTÉ ROYALE DES ANTIQUAIRES DE FRANCE.

Séance du 19 juillet 1829.

MESSIEURS,

La Société royale des Antiquaires de France a chargé MM. Depping, Lerouge, Warden, Jorand et l'abbé Labouderie, de visiter la précieuse collection d'antiquités et de dessins que M. Rifaud a rapportée de ses voyages, et de lui faire connaître le résultat de leur visite. Je viens en leur nom m'acquitter de cette commission : pendant un espace de neuf ans que M. Rifaud a employés à parcourir l'Italie, l'Espagne, les îles de la Méditerranée et de l'Asie Mineure, et dans un séjour de treize ans qu'il a fait en Égypte, il a recueilli une infinité d'objets dans tous les genres, mais il paraît s'être occupé principalement de la recherche des antiquités ; il en a fait une ample moisson. C'est uniquement de cette partie que je vais vous entretenir en peu de mots, laissant à d'autres sociétés savantes le soin d'examiner ce qui est de leur domaine.

1°. M. Rifaud possède 26 inscriptions grecques et 85 inscriptions hiéroglyphiques, inédites, qu'il a copiées avec beaucoup d'exactitude et qui peuvent éclaircir des points d'histoire enveloppés jusqu'ici dans les plus profondes ténèbres. Il en possède un plus grand nombre, déjà connues, mais dont on tirera vraisemblablement parti à cause du point de vue sous lequel l'habile artiste les a considérées et de l'attention scrupuleuse avec laquelle il s'est attaché à les représenter. Son travail peut servir à rectifier les erreurs qui seraient échappées à ses devanciers.

2°. La collection de M. Rifaud renferme 100 manuscrits arabes de différentes grandeurs et sur diverses matières, plus ou moins bien conservés, qui ont été trouvés dans les ruines de tombeaux musulmans situés sur les frontières du désert, à l'est et à l'ouest. Ces tombeaux ont également fourni au voyageur des aiguilles qui ont dû servir à coudre les enveloppes des cadavres; des fragmens de poterie sur lesquels sont tracés des caractères arabes; des anneaux de fer; des sachets dans lesquels on mettait peut-être des mèches pour les lampes sépulcrales et d'autres objets funéraires qu'il serait inutile d'énumérer dans un rapport succinct.

3°. Les sujets hiéroglyphiques, au nombre de 147, sont accompagnés d'un texte explicatif.

4°. On trouve dans cette collection 6 idoles égyptiennes en terre cuite, 11 vases de différentes grandeurs; 18 fragmens de mosaïque, et des vitrifications curieuses.

5°. On y voit aussi 229 monnaies antiques, en or, en argent, en bronze : il me semble que le possesseur n'y attache pas la même importance qu'au reste de son trésor scientifique.

6°. La partie monumentale de la Nubie et de l'Égypte se compose de 53 plans et coupes; du grand plan topographique de la partie de Thèbes, et de trente chapiteaux égyptiens parfaitement dessinés.

7°. J'ai été frappé de 229 caractères particuliers qui étaient empreints sur autant de briques séchées au soleil et qui doivent remonter à la plus haute antiquité. Il serait à souhaiter qu'un de nos vénérables confrères qui déjà a fait lithographier deux inscriptions phéniciennes découvertes dans l'île de Malte, voulût bien contribuer à la reproduction des caractères dont je viens de parler : M. le marquis de Fortia d'Urban rendrait un nouveau service à la science et s'acquerrait de nouveaux droits à l'estime publique.

8°. Les antiquités étrusques ont payé leur tribut au savant

voyageur. Il a réuni 47 vases en terre cuite, des lames de plomb et de cuivre chargées de caractères, 17 idoles de différentes matières; des inscriptions, des plans, etc.

9°. Ce qui se rattache aux mœurs des nations est sans contredit la partie la plus intéressante des voyages; mais d'après vos statuts cette partie ne peut fixer votre attention qu'autant qu'elle est ourdie par le temps, et même qu'elle ne dépasse pas nos frontières.

Si cette indication des recherches de M. Rifaud vous semble trop concise et trop maigre, ce n'est pas notre faute, Messieurs, nous n'avons fait qu'entrevoir ce qu'il faudrait examiner pièce à pièce pour l'apprécier à sa valeur et pour en rendre un compte détaillé. Au surplus, il n'y a rien de perdu quoiqu'il y ait du retard; M. Rifaud se propose de mettre au jour et de livrer au public ce qu'il y a de plus rare et d'inédit. Alors, Messieurs, vous jouirez avec une vive satisfaction du fruit des plus pénibles investigations et vous en ferez votre profit. En attendant, c'est un devoir pour nous de féliciter l'intrépide voyageur qui a exploré au risque de sa vie, et sans doute au détriment de sa santé, tant de régions lointaines, qui en a rapporté des matériaux, des documens si propres à intéresser les savans, et surtout de le remercier de ses officieuses communications.

Signé : LABOUDERIE, *vicaire-général d'Avignon, rapporteur.*

La Société royale des Antiquaires, dans la séance du 19 juillet 1829, adopte les conclusions de ce rapport.

Pour copie conforme,

Signé : A. BARBIÉ DU BOCAGE, *secrétaire-général.*

INSTITUT DE FRANCE.

ACADÉMIE ROYALE DES INSCRIPTIONS ET BELLES-LETTRES.

RAPPORT

FAIT PAR MM. HASE, JOMARD ET RAOUL-ROCHETTE,

LE 24 JUILLET 1829,

SUR LA PARTIE ARCHÉOLOGIQUE DES RECUEILS, PLANS ET DESSINS RAPPORTÉS D'ÉGYPTE ET DE NUBIE

PAR M. RIFAUD.

(Extrait de l'*Universel* du 7 août 1829.)

Paris, le

LE SECRÉTAIRE PERPÉTUEL DE L'ACADÉMIE certifie que ce qui suit est extrait du procès-verbal de la séance du vendredi 24 juillet 1829.

Votre Commission s'est livrée avec soin à l'examen des nombreux dessins, notes et matériaux de toute espèce qu'un séjour de treize ans en Égypte a permis à M. Rifaud de réunir. Plein d'intelligence et d'activité, ce voyageur a suivi les bords du Nil, depuis son embouchure jusqu'à la seconde cataracte; il a séjourné sur les côtes de la mer Rouge et exploré les déserts qui bordent de deux côtés le Delta et le bassin de la Thébaïde. Examinant à la fois les institutions civiles et politiques du pays, les mœurs et les coutumes de ses habitans et les monumens antiques, il a rapporté en France plus de quatre mille dessins, dont une partie, relative à l'état moderne de l'Égypte, représente des objets d'histoire naturelle, des vues, des costumes, des cérémonies, des fêtes, des bijoux et ornemens de femmes, enfin des ustensiles et des instrumens de toute espèce, avec leurs noms en arabe. Une autre partie, celle dont nous avons à vous rendre compte ici, offre des sujets hiéroglyphiques, des monumens, des monnaies anciennes, des cartes et plans, des fragmens de mosaïque; on y trouve aussi un nombre assez considérable d'inscriptions grecques et arabes qui ont surtout fixé notre attention. C'est donc de celles-ci que nous parlerons d'abord; nous jetterons ensuite un coup d'œil rapide sur les autres parties de la collection qui pourront intéresser l'archéologie, l'histoire et la géographie ancienne.

Les inscriptions grecques ont été principalement copiées près de la seconde cataracte, à Syène et dans les environs de cette ville, à Edfou, à Thèbes, Karnak, Medinet-Abou, Coptos, Abou-Kebir, San et Kathié; mais comme ces mêmes lieux, soit avant M. Rifaud, soit après lui, ont été visités par d'autres voyageurs, votre Commission a reconnu que sur le nombre de cent quatorze inscriptions grecques, vingt-six seulement étaient inédites. Ce sont ces dernières dont la publication pourrait être utile. (1)

Quant aux inscriptions arabes, elles consistent surtout dans une centaine de bandes de papier, longues, étroites, trouvées dans des tombeaux musulmans.

Aucune de ces inscriptions que M. Rifaud possède en original, ne paraît remonter au-delà du treizième siècle: elles contiennent pour la plupart des formules magiques, des sentences religieuses ou des passages du Coran.

Les sujets hiéroglyphiques sont au nombre de cent quarante-sept, sans compter cinquante-trois feuilles représentant des monumens de la Nubie et de l'Égypte, accompagnés de leur plan et coupe, et trente dessins offrant des détails d'architec-

---

(1) Plus, quatre-vingt-cinq inscriptions cufiques, curiatides, élémentaires et phonétiques.

ture. En voyant ce recueil si riche et si varié, il est impossible de ne pas rendre justice à l'activité de M. Rifaud, qui a dirigé des fouilles considérables et examiné un grand nombre de monumens dont quelques uns sont peut-être détruits aujourd'hui. Toutefois nous avons été de l'avis unanime que nous ne pourrions émettre aucun jugement motivé sur cette partie de son travail avant de l'avoir comparée avec les gravures, pour ainsi dire innombrables, dont l'archéologie s'est enrichie depuis trente ans par la publication de tant d'ouvrages sur les monumens de l'Égypte et de la Nubie; en attendant, il nous a paru qu'une partie de ces dessins laisse à désirer sous le rapport du style et de la correction, et qu'on ne pourrait les publier qu'en les soumettant à un choix sévère.

Infatigable dans ses recherches, M. Rifaud a encore profité de son séjour en Égypte pour réunir plus de deux cents médailles antiques en or, argent, potin et bronze, que, plus tard, il cédera à différens cabinets. Il a donc utilement servi la science en enrichissant l'Europe de ces monumens numismatiques dont les antiquaires ne tarderont pas à jouir, mais dont votre Commission n'a pu voir que les dessins; et elle doit dire qu'ils ne peuvent sous aucun rapport tenir lieu de monumens.

Indépendamment de ces dessins, M. Rifaud a dressé un certain nombre de cartes et de plans relatifs à la topographie ancienne du pays. Ce sont les résultats des fouilles qu'il a entreprises sur l'emplacement de plusieurs villes antiques. L'ancienne capitale, la nome Arsinoïte dans le Fayoum, et, dans la Basse-Égypte, Tell-el-Mokhdem, San et Koum-el-Ahmar, ont été successivement l'objet de ces opérations longues et dispendieuses. A Medinet-el-Fârs, le chef-lieu de Fayoum, M. Rifaud assure avoir creusé jusqu'à plus de cent quatre-vingts pieds de profondeur dans l'intérieur des buttes de ruines; et si ses découvertes n'ont pas répondu par leur importance aux soins pénibles qu'il a pris, cependant on lui doit la connaissance de plusieurs faits intéressans. Il est prouvé par ces fouilles qu'il y a eu au moins trois sols différens pour le niveau des maisons de la ville antique ; et qu'il s'est écoulé, entre ses diverses reconstructions, un intervalle de temps plus ou moins prolongé ; car les bâtimens supérieurs sont d'une forme tout-à-fait différente de celle des constructions inférieures.

Dans ces dernières, on rencontre fréquemment des sortes de mosaïque, mais dont la haute antiquité ne peut être révoquée en doute, et des colonnes faisant partie des habitations particulières.

Le même intérêt de curiosité se rattache aux fouilles exécutées par M. Rifaud dans l'Égypte inférieure. Nous ne citerons que les ruines appelées *Tell-Mokhdem*, à deux lieues à l'est de la branche de Damiette. On savait déjà, par les recherches des voyageurs français faites au commencement du siècle, qu'il y existait des ruines fort étendues ; mais ils n'avaient pas eu le temps d'y pratiquer des fouilles : M. Rifaud l'a fait. L'un de nous avait conjecturé que ce point était le site d'une ville importante ; les opérations du voyageur confirment pleinement cette conjecture. C'est là qu'il faut placer, selon toute apparence, l'ancienne Cynopolis, mentionnée par Strabon, Pline, et dans les actes des conciles, comme faisant d'abord partie du nome Busirite, et plus tard comme étant métropole d'un évêché réuni, au commencement du quatrième siècle, à celui de Busiris. La distance de Tmây à Tell-Mokhdem est en effet de vingt-cinq milles romains, comme le demande l'itinéraire d'Antoine, entre Themnis et Cynopolis, ville que d'Anville et Munnert ont placée à l'ouest de la branche de Damiette, l'un aux environs de Mehallet-el-Kebir, l'autre à Abousir. (1)

Les mosaïques dont M. Rifaud a trouvé les restes dans diverses fouilles ne paraissent pas appartenir à un âge très reculé, et nous croyons que les plus anciennes ne remontent pas au-delà de l'époque des chrétiens : néanmoins ces fragmens

---

(1) *Géographie der Griechen und Romeo*, Part. X, sect. I, p. 578.

méritaient d'être observés et recueillis. C'est ce qu'a fait le voyageur, qui, non seulement nous en a montré deux cent treize dessins, mais encore en a rapporté plusieurs morceaux en nature. Nous passons sous silence quelques débris peu intéressans dessinés à Bubaste; mais nous ferons mention des briques chargées de caractères singuliers, différens des signes hiéroglyphiques, trouvés par ce voyageur dans la plus grande des pyramides de Fayoum.

Nous devons ajouter ici un résultat plus important des fouilles de M. Rifaud en Égypte. Pendant qu'il était occupé sur le sol de Thèbes à la recherche des statues et des monolithes, il a mis à découvert les parties inférieures de plusieurs anciens monumens de la partie orientale presque entièrement rasés, et qui étaient cachés sous les décombres au temps de l'expédition française. Il a senti l'importance de reconnaître ces édifices, et il en a mesuré la distance aux édifices connus, de manière à en fixer suffisamment la position. Ce sont en général de petits temples avec des colonnes coloriées, des péristyles, ou bien des annexes des palais et autres grandes constructions. Ces plans ajoutent encore à la richesse architecturale de la ville de Thèbes, déjà surchargée pour ainsi dire par tant de splendides monumens.

M. Rifaud a aussi trouvé parmi les sépultures un sujet de Persépolitain. Il avait découvert une pierre en granit rose, avec des inscriptions en hiéroglyphes, en lettres cursives et en grec. (1)

Nous terminons ici notre rapport sur les collections archéologiques de M. Rifaud. Tout en regrettant qu'elles consistent principalement en dessins que nous ne pouvons juger que d'une manière relative, votre Commission pense que ce voyageur a droit à la reconnaissance de tous les amis des arts, pour avoir exécuté, avec autant de zèle que d'intelligence, des

---

(1) Ce monument cylindrique se trouve au musée de Turin.

fouilles importantes, et pour avoir contribué par ses travaux à étendre nos connaissances sur la topographie ancienne de l'Égypte. Elle pense aussi que, dans le cas où M. Rifaud aurait le projet de publier son portefeuille, il faudrait faire un choix parmi les dessins, et qu'il devrait porter son attention de préférence sur ceux qui représentent les plans des ruines que ses fouilles ont mises à découvert.

L'Académie adopte les conclusions de ce rapport.

Hase, *rapporteur.*

Certifié conforme,

Signé : le secrétaire perpétuel Dacier.

FIN.

ADDITIONS

AU

TABLEAU DE L'ÉGYPTE ET DE LA NUBIE.

Les Arabes et les Turcs ne sont pas dans l'usage de placer des sonnettes au-dessus de leurs portes, pour prévenir ceux qui entrent ou qui sortent de chez eux ; mais ce signal est remplacé par le craquement ou le bruit que leurs portes font, lorsqu'on veut les ouvrir ou les fermer. Elles sont construites et disposées de manière qu'en les plaçant elles produisent toujours ce même bruit ; et lorsqu'elles perdent cet effet, les charpentiers viennent y remédier.

Les rues des villes et les maisons de la Turquie, ainsi que celles de l'Égypte, quoiqu'elles soient désignées sous des noms différens, ces noms néanmoins ne se trouvent pas inscrits au coin des rues comme en Europe. Les maisons même ne sont pas numérotées, de manière que lorsqu'on veut trouver une personne, l'on est obligé de chercher, et de demander quel est à peu près le quartier qu'elle habite.

L'éclairage par des réverbères n'est pas non plus en usage ; l'on voit seulement quelques petites lampes qui sont suspendues au-dessus des établissemens publics, tels que mosquées et autres, et qui s'éteignent à minuit.

FIN DES ADDITIONS.

TABLE DES MATIÈRES.

Épître dédicatoire.................... Page j
Préface.................................... iij

CHAPITRE PREMIER,
SERVANT D'INTRODUCTION.

Précis de la Géographie physique de l'Égypte.......... 1

CHAPITRE II.

Précis de la Géographie politique de l'Égypte. — Quelques détails sur l'industrie et le gouvernement du Pacha, etc.................................... 16

CHAPITRE III.

ALEXANDRIE. — Situation d'Alexandrie. — Premiers pas en Égypte. — Aspects nouveaux. — Les ânes. — Les porte-faix. — Conseils aux Européens. — Chancelleries. — Consulat. — Présentation au pacha. — Les firmans. — Préparatifs d'une excursion. — Maladies. — Conseils hygiéniques. — Les chiens. — L'ophthalmie. — Les insectes, etc., etc........ 28

CHAPITRE IV.

Alexandrie. — Sa population. — Monumens. — Antiquités. — Colonne de Pompée. — Catacombes. — Canal d'Alexandrie, etc., etc........................ 42

CHAPITRE V.

Instructions générales et préparatifs pour voyager à l'intérieur. — Les fonds du voyage. — Les monnaies. — Prix du pain, de la viande, etc. — Prix des services d'hommes. — Poids et mesures. — La bastonnade. — La perte du nez. — Le costume. — Théorie du costume oriental. — Les couleurs du turban, etc. — Les modes. — L'art de ne pas démentir son costume. — Le baracan.......................... Page 51

CHAPITRE VI.

Itinéraire d'Alexandrie au Caire et dans le Caire. — Prix des montures. — Le teskeré. — Le Mouski. — Population du Caire. — Les ânes *à la course.* — Les magasins. — La peste. — Les cafés. — Les jardins. — Station de la Vierge. — Les fellahs au marché. — Monopole des boucheries. — Fruits. — *Avanies.* — Vestiges de la vieille Égypte. — Mosquées. — Citadelle. — Puits de Joseph. — Caraffa. — L'iman Schaffi. — Grottes. — Synagogue. — Grecs, Francs, Coptes. — Filles publiques. — Impôt prélevé sur elles. — Gardes. — Eunuques. — Prudence recommandée, etc............................... 60

CHAPITRE VII.

Préparatifs pour voyager. — Drogman. — Courriers. — Montures. — Location de montures. — Le grand mot, ou bachis. — Les Romelles. — Embarcations de voyage. — Cayasses. — Cadeaux. — L'à-propos. — Les réis. — Bandar. — Tabac. — Cadeaux des femmes. — Les voleurs. — Provisions. — Ustensiles. — Alimens. — Médicamens. — La tente du voyageur. — Les halles. — Le courgi. — Les précautions. — Les armes, etc............... *Page* 71

CHAPITRE VIII.

Considérations sur les voyageurs en général, et sur les voyageurs d'Égypte en particulier. — Quelques mots sur un plus grand ouvrage. — Mœurs. — Population. — Races. — Turcs. — Flatterie. — Succès du caractère français. — Arabes. — Mouftis. — Cadis. — Malems. — Effet des exactions du gouvernement sur les fellahs. — Maladresse. — Imprévoyance. — Incapacité pour la sédition. — Superstition. — Anecdotes. — Le voyageur pris pour un sorcier. — Belzoni. — Le mauvais œil. — Adresse des voleurs. — Mystification des savans. — Les Coptes. — Les schismatiques d'Égypte. — Les Bédouins. — Campement de Bédouins. — La tribu des Ouladalis. — Bysars. — Ababdez. — Avouazem. — Barbares. — Les femmes turques. — Sorbet. — Café. — Les harems. — Sort des femmes. — Les esclaves nourrices. — Jalousie orientale. — Avantage de la peau blanche. — Courtisanes. — Carême et carnaval. — Galanterie. — Sortiléges pour le mariage et l'amour. — Tatouage. — Agrémens de la mode. — Musique. — La grosse caisse. — Poésie. — Bayadères. — Règles de conduite, etc................ 89

CHAPITRE IX.

Indifférence des possesseurs du sol. — Fouilles. — Firmans d'autorisation. — Journaliers arabes. — Ce qu'ils pensent des entrepreneurs de fouilles........ 114

CHAPITRE X.

Collections d'histoire naturelle. — Dessins. — Manuscrits. — Précautions pour leur conservation. — Accidens irréparables, etc.................. *Page* 118

CHAPITRE XI.

Météorologie............................... 121

CHAPITRE XII.

Le Delta. — Difficulté d'un itinéraire. — Sépultures des voyageurs. — Maisons de fellahs. — Leur ménage. — Rosette. — Tantah. — Saïd le Bédouin. — La chronique de ce saint musulman. — Le trésor. — Les miracles. — Les cures merveilleuses. — Foires de Tantah. — Le puits *Serig*. — Architecture. — La mosquée. — Cimetière. — Indications de villes ou villages. — Lac de Burlos. — Descriptions, etc.. 124

CHAPITRE XIII.

Charqièh, ou provinces adjacentes au Delta oriental et à la Méditerranée. — Vaste lacune remplie dans la topographie de l'Égypte. — Ruines. — Ruines de Télébaste. — Diverses stations. — Remarques. — Itinéraire établi pour la première fois. — Énumération de lieux, etc............................. 152

CHAPITRE XIV.

Province de Gizèh ou Djizèh. — Pyramides de Gizèh et de Saqqarah............................. 177

CHAPITRE XV.

Province de Fayoum. — Coup d'œil sur l'état agricole et industriel du Fayoum. — Cannes à sucre. — Indigo. — Coton. — Vin. — Oliviers. — Dattiers. — Légumes, fruits. — Industrie. — Mœurs de la population. — Coquetterie des femmes. — La ville des Mamelouks. — Division du Garb et du Charq. — Lac Mœris Tamieh. — Pyramide de Meidoun. — Abousir. — Pyramide d'Ellahoun. — Fiddemin. — Poissons. — Ancienne prospérité du Fayoum.. *Page* 183

CHAPITRE XVI.

PROVINCES DE BÉNISOUEF, ALFIÈH, MINIÈH ET MONFALOUT. — Industrie et commerce de Bénisouef. — Canal de Joseph. — Routes des Arabes. — Couvens de Saint-Antoine et de Saint-Paul. — Couvent de la Poulie. — Indications de fouilles. — Ruines de Croum-el-Ahmar. — Fabrique d'El-Radamound. — Ville pharaonique. — Filature de coton. — Autres couvens. — Hypogées. — Archinoé. — Monfalout, etc.................................... 200

CHAPITRE XVII.

LA THÉBAÏDE.................................... 214

CHAPITRE XVIII.

SAÏD INFÉRIEUR. — Anatoepolis. — Routes à parcourir. — Inondation de 1816. — Tombeaux. — Commerce d'eunuques. — Procédé de la castration. — Antiquités remarquables. — Couvent d'Akmin. — Immense bloc de pierre. — Ermitage. — Les Corylea Thebaica. — Girgèh. — Les melons de Farchout. — Denderah. — M. Brigs. — Coptes. — Médailles. — Scarabées. — Quous, etc.................................... 232

CHAPITRE XIX.

SAÏD SUPÉRIEUR. — Arabes pasteurs de la tribu de Wassel. — Esnè. — Carrières de grès. — Ruines

d'Ombos. — Tribu des Ababdez. — Catacombes. —
Tombeaux. — Étang. — Itinéraire à travers des lieux
à peine connus. — Syenne. — Le serpent merveilleux. — Éléphantine. — Obélisque. — Philoé. —
Lions en granit. — Hiéroglyphes. — Première cataracte du Nil.................................. *Page* 244

CHAPITRE XX.

LA NUBIE. — Le lit du Nil. — Debout. — Nahièh. —
Écueils du Nil. — Bancs de sable. — Temples. —
Habitans de Kalapeché. — Lampe d'or. — Statue de
femme. — Fragmens de sphinx. — Girchè. — Succédanée du café. — Deqqèh. — Koban. — Meharrakha. — Temple de Sabou. — Tribu Aleykat et
autres tribus. — Caméléons. — Fraîcheur des nuits.
— Mosmos. — Bostan. — Dattiers. — Ile d'Hogos
et autres. — Temple d'Ibsamboul. — Ghebel Addeh.
— Cataractes. — Productions de la Nubie, etc..... 257

CHAPITRE XXI.

D'EDFOU A LA CÔTE DE BÉRÉNICE.................. 280

CHAPITRE XXII.

DE KÉNÈH A COSSÉIR ET A SUEZ.................... 289

CHAPITRE XXIII.

DU FAYOUM A L'OASIS D'EL-COSSAR, OU ELLOAH EL-
AÏZE.. 291

CHAPITRE XXIV.

LE MONT SINAÏ, LA MER ROUGE, L'ARABIE PÉTRÉE.... 300

Rapports faits par les diverses Académies et Sociétés
savantes de France, sur les ouvrages et collections
rapportés de l'Égypte et de la Nubie par M. Rifaud. 321

DES MATIÈRES. 379

Lettre adressée à M. le président de la Société Asiatique, par M. Rifaud. (Extrait du *nouveau Journal Asiatique*.) .... Page 323
Avant-Propos................................ 329
Rapport présenté à l'Académie royale des Sciences, Belles-Lettres et Arts de Marseille, dans la séance du 22 mai 1828.......................... 331
Notice et Rapport sur les travaux et la collection de dessins rapportés à Paris par M. Rifaud, après un voyage de vingt-deux années en Italie, en Turquie, en Égypte, etc., etc., par M. G. Barbié du Bocage... 335
Rapport de la Commission nommée par la Société de Géographie pour l'examen de la collection des dessins de M. Rifaud sur l'Égypte et la Nubie........ 345
Rapport de l'Académie royale des Sciences sur les collections et les dessins d'histoire naturelle, rapportés d'Égypte et de Nubie par M. Rifaud............. 351
Rapport de la Commission nommée par la Société Asiatique, pour examiner les dessins et les matériaux recueillis par M. Rifaud en Égypte et dans les contrées voisines 356
Rapport de la Commission de la Société royale des Antiquaires de France......................... 363
Rapport de l'Académie royale des Inscriptions et Belles-Lettres, fait par MM. Hase, Jomard et Raoul-Rochette, le 24 juillet 1829, sur la partie archéologique des recueils, plans et dessins, rapportés d'Égypte et de Nubie par M. Rifaud.............. 366
Vocabulaire des Dialectes vulgaires de la Haute-Égypte. 1
Vocabulaire de la Nigritie de Fachetrou............. 43

FIN DE LA TABLE DES MATIÈRES.

ERRATA.

Page 35, ligne 5, au lieu de : long ; lisez : grand.
    74,   18, au lieu de : inutile ; lisez : utile.
    128,   21, au lieu de : Mehale Kébir ; lisez : Méhalem-el-Kébir.
    133,   11, au lieu de : *setig* ; lisez : *serig*.
    144, 145.   Partout où il y a *Cum*, il faut lire : *Koum*.
    146,   dernière, au lieu de : *caseuria* ; lisez : *casoura*.
    147,   1re, au lieu de : *milliton, milliton* ; lisez : *milliton, millitène*.
    147,   21, au lieu de : *Sandabarte* ; lisez : *Sandabaste*.
    152,   14, au lieu de : *Manès* ; lisez : *Mohès*.
    152,   23, au lieu de : *Tulle, Joadi* ; lisez : *Tale Yaoudi*.
    158,   dernière, au lieu de : *Tamitique* ; lisez : *Tanitique*.
    159,   au lieu de : *affres* ; lisez : *al' phe*.
    162,   20, au lieu de : *El-Ahmaz* ; lisez : *El-Ahmar*.
    166,   6, au lieu de : *Metrabya-héné* ; lisez : *Metrabené*.
    175,   17, au lieu de : *Mouqèdan* ; lisez : *Mouckqedam*.
    185,   6, au lieu de : *faydant* ; lisez : *fédans*.
    228,   13-14, *remplacez le mot* pierre *par le mot* terre, *et vice versa*.
    247,   16, *après* étang, *ajoutez* : et une source d'eau salée propre à guérir la gale des chameaux, dromadaires, etc., etc.; les personnes atteintes de cette maladie viennent y prendre des immersions.
    254,   2-3, au lieu de : Rupel, *lisez* : Ruppell.
    254,   11, *ajoutez après* Cancer : c'est-à-dire que le tropique du Cancer est à dater de Kalabchek.

CARTE DU COURS DU NIL

Depuis la 2.me Cataracte jusqu'à la Mer Méditerranée

Dressée d'après les documens les plus récents et des renseignemens communiqués par M. Rifaud.

PARIS

www.ingramcontent.com/pod-product-compliance
Lightning Source LLC
Chambersburg PA
CBHW070214240426
43671CB00007B/649